関西学院大学研究叢書　第268編

フランスの中小企業政策
—— 小規模企業・中堅企業・クラスター

山口　隆之

関西学院大学出版会

フランスの中小企業政策

小規模企業・中堅企業・クラスター

はしがき

　本書は、EU戦略が本格化した2000年以降のフランス中小企業政策を考察するものである。その際、小規模企業、中堅企業、クラスターという3つのキーワードを手掛かりとして、いかなる経緯や理念のもとで具体的政策目標が設定され実行されてきたのか、また政策それ自体についてどのような議論や評価があったのかを明らかにしたい。

　周知のように、中小企業は国の如何を問わず国民経済のうえで大きな比重を占めている。したがって、中小企業の問題は単なる中小企業の問題に尽きることなく、広く社会の問題として理解されることに異論はないであろう。特に近年のわが国をはじめとする先進諸国では、新興企業への期待はもとより、少子高齢化や社会的格差の問題、地域活性化や持続可能な社会の実現といった様々な課題を抱えており、これらの解決において中小企業が中心的役割を果たすと期待されている。欧州では2000年の「欧州小企業憲章（European Charter for Small Enterprises）」や2008年の「欧州小企業議定書（"Think Small First" : Small Business Act for Europe）」の採択があり、わが国でも2010年に「中小企業憲章」の閣議決定や2014年の「小規模企業振興基本法」の施行があった。これらはいずれも小さな企業への期待の高まりを象徴するものである。

　ところで、こうした期待の高まりにもかかわらず、中小企業にはその小規模性ゆえに抱える問題や課題があることもまた事実である。それゆえ、研究者コミュニティが果たすべき役割の一つは、まず中小企業現象の中に何らかの普遍性や一般性を発見し、中小企業が抱える諸問題や課題の解決に向けた手段や施策の理論的裏づけを行うことである。そして、この普遍性や一般性の発見のためには、広く各国に存在する中小企業政策に目を向け、その特徴や政策の背景にある議論を考察することが一つの有効な手段になる。なぜなら、各国に存在する中小企業政策は、その国や地域に存在する中小企業問題や課題を映し出す鏡だからであり、国を超えた政策の比較分析は中小企業問題の本質を解明する

手掛かりになるからである。

　しかしながら、誤解を恐れずに言うならば、現状においてわが国の中小企業研究や政策研究は国内現象の分析に傾斜していることは否定できない。たしかに地域や歴史との密接不可分性は大企業に比した中小企業の特徴であるため、多くの研究が国内事象に目を向けるのは自然であるとしても、それによって諸外国の現象や実践から知見を得る機会を逃すことになるのであれば、中小企業研究それ自体の意義や発展の可能性は限られてしまうであろう。

　本書では、あえてフランスという国を対象としているが、その意義については序章で解説しているため、ここでは深く掘り下げない。ただしこの分野が研究の空白とは言わないまでも過疎地帯であることは確認しておきたい。前著『中小企業の理論と政策――フランスにみる潮流と課題』(森山書店)を上梓してから長い時間が過ぎたが、わが国におけるフランス中小企業や政策に関する情報が非常に限られているという状況は当時も現在も変わっていない。こうした状況にあって、いわばスナップショット的に散在しているフランス中小企業や政策の情報を、ある程度の時間軸を持って歴史性や社会的コンテクストを踏まえながら整理し記録に残すことは、後に続く研究の礎として意味を持つだろう。

　また、筆者は本書の考察が中小企業の本質究明の一助となることを期待している。上述のように、わが国におけるフランス中小企業や政策への関心は決して高いとは言えないが、近年フランス中小企業を取り巻く環境は大きく変化している。特に1980年代以降に顕著となったグローバル化の波は2000年代に入って加速度を強め、今日ではEU戦略に関連する諸施策の影響を抜きにしてフランスの中小企業政策を理解することは困難になっている。こうしてグローバル化やEUの統合が進むなかで、国の違いを超えて収斂していく中小企業現象、あるいは逆にフランス固有の中小企業現象が発見されるのであれば、それらは中小企業の存在意義や本質を明らかにするうえで貴重な材料になるであろう。

　ささやかな内容ながらも、ここに本書を上梓できたのは、数多くの方々のおかげである。まず、今は亡き恩師、森本隆男先生(関西学院大学名誉教授)には感謝の意が絶えない。森本先生は、ドイツ手工業の研究にその生涯を捧げられたが、本書であえて、フランス本国においてさえ扱われる機会が少ない手工業や工芸職を取り挙げたのは、先生の研究に刺激を受け探求心をかき立てられたからに他ならない。また、森本先生の後に、快く指導教授として筆者を迎え入れて

いただいた故 水原 凞先生（関西学院大学名誉教授）には、研究面のご指導のみならず、公私にわたってお世話になった。時に厳しくも、温かい先生のご厚情は現在も心の支えとなっている。

　筆者の勤務先でも、多くの方々にお世話になってきた。特に、深山 明先生（関西学院大学名誉教授）、瀨見 博先生（関西学院大学名誉教授）、海道ノブチカ先生（関西学院大学名誉教授）、渡辺敏雄先生（関西学院大学名誉教授）からは数十年にわたりご指導を賜り、そのご研究からも今なお多くの刺激を受けている。この場をお借りして敬意と感謝の意を表したい。

　他にも所属する日本経営学会、経営学史学会、日本中小企業学会、日仏経営学会でお世話になっている方々も数えきれない。紙幅の関係から、一人ひとりお名前を記すことが許されないことをお許しいただきたい。

　本書は2024年度関西学院大学研究叢書出版助成金を受け、出版を許されることとなった。大変恵まれた研究環境を与えていただいた学校法人 関西学院大学、そして筆者の勤務先である関西学院大学商学部の先生方にも感謝申し上げなければならない。

　最後に、関西学院大学出版会には市場性の乏しい本書の出版をお引き受けいただき、編集や校正作業においては、辻戸みゆき氏に大変お世話になった。この場をお借りして、衷心よりお礼を申し上げる次第である。

　　2025年1月

　　　　　　　　　　　　　　　　　　　　　　　　　　　　　山口 隆之

目次

はしがき　i

序章　フランス中小企業の地位と本書の分析視点 ―――― 1
  Ⅰ．はじめに　1
  Ⅱ．中小企業の地位　1
  Ⅲ．戦後フランス経済と中小企業政策　5
  Ⅳ．本書の課題と分析視点　10

第一部　小規模企業

第1章　手工業と工芸職 ―――――――――― 17
  Ⅰ．はじめに　17
  Ⅱ．手工業・工芸職部門の定義　18
  Ⅲ．手工業の実態　21
  Ⅳ．工芸職部門の振興政策　23
  Ⅴ．欧州戦略における位置づけ　32
  Ⅵ．おわりに　35

第2章　起業と支援体制 ―――――――――― 41
  Ⅰ．はじめに　41
  Ⅱ．欧州レベルの支援　42
  Ⅲ．フランスにおける起業実態　44
  Ⅳ．支援機関と制度　50
  Ⅴ．フレンチテック (La French Teck)　54
  Ⅵ．おわりに　60

第3章　フランスの個人事業主制度改革とその評価 ──────── 67
　　　　──自己雇用主制度を中心として
　　Ⅰ．はじめに　67
　　Ⅱ．経緯と制度の概要　68
　　Ⅲ．制度導入による影響　70
　　Ⅳ．公的機関による評価　73
　　Ⅴ．アカデミズムにおける評価　77
　　Ⅵ．おわりに　80

第二部　中堅企業

第4章　中堅企業の法制化と議論 ──────────────── 87
　　Ⅰ．はじめに　87
　　Ⅱ．中堅企業の定義と地位　88
　　Ⅲ．議論の背景　94
　　Ⅳ．中堅企業を巡る議論　99
　　Ⅴ．おわりに　109

第5章　ドイツ・モデルと中堅企業────────────── 115
　　　　──ミッテルシュタントとエコシステム
　　Ⅰ．はじめに　115
　　Ⅱ．ミッテルシュタントとは何か　116
　　Ⅲ．ミッテルシュタントを支える環境：エコシステム　120
　　Ⅳ．フランスとの相違　126
　　Ⅴ．おわりに　127

第6章　中堅企業の類型と支援 ——————————— 135

- Ⅰ．はじめに　135
- Ⅱ．政策当局の問題意識：中堅企業の潜在能力と課題　136
- Ⅲ．中堅企業の類型とその特徴　138
- Ⅵ．支援上の課題　144
- Ⅴ．おわりに　149

第三部　クラスター

第7章　EU政策とクラスター ——————————— 155

- Ⅰ．はじめに　155
- Ⅱ．集積に関する理論　156
- Ⅲ．「クラスター・イニシアチブ・パフォーマンスモデル」　159
- Ⅳ．EUにおけるクラスターへの注目　160
- Ⅴ．クラスター支援の合意形成と政策基盤の確立　162
- Ⅵ．欧州戦略への積極的動員　164
- Ⅶ．欧州戦略、中小企業政策、地域政策との統合深化　165
- Ⅷ．おわりに　169

第8章　クラスター政策の源流と第1フェーズ ——————————— 175

- Ⅰ．はじめに　175
- Ⅱ．各政策フェーズの特徴　176
- Ⅲ．「地域生産システム」の振興政策　180
- Ⅳ．第1フェーズの背景と内容　182
- Ⅴ．政策開始前後の議論　184
- Ⅵ．政策の開始　188
- Ⅶ．第1フェーズの外部評価　189
- Ⅷ．おわりに　193

第9章　第2フェーズの展開と評価 ────────── 197
　Ⅰ．はじめに　197
　Ⅱ．第1フェーズの評価と第2フェーズの特徴　198
　Ⅲ．「経済社会評議会」の見解　200
　Ⅳ．上院ワーキング・グループの報告書　205
　Ⅴ．第2フェーズの政策評価　209
　Ⅵ．おわりに　212

第10章　第3フェーズ以降の展開 ────────── 219
　Ⅰ．はじめに　219
　Ⅱ．第3フェーズの開始とその背景　220
　Ⅲ．第4フェーズに先立った議論　222
　Ⅳ．第4フェーズから第5フェーズへ　226
　Ⅴ．おわりに　230

　終章　中小企業の新たな評価と研究に向けて ────────── 237

初出一覧　241
索引　243

序章

フランス中小企業の地位と本書の分析視点

I. はじめに

　本章では、後の第一部、第二部、第三部の考察を進めるうえで必要となる基本的事柄を扱う。まずはフランス中小企業の実態と地位を確認したのち、特に戦後フランス経済が発展していくなかで、中小企業がいかなる位置を与えられてきたのかを確認する。そしてこれらを踏まえ、本書の課題と分析視点を示したい。

II. 中小企業の地位

　2021年時点において、フランスには約450万社（ただし農業、金融部門を除く）が存在する。この内訳は、いわゆる独立法人が約440万社、企業グループに属するものが約11万9700社である。後者は複数の会社（1つ以上の子会社と親会社）からなり、1グループ平均3.7社で構成される[1]。

　戦後しばらくのフランスでは、中小企業と大企業の境界として従業員数500人という境界が重視されてきたが、その後はEU基準での統計整備が進んだこともあり[2]、現在の国内統計は基本的にこれに準拠したものとなっている。

　現在用いられる企業規模分類は、2008年の経済近代化法（LME：loi de

modernisation de l'economie）によって示されたものであり、ここでは従業員数、売上高等の規模に応じて、マイクロ企業（microentreprises）、中小企業（PME：petites et moyennes entreprises）、中堅企業（ETI：entreprises de taille intermédiaire）、大企業＝（GE：grandes entreprises）の４つが区別される。なお本来、中小企業は上記マイクロ企業を含むものであるが、近年の「国立統計経済研究所（INSEE：Institut National de la Statistique et des Études Économiques）」の統計では、あえて両者を区別することもあり、また中堅企業と大企業をまとめて１つのカテゴリーとして扱うケースもみられる。各カテゴリーの定義は以下に示す通りであり、このうち中堅企業はEUの分類には存在せず、フランス独自の規定によるものである。

マイクロ企業：従業員数10人未満で、年間売上高または総資産200万ユーロ以下

中小企業：従業員250人未満、年間売上高5000万ユーロ以下、または総資産4300万ユーロ以下

中堅企業：従業員数250人以上5000人未満で、売上高が15億ユーロ以下、または貸借対照表の合計が20億ユーロ未満（ただし従業員数が250人未満でも、売上高が5000万ユーロ、総資産4300万ユーロを超える場合はこれらも含む）

大企業：次の条件のうち少なくとも１つを満たすもの
　　　　― 従業員数5000人以上
　　　　― 売上高15億ユーロ以上、総資産20億ユーロ以上

これらを踏まえたうえで、主要指標に基づき各企業カテゴリーの特徴を実数で示したものが**図表序-1**であり、さらに**図表序-2**は、各企業カテゴリーの比重を主要指標ごとに示している。これによると、中小企業（マイクロ企業を含む）が企業総数に占める割合は99.8％であり、雇用の46.2％（フルタイム換算）、総売上の35.1％、付加価値額では39.3％を占めている。次にマイクロ企業とマイクロ企業以外の中小企業に分け、その特徴をより詳細に確認する。

まずマイクロ企業の統計には、本書の第一部で扱う一定の売り上げを超えない限りは、簡易な会計・税務手続きの適用を受ける企業者（旧自己雇用主（auto-entrepreneur））や、マイクロ企業税制の対象となる零細企業家（micro-entrepreneur）、

図表序-1　企業カテゴリーの実態 (2021年)

	マイクロ企業	中小企業※1	中堅企業	大企業	全体
農業・金融部門を除く					
企業数	4,332,366	158,566	6,608	294	4,497,834
従業員数(フルタイム換算)(単位:千人)	2,583	4,286	3,723	4,183	14,776
付加価値額(税引き前)(単位:億ユーロ)	244	299	327	426	1,296
農業・金融・教育、保健衛生、社会福祉、非営利部門を除く					
	マイクロ企業	中小企業※1	中堅企業	大企業	全体
企業数	3,504,608	148,736	6,218	277	3,659,839
従業員数(フルタイム換算)(単位:千人)	2,410	3,986	3,458	3,981	13,836
売上高(単位:億ユーロ)	524	929	1,239	1,450	4,142
輸出売上高(単位:億ユーロ)	18	89	247	426	780
付加価値額(税引き前)(単位:億ユーロ)	186	277	307	409	1,179
1社あたりの平均従業員(フルタイム換算)	1	27	556	14,373	4
従業員1人あたりの付加価値(単位:千ユーロ)	77	69	89	103	85
輸出率(%)※2	3.3	9.6	20.0	29.4	18.8
投資率(有形投資/付加価値額)(単位:%)	26.3	15.2	19.8	23.7	21.1

※1 中小企業にマイクロ企業は含まない。
※2 売上高に占める輸出の割合。
出所：INSEE (2023), p.53のデータに基づき筆者作成。

手工業 (artisan)、そして不動産民事会社 (sociétés civile immobilière) といった複数の法的実体が含まれる。

　フランスには、非農業・非金融部門において430万社のマイクロ企業（林業、補助サービスなどを含む）が存在し、フルタイム換算で約260万人を雇用し、付加価値全体の19％を生み出している。これらの生存領域は、主に商業とサービス業であり、前者はマイクロ企業の総売上高の36％、後者は同35％を占めている。製造業の比重は同8％であり、全企業平均の製造業比率が同30％程度であるこ

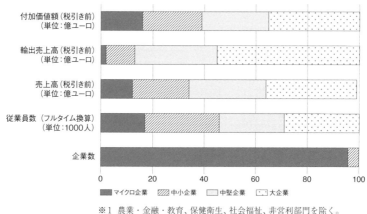

図表序-2 主要指標における企業カテゴリーの比重(2021年)

※1 農業・金融・教育、保健衛生、社会福祉、非営利部門を除く。
※2 中小企業にマイクロ企業は含まない。
出所：INSEE(2023), p.53のデータをもとに筆者作成。

とからすれば低い。なお、マイクロ企業の約70％は従業員を持たず、雇用の比重でいえば建設業(21％)が高い。

　付加価値でみるとマイクロ企業内の分散は非常に大きい。これは、当該カテゴリーが先述のように多様な企業形態を含むことによる。教育、医療、福祉、非営利団体(アソシアシオン)を除いた非農業・非金融市場部門でみるとマイクロ企業の約半数は年間5200ユーロ以下(このうち4分の1は3700ユーロ以下)の水準にとどまるが、建設業だけでみれば平均2万8500ユーロの水準にある。

　次に、マイクロ企業を除いた中小企業の地位をみると、2021年現在で約16万社が存在し、これらは、430万人を雇用し、全企業の付加価値の23％を占めている。

　教育、医療、福祉、非営利団体(アソシアシオン)を除いた非農業・非金融市場部門でみると、マイクロ企業を除いた中小企業の生存領域は、サービス業が32％、商業が27％、製造業と建築業が各17％といったように、他の企業カテゴリーと比べると各部門に平均的に分散している。マイクロ企業との比較では、サービス業の比率が低いこと(マイクロ企業の54％に対し33％)、中堅企業や大企業との比較では、製造業の比率が低いこと(中堅企業30％、大企業35％に対し17％)が特徴であり、商業部門の存在感が大きい。マイクロ企業を除いた中小企

業の売上高の42％は商業によるものであり、サービス業は22％、製造業は19％である。

　教育、医療、福祉、非営利団体（アソシアシオン）を除いた非農業・非金融市場部門でみると、マイクロ企業を除いた中小企業は、平均して27人を雇用している。ただし61％は従業員20人未満であり、50人以上の従業員を有する中小企業は12％である。このカテゴリーの企業の半分は、年間110万ユーロ以上の付加価値水準にある。ただし大企業と中堅企業に属する製造業が、ほぼ例外なく輸出活動を行っているのに対して、このカテゴリーに属する製造業で輸出を行っているのは49％である[3]。

　以上のフランス産業や企業構造の特徴として指摘されてきたのは、後の第二部で中心的に考察されるように、全体的に企業規模が小さいことである。他国、特にEU諸国で双璧をなすドイツと比較すると、中小企業のなかでも従業員10人未満の企業層が厚く、従業員50人から250人の企業層が薄い。こうした小規模性には制度環境や歴史[4]が少なからず影響しているが、なおも文化的な要因、すなわち、小さな単位での意思決定を好むフランスの国民性が要因とされることも少なくない[5]。

　第二の特徴として、極めて少数の大企業への生産力や経済力の集中が挙げられる。こうした特徴は、「混合経済（dirigisme）」や「ディリジスム（dirigisme）」とも呼ばれる戦後フランスの歴史とともに説明されることが多いが、今日なお状況は大きく変わっていない。売上高、付加価値、営業利益の集中度の高さは顕著であり、2021年においても、294社の大企業だけで上記各指標の3分の1程度を占め、雇用で28％、投資で39％、輸出額で半分以上を占めている[6]。

Ⅲ．戦後フランス経済と中小企業政策

　戦後フランス経済の歴史をみるとき、そこには大企業重視から中小企業重視の政策へのシフト、EUの影響力の高まりという2つの大きな傾向が確認される。

　すでにみたように、これまでのフランスの産業構造は、小規模企業層の厚さと中間規模企業層の薄さを特徴としてきた。現在でも先の図表序-1および図表序-2からは、農業・金融を除く部門で、マイクロ企業が96.3％を占めることが

わかる。戦後の復興を目指すフランスでは、この小規模性と分散性を特徴とする産業構造によるハンディキャップを克服するために、政府が強力なリーダーシップを発揮し、国策上重要となる産業や企業の振興を行った。この過程は、数次にわたる大規模な経済計画や企業の国有化、あるいは金融、石油、鉄鋼、化学、自動車、航空機といった主要産業や企業の再編を伴うものであったため、必然的に国策や政治と密接なつながりを持つ少数の大企業が支援の中心に置かれた[7]。いわば先進国の一角として戦後の経済発展を目指す過程において、小規模性や分散性を特徴とする多数の企業群と、国策や政治との関係性や計画性を特徴とする少数の大企業からなる二重構造が形成されたといえる。

　国の強力なリーダーシップと計画性、そしてそれを実現する大企業主体の政策は、フランスの戦後復興と当面の経済成長に貢献したが、他方で1970年代からは中小企業の役割が注目されるようになる。すなわち、石油危機を1つの契機とした高度経済成長の終焉、税収の減少による社会福祉国家としての基盤の動揺、市場の自由化やグローバル化の進展といった変化のなかで中小企業が国民経済に果たす役割、特にその雇用維持力や環境変化への柔軟性が評価されるようになった。そしてこうしたなかで、1978年には中小工業担当大臣（secrétaire d'État à la petite et moyenne industrie）が任命され、その後の継続的で体系的な政策に向けた基礎的条件が、次第に整備されていく[8]。

　1980年代の状況は、引き続き中小企業の重要性を認識させるものであった。フランス政府にとっての大きな課題は、先の不況によってもたらされた失業問題と、第3次産業へのシフトが加速するなかで深刻化する国土開発上の問題、すなわちパリ一極集中の是正と地域間格差への対応であった。そして、さらなるグローバル化は、失業問題や貧困問題を深刻化させ、仕事や住居、そしてフランス的文化等へのアクセスを絶たれた人々の問題も一層深刻化した。1980年代初めには地方分権改革が進められ、国土整備と地域開発の問題が結びつけられるなか、中小企業は、地域社会に深く根を下ろしながら確実に雇用を生み、地域経済に貢献する存在として位置づけられた。

　この時期、イギリスのサッチャー政権、アメリカのレーガン政権に代表されるように、主要資本主義国が規制緩和や民営化などを伴う自由主義的政策路線にシフトしていくなか、フランスは主要大企業に関して国有化と民営化を巡る政策方針の間で揺れ動いた。しかし、1980年代後半のシラク政権によって企

業・金融・雇用に関する規制緩和や民営化路線が打ち出されると、このことにより中小企業、特に新興企業や研究開発型中小企業への期待が高まった。具体的には、現在のスタートアップ支援にも通ずる地域のインキュベーション施設の設置やテクノポリスの振興、第二証券市場の設置やベンチャー・キャピタルをはじめとする企業成長のためのインフラ整備が進められた。

他方、欧州レベルでは旧西ドイツとフランスが主導するなか、80年代半ばには単一欧州議定書によって1990年代初頭の市場統合を目指すことが合意された。中小企業については、1983年を「欧州中小企業とクラフト産業の年」とし、欧州レベルで政策対象としての可視性を高める取り組みも進められた。ただし、フランスの中小企業政策がEUと本格的に歩調を合わせ始めるのは、2000年代以降である[9]。

1993年のマーストリヒト条約によって欧州連合(EU)が成立すると、グローバル化が一層加速したこともあり、フランスは周辺諸国の状況やEU中小企業政策の動向を睨みながら、移民問題や若年失業者の増大といった国内問題に対処しつつ、かつ国内各地域の国際競争力を強化する必要性に迫られた。そして、これまでのフランス・モデル、すなわち国主導の経済発展を目指してきたことに起因する民間企業の競争力の低さ、なかでも地域雇用に大きな影響を持つ中小製造業の競争力の低さが問題視されるようになった。

こうした複合的な課題の解決を目指すべく、90年代後半には、当時、国と地域圏(région)をつなぐ役割を果たしていた「国土整備地方開発局(DATAR：Délégation à l'aménagement du territoire et à l'action régionale)」が主導して、「地域生産システム(SPL：systèmeproductif local)」の振興政策が進められた[10]。これは、「第三のイタリア」[11]に代表される中小企業からなる集積論に触発されたものであり、地域経済の活性化と雇用に影響が大きい中小製造業による多様な連携関係の構築を目的としていた。

2000年以降には、向こう10年間を視野に入れ、欧州を世界で最も競争力のある知識基盤型社会にすることを目指すEUの成長戦略、いわゆる「リスボン戦略(Lisbon Strategy)」の下で、研究開発やイノベーション、スタートアップや企業家の支援を柱とする政策展開が顕著になる。フランスではすでに1999年に、公的研究機関と民間企業の共同による研究開発や、大学や公的研究所におけるインキュベーション施設の設置、ストック・オプションの条件緩和などを盛り

込んだ「イノベーション法（Loi sur l'innovation et la recherche）」が成立していたが、これに加えて2004年には、研究開発型の新興企業を主に税制面で優遇する「革新的新興企業（JEI：Jeune enterprise innovante）」とよばれる法人格の新設や、中小企業支援を統括するOSEOの設置、中長期的かつ大規模な研究開発への支援を行う「産業イノベーション庁（AII：Agence d'innovation industrielle）」等の設立がなされた[12]。

　また、サルコジ政権下の2009年に、起業手続きを大幅に簡素化した自己雇用主（auto-entrepreneur）制度が導入され、当該制度の導入以降は、フランスにおける起業が急激な上昇をみせることになった。小企業優先を掲げるEU[13]では、かねてより各国に存在する中小企業の活動に障害となっている様々な規制の存在を問題視してきたが、「自己雇用主制度」は個人事業主にとって望ましい起業環境を構築するという観点から、現行法や諸規制、特に社会保障制度や税制面での手続きを簡素化する実験的な試みであった。当該制度は、一般にフランスの起業支援やスタートアップ支援がそうであるように、雇用政策としての効果も期待されており、いわば起業対策（経済政策）と雇用対策（社会政策）の交差点に位置づけられるのであったが、より近年では、コロナ禍の影響で急成長してきたプラットフォーム・ビジネスに代表される新しい雇用形態の広がりを受けて、新しい働き方の受け皿になることを期待されている。また新興企業に関しては、2013年末よりフレンチテック（La French Tech）が開始され、企業成長のためのエコシステムの形成や国外の起業家によるフランスでの起業にも、政策の力点が置かれるようになった[14]。

　そして、フランスがこれまで継続的に抱えてきた国内諸問題の解決とEU成長戦略への対応を目指して打ち出されたのが、2004年にスタートしその後20年以上にわたって行われたフランス版クラスター政策、すなわち「競争力クラスター（pôle de compétitivité）」政策であった。当該政策は先の「地域生産システム」の延長線上に位置づけられるものであったが、他方でクラスターの推進を重視するEU戦略にも沿ったものであった。特に「競争力クラスター」政策において注目されるのは、第4フェーズ（を対象）以降で顕著となる欧州戦略との連動性である。欧州戦略や競争環境の変化を受けてフランス政府が打ち出す国家戦略の下、従来は個別領域として扱われてきた国内政策や諸施策、なかんずく科学技術やイノベーション、産業、教育、地域開発や中小企業に関するそれらが

「競争力クラスター」を媒介として結びつけられるようになった[15]。

ところで、戦後フランスでは、小規模性と分散性を特徴とする産業構造からくるハンディキャップを克服するために、政府が強力なリーダーシップを発揮したことはすでに述べたが、2000年代以降はこうした過去の経緯によって生じた中間規模層の薄さという、いわば「歪」についても目が向けられた。すなわち、1990年の東西統一後、「欧州の病人」とさえ呼ばれたドイツ経済が、フランスの低迷とは対照的に経済成長を続ける状況にあって、中間企業層の厚みを特徴とするドイツの産業構造がフランス政策当局の関心事となり、2008年の「経済近代化法」において中堅企業(ETI：entreprises de taille intermédiaire)という新たな企業カテゴリーが設定された。この中堅企業への支援、あるいは成長性の高い中小企業の支援による中堅企業の創出という目的は、その後国家戦略として位置づけられるに至っている[16]。

EUは、2010年に「リスボン戦略」を引き継ぐ「欧州2020(Europe 2020)」を発表し、イノベーションや科学技術政策の枠組みにおける中小企業支援を強化していく。具体的には、2014年から2020年の結束政策(Cohesion Policy)における目標の1つとして中小企業の競争力向上を掲げ、「ホライズン2020(Horizon 2020)」プログラムや「中小企業の競争力強化プログラム(COSME)」を通じて中小企業の研究・イノベーション活動や企業家活動を支援してきた。こうして欧州戦略の影響が高まるなか、フランス政府は、国策として重要な分野へ傾斜的な投資を行うべく「未来投資計画(PIA：programme d'investissements d'avenir)」や、その後は「フランス2030(France 2030)」を打ち出し、このなかで中小企業の振興を重要な戦略的目標の1つと位置づけている。

さらに欧州委員会(European Commission)は、COVID-19による被害が懸念されるなかで、2020年3月に今後10年間を見据えた新産業戦略[17]を発表し、併せて「持続可能でデジタルな欧州のための中小企業戦略("An SME Strategy for a sustainable and digital Europe")」[18]を発表した。ここでは、持続可能で情報化が進んだ経済を実現し、かつ大きな外的衝撃に対する回復力（レジリエンス）を持つ社会を実現するうえで、中小企業が主役となることを再確認している、今後はEU戦略とフランスの国家戦略、そして中小企業政策の連動性が一層強まることが予想される。

Ⅳ. 本書の課題と分析視点

　以上を踏まえ本書は、2000年代以降のフランス中小企業政策のうちに小規模企業、中堅企業、クラスターという3つのキーワードを見出し、これらを手掛かりにフランス中小企業政策の特徴と潮流を確認することを第一の目的とする。ただし、その先には、中小企業政策や中小企業研究一般に対するインプリケーションを得るという、より根源的な狙いがあることは言うまでもない。

　周知のように中小企業は、国の如何を問わず国民経済のうえで大きな比重を占めている。したがって、中小企業の問題は単なる中小企業の問題に尽きることなく、広く社会の問題として理解されることに異論はないであろう。そして、中小企業というフィルターを通じて今後の社会を展望するうえでは、まず各国に存在する中小企業政策に目を向け、その特徴や政策の背景にある議論を考察・分析することが有効な方法の1つとなる。なぜなら各国に存在する中小企業政策とは、その国の中小企業問題や中小企業への期待を映し出す鏡だからである。

　なお、本書はあえてフランスという特定の国を取り上げるが、その理由は以下の3つによるものである。第一に、この国の産業構造が、極めて少数かつ支配力の大きい大企業と、圧倒的多数の小規模企業によって構成されているからである。すなわち、フランスの事例は、大企業の相対概念としての中小企業の態様を顕著に浮かび上がらせてくれる。

　第二の理由は、中小企業とは何か、という中小企業研究にとって最初で最後、かつ最も重要な理論的問いに対して貴重な材料を提供してくれると考えるからである。言うまでもなくEUは「多様性のなかの統合（United in Diversity）」を掲げる人類史上最大の社会実験といわれ、フランスはこれを構成する大国の1つである。本書の考察は、国という枠を超えた戦略や統一的政策枠組みが一国レベルでいかに解釈され、受容され、浸透していくのか、あるいは逆に、なぜ受容されず、浸透しないのか、その過程や理由の一端をわれわれに示してくれる。これは、「異種多元性」という中小企業研究における重要なパラダイムの正当性や限界を考えるうえで貴重な手掛かりになるであろう。

　そして最後に、フランス中小企業の研究が、いわば空白地帯であるからである。フランスはドイツとともにEUを牽引する大国であるが、少なくともこれ

までは言語上の問題や資料入手の困難性もあり、アカデミズムにおけるフランス中小企業やその政策への関心は、国内外を含め高かったとは言い難い。このため得られる情報量は未だ限られ、かつそれらは断片的である。そこで本書では、中小企業政策の背景やそれに関わる諸議論を、できる限り詳細かつ時系列的に示すことを心掛けた。

　本書は三部構成になっている。まず第一部の考察対象は小規模企業である。第1章では、フランス産業構造の特徴である小規模性の象徴とされてきた手工業（artisan）および工芸職（metier d'art）を考察対象とし、これらの歴史、支援策の内容、EU戦略における位置づけを明らかにする。続いて第2章では、フランスにおける起業状況を確認するとともに、起業支援制度や諸施策の内容を考察する。ここではアングロ・サクソン諸国のそれとは一線を画す、社会政策としての起業支援策の歴史が明らかになるであろう。そして、第3章で中心に扱うのは、自己雇用主制度やフレンチテックといった、より最近の起業支援策やそれに関わる議論である。併せてここでは、近年のフランスにおける起業イメージの変化等についても取り上げたい。

　第二部では、2000年を境として、その支援の必要性が議論されるようになった中堅企業について取り上げる。まず第4章では、法律で規定されるフランス中堅企業の範囲を確認し、中堅企業論の高まりの背景にある経済環境の変化や中堅企業の地位を考察する。続いて第5章では、上記中堅企業論でモデルとされるドイツの中堅企業がフランスにおいていかに評価されたのかを明らかにする。そして第6章では、フランス政策当局における中堅企業への期待とは、いかなるものであったのかを確認するとともに、中堅企業の法的規定後初めて本格的に行われた公的調査の内容を取り上げる。これらを踏まえ、最後に第二部の考察全体を通じて明らかとなったフランス中堅企業論の問題性や意義に言及する。

　第三部で扱うのは、クラスター政策である。第一部、第二部で取り上げる政策が個、あるいは群としての中小企業を対象とするのに対して、クラスター政策は中小企業をはじめとする企業および多様な主体から構成されるエコシステムを問題にするものである。まず第7章では、欧州レベルのクラスター政策やフランスのそれに大きな影響を与えた産業集積やクラスターの基礎概念、そしてクラスターを巡る欧州の政策動向や制度環境等を明らかにする。そして第8章

では、フランスにおけるクラスター政策の全体像、具体的には第1フェーズから第5フェーズまでの特徴を概観し、次いで歴史的にクラスター政策の源流と位置づけられる地域中小製造業によるネットワーク形成支援策の内容、および第1フェーズの政策内容やその背景に焦点を当てる。続く第9章では、第1フェーズから第2フェーズへの移行期において、フランスのクラスター政策が政策当局でどのように評価されていたのかを明らかにし、それが以降の政策にいかなる影響を与えたのかを確認する。そして、第10章では、第3フェーズから第5フェーズの政策内容とその背景にあった諸議論の考察を行い、最後に第三部の考察全体を通じて明らかとなった事柄を整理する。

注

1) INSEE(2023), p. 11.
2) EUでは中小企業を従業員数250人未満、年次売上高5000万ユーロ以下または総資産額4300万ユーロ以下で、他の大企業に資本または経営権の25％以上を保有されていない企業としている。またこのほかに小企業（従業員数50人未満、年次売上高1000万ユーロ以下または総資産額1000万ユーロ以下）、マイクロ企業（従業員数10人未満、年次売上高200万ユーロ以下または総資産額200万ユーロ以下）の定義も用いられる。これら規定は、勧告（recommendation）すなわち、欧州委員会が加盟国の政府や企業に使用を期待するもので法的拘束力はないが、フランスを始め加盟各国の統計で広く用いられている。
3) INSEE(2023), pp. 54-57.
4) たとえば、企業規模の拡大に制約を課す制度としてしばしば指摘されてきたものに、従業員50人以上の事業所に設置が義務づけられてきた企業委員会（comite d'entreprise）の存在がある。
5) たとえば、小規模性とフランス文化の関係を指摘したものとして、中堅企業の法制化に影響を与えた元フランス経営者全国評議会（CNPF=MEDEFの前身）の会長イヴォン・ガターズ（Gattaz, Y.）は、矮小性や極小性を好む伝統的なフランス文化を「子熊崇拝のフランス文化」として問題視している（Gattaz, Y.(2010), pp. 12-13）。また小規模な意思決定を好む国民性を反映した事実として、基礎的自治体（commune）の数が他国と比べて圧倒的に多いこともしばしば指摘される。なお、コミューンの実態や法的規定については、自治体国際化協会パリ事務所（2008）が詳しい。
6) INSEE(2023), p. 11.
7) たとえば戦後の国家プロジェクトの代表例として、TGVやミニテル、原子力やロケット開発等がある。
8) 山口隆之(2009)14-17頁。

9) 山口隆之(2009)15-18頁。なお、EU中小企業政策の展開については、三井逸友(2010)が詳しい。
10) 「地域生産システム」については、本書の第Ⅲ部で取り上げる。
11) Piore, M. and Sabel, C(1984).
12) 山口隆之(2009)、189-196頁。
13) European Commission(2008).
14) 「自己雇用主」制度やフレンチテックについては、本書の第一部で取り扱う。
15) 「競争力クラスター」政策については、本書の第三部で取り扱う。
16) 中堅企業論や中堅企業支援についての諸議論は、本書の第二部で取り扱う。
17) European Commission(2020a). なお、2020年のEU産業戦略は、COVID-19の影響やロシアの侵攻といった状況を受けて2021年5月に更新されている(European Commission(2021))。
18) European Commission(2020b).

参考文献

Gattaz, Y.(2010), *Les ETI: Champions cachés de notre économie: 30 histoires d'Entreprises de Taille Intermédiaire*, François Bourin.
European Commission(2008), ""Think Small First": A "Small Business Act" for Europe," COM (2008) 394 final.
European Commission(2020a), "A New Industrial Strategy for Europe," COM (2020) 102 final.
European Commission(2020b), "An SME Strategy for a sustainable and digital Europe," COM (2020) 103 final.
European Commission(2021), "Updating the 2020 New Industrial Strategy: Building a stronger Single Market for Europe's recovery," COM (2021) 350 final.
INSEE(2023), *Les entreprises en France, INSEE références édition 2023*, Dupli-Print Mayenne.
Piore, M. and Sabel, C(1984), *The Second Industrial Divide*, Basic Books [山之内靖・永易浩一・石田あつみ訳(1993)『第二の産業分水嶺』筑摩書房].
自治体国際化協会パリ事務所(2008)「フランスにおける基礎自治体の運営実態調査——人口2,000人未満の『コミューン』における行政運営の実態」『Clair Report』No. 331。
三井逸友(2010)「EU中小企業政策の展開と意義——『欧州小企業憲章』と『SBA小企業議定書』」『商工金融』第60巻第8号、15-35頁。
山口隆之(2009)『中小企業の理論と政策——フランスにみる潮流と課題』森山書店。

第 一 部

小規模企業

第1章

手工業と工芸職

I. はじめに

　ここでは、フランスの小規模企業を代表し、文化や歴史の象徴とされてきた手工業（artisan）および工芸職（métier d'art）を考察対象とする。戦後しばらくのフランスでは、大量生産による生産量の拡大と生産性の向上が主たる関心事であったため、手工業や工芸職は、産業革命以前の生産様式に依存する、時代に遅れた存在と見なされた時期もあった。

　しかしながら、より最近では、EUが目指すグリーンでデジタルかつレジリエントな社会への移行に際して、手工業や工芸職の役割が再評価されつつある。フランスでは、これまで明確な定義が存在しなかった当該部門を重要な政策対象と位置づけ、欧州でも先導的な役割を果たそうとしている。

　以下では、まず手工業および工芸職の定義を確認したうえで、当該部門の実態を把握する。続いてフランスにおける主な支援機関や振興政策の歴史を考察したうえで、EU戦略との関係性を検討する。以上の考察を通じて、手工業および工芸職の現代的かつ政策的位置づけを明らかにし、今後の展望をはかりたい。

II. 手工業・工芸職部門の定義

すでにみたように、フランスの産業構造の特徴として小規模零細企業層の厚さが指摘されるが、歴史的にこうした層の典型とされてきた部門として手工業がある。一般に手工業およびこれに準じた概念は欧州に広く存在していることが確認されているが、EU レベルでは統一的な定義が存在しない。これは、当該部門が国や地域の文化、あるいは歴史を象徴する存在であり、その捉え方も国によって相当な幅があるという理由によるものである[1]。

欧州レベルでのネットワークとしては、1980年に「欧州クラフト中小企業協会（UEAPME：European Association of Craft, Small and Medium-Sized Enterprises）」が設立されており、現在ではこのミッションを引き継ぐ「中小企業連合会（SMEunited）」が欧州30か国以上の約70関係団体をとりまとめ、EU 機関に対する窓口となっている[2]。

歴史的観点から手工業の地位を考察したカルニーノ（Carnino, G. et al.）らによれば、もともと欧州における手工業とは、ある職業や芸術において技術を習得した熟練労働者を指し、語源的には現在でいう労働者と大差のないものであった。しかしながら、産業化の進展とともに雇用契約に基づく賃金労働者が増加するなかで、次第に中産階級としてのアイデンティティを持ち、それを主張するようになった。すなわち、一般には資格と独立性という基準に基づいてその地位や概念が形成されてきたという[3]。

フランスでは、1922年に「フランス手工業連合（Confédération générale de l'artisanat français）」が設立されたことで、初めて手工業に法的権利が与えられた。その後は1952年の「手工業法典（Code de l'artisanat）」、およびこれに関するデクレ[4]によって法的に範囲が示された。近年までよく用いられてきた定義としては、1996年の「商業および手工業の発展および振興に関する法（Loi du 5 juillet 1996 relative au développement et à la promotion du commerce et de l'artisanat）」によるものがある。ここでは、①従業員10人以下、②独立した生産、加工、修理、サービスの提供を主業または副業とすること、③その職種がデクレで示されるリストに掲載されていることが要件とされる[5]。ただし従業員基準については、一定条件のもとで緩和措置が認められてきたことや、時代の要請に応じて複数の法やデクレによって業種指定が行われてきたといったこともあ

り、統一的な解釈は依然として困難な状況にある。

　ところで、こうした手工業概念の曖昧さに拍車を掛けるのが、慣習的に手工業と重なりを持つと見なされてきた工芸職（métier d'art）の存在である。工芸職の範囲を規定する法律としては、2014年の「手工業、商業、および零細企業に関する法（loi n° 2014-626 du 18 juin 2014 relative à l'artisanat, au commerce et aux très petites entreprises）」および、2016年の「創作の自由、建築および文化遺産に関する法（loi n° 2016-925 du 7 juillet 2016 relative à la liberté de création, à l'architecture et au patrimoine）」がある。

　ここでいう工芸職とは、主体的または副次的に製作、創作、変形または再構成、修理、修復に従事する活動を行う自然人または法人の管理職とされ、その特徴は、素材と向き合い、芸術性の発揮に不可欠な手法や技術の習得が必要なことにあるとされる。フランスでは、具体的な職種や職人リストが工芸・文化担当大臣によって示されているが、当該リストは必ずしも職業的地位を規定するものではなく、実施には工芸関連会社や工芸活動に携わる従業員、自営業の専門家、公務員、芸術家といった様々な地位の個人や組織が含まれることになる[6]。国が示す職種・職人リストもまた、これまで幾度かの変更がなされてきたが、たとえば2015年の政令（arrêté du 24 décembre 2015）では、15の分野とこれに含まれる198の具体的職種や職人が示されている（図表1-1参照）。

　ところで、近年、手工業や工芸職といった言葉は、それらが希少性、歴史性、芸術性といったように良いイメージにつながることから、公的な定義を離れ商業的に濫用されることも多く、一層の混乱が生じていた[7]。

　そこで政府は、「工芸法の立法部分に関する2023年3月28日付命令第2023-208号（Ordonnance n° 2023-208 du 28 mars 2023 portant partie législative du code de l'artisanat）」によって、これまで複数の法律やデクレに散在していた手工業およびこれに準じる概念を整理し、用語の使用条件を明確化する方針を示した。そして、これに基づいて2023年7月に1957年法を補完する形で「手工業法典」の改正を行った。

　この改正「手工業法典」は全5巻で構成され、第1巻では商業・手工業部門の活動とその条件および全国会社登録簿（RNE：registre national des entreprises）への登録に関する規定が示され、第2巻では手工業（artisan）、工芸職人（artisan d'art）、料理職人（artisan cuisinier）、職工（compagnon）といった手工業関連の資格

図表1-1　芸術的工芸品分野と専門職種・職人例

分野	専門職種・職人例
建築と庭園	スレート職人
	レンガ職人
	大工
	石材彫刻家
	噴水技術者
家具と装飾	金属彫刻家
	フレスコ画家
	モザイク・アーティスト
	装飾画家
	木彫り職人
照明	照明器具（ランプシェード）職人
宝飾品、金細工、時計職人	銀細工師
	宝石商
	樹脂装飾師
	時計職人
	錫精錬師
金属	刃物職人
	銅細工職人
	活字鋳造師
	ブロンズ職人
	ブロンズ組立師
セラミック	タイル職人
	磁器職人
	陶芸家
	粘土彫刻家
	陶芸旋盤工
硝子とクリスタル	手づくり硝子
	鋳造硝子職人
	硝子装飾師
	吹き硝子職人
	貴金属彫刻家
食器	象牙彫刻師
	貝職人
	ブラシ職人
ファッションとアクセサリー	ボタン職人
	デザイナー
	コルセット職人
	眼鏡職人
	傘職人
テキスタイル	刺繍職人
	かぎ針刺繍職人
	レース職人
皮革	靴職人
	毛皮職人
	剥製師
紙、グラフィック、印刷	カリグラファー
	段ボール職人
	活字鋳造師
ゲーム、玩具、機械工学	ミニチュア職人
	人形遣い
	ぬいぐるみ職人
	クラシックカー修復師
楽器製作	アコーディオン製作・修復師
	リード職人
	ピアノ製作・修復師
	木管・金管楽器職人
修復	絵画修復師
	写真修復師
	ステンドグラス修復師

※職種・職人例については、各分野に含まれる一例を示した。
出所：Journal officiel de la Republique Française, 31 janvier 2016, texte48をもとに筆者作成。

や、「職人」「パン職人」「自家製」等の名称使用に関する規定、および工芸または工芸職の資格（le titre de maître artisan ou le titre de maître artisan en métier d'art）に関する規定と優れたレストラン経営者に与えられる称号「レストラン経営マスター（Maître Restaurateur）」等に関する規定が設けられた。さらに、第3巻では手工業を管轄する公的機関、すなわち「地方手工業会議所（CMAR：Chambres de métiers et de l'artisanat de région）」ならびにこれを統括する「手工業会議所（CMA：Chambres de métiers et de l'artisanat）」の権限や役割等が規定されている[8]。

III. 手工業の実態[9]

上述のように、工芸職は統計的に正確な捕捉ができないため、「国立統計経済研究所（INSEE）」では、手工業に限りその実態を把握している。資料によれば、2017年末時点でフランスには法人および個人事業主を含め約145万者の手工業が存在する。分野でみると最も多いのが建設業であり（38％）、次いで製造業（15％）、家庭向け・その他サービス（13％）、自動車・バイク販売・修理（12％）となっている。手工業の約半数（73万人）は個人事業主であり、この比率が高い分野としては、芸術・娯楽・レクリエーション（80％）、教育（74％）、家庭サービスその他（68％）、事務サポートサービス（66％）が挙げられる。また個人事業主のうち、約3割は女性であり、特に生活関連や健康関連分野、具体的には、繊維業、衣料品、皮革・履物製造、家事サービスその他、医療・福祉分野での比重が高い。

法的形態でみれば、既述のように手工業の約5割は個人事業主であり、約4割が有限責任会社（SARL）（38％）、1割強が簡易株式会社（SAS）（12％）である。ここからも明らかなように、手工業は小規模性を大きな特徴としている。実際に従業員規模でみると5人以下が全体の91％を占めている（図表1-2、1-3参照）。

すでに示したように、かつて手工業は旧態依然とした生産様式や親族内承継に象徴されるように、いわゆる近代資本主義に取り残された領域としてみられることもあったが、より最近ではこの分門へ様々なプロフィールを持った個人が新規参入していることが指摘されており、経済の新陳代謝にも貢献している。手工業の起業状況をみると、2018年において、この分野で約18万件の起業があり、このうち約4分の1は本書の第二部で考察する「マイクロ企業家制度

図表1-2 手工業の産業別分布

産業分野	総数	うち個人企業		うち女性	
		数	%	数	%
製造業	213,080	101,680	47.7	39,392	38.7
建築	552,381	264,069	47.8	5,188	2.0
自動車・バイク販売・修理・メンテナンス	177,260	61,781	34.9	14,140	22.9
輸送・倉庫	62,587	37,918	60.6	2,858	7.5
宿泊・外食	75,983	26,122	34.4	9,003	34.5
情報・通信	9,768	5,132	52.5	521	10.2
金融・保険	1,867	160	8.6	49	30.6
不動産	6,306	3,030	48.0	537	17.7
専門・科学・技術サービス	45,827	25,724	56.1	9,918	38.6
事務サポート・サービス	93,368	61,174	65.5	20,805	34.0
教育	3,325	2,458	73.9	921	37.5
健康・社会福祉	9,484	3,252	34.3	1,739	53.5
芸術・娯楽・リクリエーション	8,680	6,925	79.8	3,145	45.4
家事サービスその他	191,329	130,725	68.3	90,307	69.1
計	1,451,245	730,150	50.3	198,523	27.2

出所：INSEE (2020), p. 151の資料をもとに筆者作成。

図表1-3 手工業の規模と産業

分野	0-5人(%)	6-19人(%)	20人以上(%)
製造業、鉱業、その他産業	84.6	12.8	2.6
建築	92.4	6.6	1.0
卸売・小売業、運輸業、宿泊業、飲食業	90.2	8.7	1.1
情報・通信	95.2	3.8	1.0
金融・保険	87.0	10.5	2.5
不動産	98.6	1.1	0.3
専門・科学・技術・管理サービス	93.9	4.7	1.4
教育・医療・福祉サービス	69.4	23.3	7.3
その他サービス	96.8	3.0	0.2
全体	91.3	7.4	1.3

出所：INSEE (2020), p. 151の資料をもとに筆者作成。

図表1-4　手工業の起業 (2018)

分野	全体	うちマイクロ企業家制度の利用
製造業	23,674	16,909
建築	62,108	48,578
商業・輸送・宿泊・外食	38,849	31,172
情報・通信	1,808	638
金融・保険	99	69
不動産	490	400
専門・科学・技術サービス	8,881	4,710
事務サポート・サービス	20,455	13,134
教育・健康・福祉サービス	1,181	574
その他サービス	20,001	14,497
計	177,546	130,681

出所：INSEE (2020), p. 151の資料をもとに筆者作成。

（micro-entrepreneur）」(旧自己雇用主制度（auto-entrepreneur））の利用によるものであった。なお、分野別にみると建設業、商業、運輸業、宿泊・飲食業、製造業の割合が多く、これらが全体の約70％を占めている（図表1-4参照）。

Ⅳ. 工芸職部門の振興政策

1. 主な支援機関

　手工業部門を代表するものとして国が認めている公的組織としては、「地方手工業会議所」および「手工業会議所」が存在し、これらは「手工業法典」によって規定されている。このうち「地方手工業会議所」は、管轄地域に存在する手工業の利益を代表するとともに、地域の手工業に対して助言も行う。「手工業法典」では、その活動は地方自治体の活動を補完し地方の経済発展や地域計画に沿ったものであるとしている。このように、法律上において手工業と地域発展の密接不可分性を確認していることは興味深い。

　「手工業会議所」は、「経済財務省（Ministère de l'economie et des finances）」の

管轄下で、上記の「地方手工業会議所」を統括する国家機関である。国や欧州機関に対して全国の手工業を代表する窓口であり、「地方手工業会議所」の連携促進、これらの関係調整、国レベルで用意される手工業向けの施策遂行をミッションとする。なお、「地方手工業会議所」や「手工業会議所」は、フランスで100か所以上の「見習い訓練センター（CFA：Centres de formation d'apprentis）」とも連携しており、職業訓練の側面にも関与している[10]。

　さらに特に工芸職部門の振興については、別途国レベルで「フランス・ノウハウ研究所（Institut pour les savoir-faire Français）」が存在し、中心的役割を果たしている。これは2024年に設立された公的機関であり、工芸職部門の関係者や組織を結びつける組織である。その前身は長らく工芸職部門振興の中核を担ってきた「国立工芸研究所（INMA：Institut national des métiers d'art）」であり、これは工芸職部門の振興に関わる3つの大臣と関係省庁、具体的には「貿易・工芸・中小企業・観光・サービス・専門職・消費者問題担当相（secrétariat d'État chargé du commerce, de l'artisanat, des petites et moyennes entreprises du tourisme, des services, des professions libérales et de la consommation）」、「文化・通信省（Ministère de la culture et de la communication）」、「国民教育・青年・非営利部門省（Ministère de l'éducation nationale, de la jeunesse et de la vie associative）」によって監督されてきた。このことからもわかる通り、フランスでは工芸職部門が中小企業や観光・サービス業、文化、教育等に深く関係するものとして位置づけられてきた。

　「国立工芸研究所」の後継組織である「フランス・ノウハウ研究所」の目的は大きく3つある。第一に、フランスの手工業が有する専門知識や優れた技術に対する一般的関心を高めることである。具体的には、専門性の高いノウハウを伝承している企業に関するデータの収集、一般市民に向けたPR、後にみるイベント（「工芸の日（les journées des métiers d'art）」）の開催などを行う。そして第二は、技能伝承の支援と職人の生涯研修である。このために、職業訓練や研修に関する情報提供やイベントの開催、初期職業訓練や継続訓練の改善支援、後述の伝統的技術の継承を目的とした「工芸士と研修生（Maîtres d'art-Élèves）」制度の運営などを行っている。そして最後の目的が経営支援である。この側面では、経営課題を持つ企業と支援機関のマッチング等を行っている[11]。

2. 手工業・工芸職の歴史と支援[12]

　欧州における手工業や工芸職の歴史は古く、中世においてはギルド制があり職人の技能伝承と品質を保証していた。職人は各地を巡礼することによって技術を習得しそれを深耕した。他方、職人の技術は、たとえばフランスにおいて古くは、窯業のリモージュ (Limoges)、陶器のヌヴェール (Nevers) に代表されるように、地域に根づいた産業を発展させた。

　またフランスでは、高度な職人技術によって生み出される貴重品は、政治との関係も深いものであった。ルイ14世の時代にコルベール (Colber, J. B.) が展開した重商主義政策下では、鏡のサンゴバン (Saint-Gobain)、レースのアランソン (Alençon)、タペストリーのゴブラン (Gobelins) やオービュッソン (Aubusson) といった今日に名を遺す工房に独占権が与えられ、諸外国におけるフランス文化の評価向上にも貢献した。そして18世紀には、フランス各地で工場が増加したが、フランス革命後は1791年の同業組合の廃止、専業者のみに許される特権的利益を否定した、いわゆる「ダラルドのデクレ (Décret d'Allarde)」や「ル＝シャプリエ法 (Loi Le Chapelier)」の影響により、多くの手工業や商人が一時弱体化した。

　しかしながら、ナポレオン1世 (Napoléon, B.) の時代には工場への大規模発注を通じた国民生産が奨励されたことや、産業革命によって画期的な生産技術（たとえば、ジャカード織機の発明や電解銀メッキの特許に代表される新技術）が次々と導入されたことで手工業や工芸職部門の生産規模は拡大し、この反動として、19世紀後半にはイギリスに端を発する大量生産による粗悪な商品の蔓延に抗する「アーツ・アンド・クラフツ運動 (Arts and Crafts Movement)」がフランスでも広がりをみせた。

　当該運動の影響を受けたフランスでは、1889年に宝石商のギュスターヴ・サンド (Gustave, S.) と「フランス美術アカデミー (Académie des beaux-arts)」のギュスターヴ・ラルメ (Gustave, L.) が、デザイナーと実業家、芸術家と職人を結びつけて応用芸術を刷新するという目的のもとに、「芸術と産業の振興協会 (SEAI : Société d'encouragement aux arts et à l'industrie)」を設立し、これが現在の「フランス・ノウハウ研究所」の前身となった[13]。

　ところで、フランス革命によって手工業が一時弱体化したものの、政府は歴

史性や技術の伝承を可能にしてきた徒弟制度が衰退することには危機感を持っていた。そこで1910年代から1920年代にかけて技能訓練という近代的枠組みにおいて職業訓練に関する制度環境が整えられていく。1911年には、研修生の職業訓練を証明する「職業適性証明書（certificat de capacité professionnelle）」が制度化され、これが1919年に「CAP（職業適性証明書）」となった。1912年には研修生制度の監督を目的として「地方技術教育委員会（Comités départementaux de l'enseignement technique）」が政府に設立され、1919年にはアスティエ法（Loi Astier）によって上記CAPと委員会が結びつけられ、研修生の職業訓練課程が義務化された。さらに、1925年には、これら職業訓練課程に必要な資金を調達するための研修生税の導入、1928年には学校教育と結びついた近代的な労働形態としての研修生契約が法的に認められた[14]。

手工業や工芸職部門は範囲が広いため、その歴史を一般化することは困難であるが、少なくとも近年では1980年代以降の国際化の流れが1つの節目になった。すなわち、国際化の進展により、特に宝飾品や銀製品といった高級品の生産が海外に移転するとともに、家具を代表とする諸外国で大量生産された安価な製品が多く流入したため、これがフランス国内における手工業や工芸部門の生存基盤を揺るがした。

このように、手工業や工芸職部門の発展は直線的なものとして語ることはできないが、より近年ではむしろ、当該部門が時代の要請に柔軟に対応することによって、拡大しているとさえいわれる。一般に織物業や皮革業、あるいは農村部の職人は衰退したといえるものの、自動車産業やサービス部門といった新分野に生存領域を見出し、近代的な生産方法を積極的に受け入れることで存続してきた革新的な手工業や工芸職も存在する[15]。

次に、近年における政策当局と手工業・工芸職部門の関係を確認する。政策当局が手工業や工芸職部門の振興に乗り出すようになったのは1976年以降であるとされる。この年に、モネ美術館の館長も務めたジスカール・デスタン大統領の命により、ピエール・デハイエ（Dehaye, P.）が「工芸職の困難（*Les Difficultés des métiers d'art*）」[16]と題する報告書を作成し、この提言によって先の「芸術と産業の振興協会」を土台とした「工芸振興協会」が設立された。以降、フランスでは長らく後者が中心となって、手工業・工芸職部門の振興政策が進められていく。

1994年には、「文化省」が「工芸部門委員会（Conseil des métiers d'art）」を立ち

上げ、日本の人間国宝をモデルとした最初の工芸士（maîtres d'art）を任命した。また2002年には上記「工芸振興協会」が公的機関の支援を得て、一般市民と地域の芸術・手工業関係者の交流をはかる「工芸の日」を創設し、2005年には優れた工芸技術を有する企業に対して与えられる後述の「生きた遺産企業（EPV：entreprise du patrimoine vivant）」ラベルを創設している。

続いて2009年には、パリ上院議員のカトリーヌ・デュマ（Dumas, C.）による報告書「工芸部門、卓越、高級品、そして伝統のノウハウ：未来は私たちの手の中に（*Les Métiers d'art, d'excellence et du luxe et les savoir-faire traditionnels: l'avenir entre nos mains*）」[17]をサルコジ政権下のフィヨン首相に提出している。ここでは、フランスの伝統や文化、あるいは歴史性を象徴するものとして工芸職部門を評価すると同時に、それらが輸出や観光の促進といった経済的価値を生むものであることを確認している。そして、工芸部門の文化的・経済的価値を高めるという目的の下に20の提案を行っている。主な提案は次の通りである。

- 工芸職リストに調理技術を含める。
- 中小企業支援の条件としてイノベーション活動が指定される場合、その中にデザインに関する活動を含む。
- 工芸職に対する税額控除を継続する。
- 美術品に共通ラベルを付け、優れた製造方法や品質を持つフランスのイメージを国内外に発信する。各地域の文化局に工芸職部門の専門家ポストを設置する。
- 工芸職をPRする全国キャンペーンを実施する。

この報告が出された翌年、「工芸振興協会」は「国立工芸研究所」に名称を変え、公益認定団体として「経済・文化・国民教育担当各省」の管轄下に置かれるようになった。続いて、2011年には手工業・商業・観光大臣であるシルヴィア・ピネル（Pinel, S.）によって「手工業憲章：手工業のための新たな野心（Pact pour l'artisanat: une nouvelle ambition pour les artisans）」[18]が示され、国策として工芸部門を振興する必要性が強調された。これは、以下に示す7つの戦略的優先課題とその実現に向けた33に及ぶ提案を盛り込んだものである。紙幅の関係もあり、後者についてはこのうち主なものを以下に示す。なお、この提案を受けて、2014年から2016年にかけて手工業・工芸職部門の範囲や権利が法的に確認されていった。

① 工芸職部門の魅力向上と若者の参入奨励
② 事業承継とノウハウ移転の促進
　― 現役経営者と買い手候補のマッチング・サービスの強化と周知
　― 57歳以上の職に事業承継譲渡に関する情報を配布
③ 専門的知識の普及と特産品の保護
　― 地理的表示と原産地表示に関する特定食品を対象とした欧州の識別マーク（PGI：Protected Geographical Indication）の適用を一般生産物にまで拡大
④ 工芸職の地位の再検討
⑤「手工業会議所」の役割強化
⑥ 資金調達ニーズへの対応
　― 公的投資銀行である"Bpifrance"の融資枠における工芸職部門特有のニーズの考慮
⑦ 中小企業の競争力強化
　― 輸出の奨励

　続いて、2018年に首相であるエドゥアール・フィリップ（Philippe, E.）の依頼に基づいて「フランス、卓越した職人技（*France, Métiers d'Excellence*）」[19]と題する報告書が政府に提出された。これは、フランス工芸職部門が抱える経営課題を明らかにし、当該部門を振興するための提案を行うものであった。当該報告書によれば、フランスは他国に比して、いち早く工芸職部門に経済的価値を見出した国であるが、依然として、当該部門の認知度が低いため、特に深刻な人材不足が生じているという。また、工芸職部門は国レベルでその全体像を把握できていないことから、特に地方における希少職種の研修機会の不足、社内資源の不足による見習い制度の崩壊、経営者や従業員の高齢化といった問題が深刻化している。また、今後の課題としては、消費者志向の変化への対応、古く希少性の高い生産道具に依存していることによる伝承上のリスク、貿易協定や規制の影響による原材料確保の困難等が指摘されている。これらを踏まえた政府への主な提案は次の通りである。

- 各地域に工芸職部門担当者を配置する。当該担当者は各地方の「手工業会議所」やコミューン等と連携して地域の工芸部門の振興を任務とする。
- 「生きた遺産企業（EPV：entreprise du patrimoine vivant）」（後述）の適用範囲

を拡大する。
- 地理的表示（IG：indications géographiques）の普及促進を行う。
- 既存の公的な技能訓練制度を統合し、技能継承と開発のための国家運営機関を新たに創設する。
- 「生きた遺産企業」の対象とならない技能について「優れた工芸士（métiers d'art d'excellence）」という新認定制度を導入する。

　以上のように当該報告書で強調されるのは、地域基盤の支援体制の必要性である。

　続いて、政府は2023年5月に、国を挙げて工芸職部門の振興を一層加速するという目的の下に「工芸職のための国家戦略（Stratégie nationale en faveur des métiers d'art）」[20]を発表した。ここでは、今後政府が省庁横断的に工芸職部門を支援するという立場が明確にされた。具体的には「文化庁（Ministère de la culture）」と「貿易・工芸・観光庁（Ministère du commerce, de l'artisanat et du tourisme）」が中心となり、①若者の動員、②技能研修と訓練、③地域社会、④イノベーション、⑤国際化の5テーマに焦点を当て、具体的な施策を講じていくことになった。この計画には、フランス国内の製造業者はむろんのこと、「国立工芸研究所」、「手工業会議所」、「貿易投資庁（Business France）」、「フランス領土銀行（Banque des territoires）」といった様々な公的機関が関与し、官民の新たな連携関係の構築による支援が目標とされている。

　当該国家戦略の背景には、政府における2つの認識や目的がある。第一に、この部門はフランス文化のショーケースとしての価値を持ち、同時に貿易や地域振興に果たす役割が大きいにもかかわらず、一般における認知度が低いために、実際には経営上の問題を抱えているというものである。このために、政府としてはまず、分散的な当該部門の連携を通じた組織化を目指している。

　そして背景の二つ目として、EU戦略[21]への対応という側面がある。すなわち、ここでの工芸職部門とは、技術の伝承、耐久性に優れ修復可能な製品の生産という側面において、グリーンとレジリエンスを実現する主体として重要であり、かつ企業の圧倒的多数を占める小規模企業の代表として、デジタル化社会の実現に向けて鍵を握る存在であるとされている。

3. 現代の支援策

「工芸士と研修生」制度[22]

「工芸士と研修生」制度は、「文化庁」によって1994年に創設された。これは優れた芸術的専門性を有し、フランスの経済や文化生活に貢献する職人の技能を次世代に継承することを目的とする。各種支援プログラムと公的機関によるモニタリングを組み合わせるという点では、欧州でも希少な支援制度である。2012年からは「国立工芸研究所」に主たる運営業務が委託されており、現在は「フランス・ノウハウ研究所」がその運営機能を引き継いでいる。

工芸士とは、日本の「人間国宝」にヒントを得た称号であり、その技能の独自性、優れたキャリア、芸術的貢献に基づいて、「文化庁」によって終身授与される。ただし、その要件として、自身が有する知識と技術の伝承が義務であることが特徴である。すなわち、当該制度は、単に文化や歴史の象徴たる「工芸士」を表彰するだけではなく、それを具体的な技術の伝承活動に結びつけることを目的としている。

「工芸士と研修生」制度への応募は、基本的に工芸士と研修生の2人1組で行う。工芸士の称号を得た者は、そのノウハウを選考された研修生に伝える義務がある。研修は、工芸士の工房で行われる実務と、「フランス・ノウハウ研究所」が提供する3年間のプログラムとサポート（研修コース、インターンシップ、専門家によるアドバイス等）によって構成され、その進捗状況は定期的に「フランス・ノウハウ研究所」がチェックする。

募集は、これまで3年ごとに行われてきており、2025年末の選考に向けた募集要綱[23]では以下の項目が要件とされ、このほかにもノウハウとその希少性を示す技術的資料、3年間の詳細な指導計画、研修生候補者のキャリアプラン等が求められている。

- 工芸士は、2015年の政令で定義された工芸の専門家に該当し、重要な職業経験を証明することができ、訓練の機会が限られているか、まったく存在しない手法や技術を習得していること。
- 工芸士は、自身の工房で研修生に対して最も複雑な手法と技法を継承すること。
- 研修生候補者は、申請の時点で最初の学位取得、職業経験（分野は問わな

い)、社会的職業的地位（給与所得者または自営業者）を証明できること。

　なお、選考は研修生候補生の将来と職業意識に重点を置いて、「フランス・ノウハウ研究所」および、芸術関係者や「文化庁」の専門家等で構成される審査委員会によって行われ、2024年現在までに150人程度が「工芸士」の称号を与えられている。

「生きた遺産企業 (entreprise du patrimoine vivant)」[24]

　「生きた遺産企業」は、フランスの手工業や歴史的価値のある企業活動を奨励し、優れた技術の伝承を評価する認定制度である。2005年に創設され、「経済・財務・産業・デジタル主権省 (Ministère de l'économie, des finances et de la souveraineté industrielle et numérique)」の管轄下で、各地域圏によって授与される。2019年以降は、現在の「フランス・ノウハウ研究所」の前身である「国立工芸研究所」が申請書の審査を担当し、関連する地方政府部局や関連会議所等からの助言を受けて認定される仕組みになった。認定の対象となるのは農業と漁業を除く生産、加工、修理、飲食業に従事する企業であり、有効期間は5年間（ただし申請に応じて更新が可能）である。なお、「フランス・ノウハウ研究所」によれば2024年時点で「生きた遺産企業」の認定企業は、1035社である。

　「生きた遺産企業」の認定を受けるメリットとして、様々な税制上のインセンティブ[25]が用意されていることや、認定企業のネットワークである「全国生きた遺産企業連盟 (ANEPV：Association nationale des entreprises du patrimoine vivant)」とその地方支部である「生きた遺産企業地域連盟 (AREPV：Association regionale des entreprises du patrimoine vivant)」による様々な情報が得られること、あるいは「フランス・ノウハウ研究所」による様々なサービスを受けられること等が挙げられる[26]。

　なお、認定を受ける条件として、これを規定するデクレ (Décret n° 2006-595 du 23 mai 2006 relatif à l'attribution du label "entreprise du patrimoine vivant") では、以下のカテゴリー1、2、3のうち、少なくとも2つを満たすこととしている。

　1　特定の経済資産の所有
　　　a) 希少な設備、工具、機械、モデル、技術文書を保有する。
　　　b) 創造的、革新的プロセスによって生み出される製品、サービス、生産設備に関する工業所有権を保有する。

c）顧客創造に積極的であり、特に革新的なデジタル化戦略がある。
2　伝統的または高度な技術的技法の習得に基づく、希少なノウハウを保有している。
　　a）少数企業しか保有しない独自ノウハウを有し、それが生産物の付加価値向上に大きく寄与している。
　　b）従業員、特に見習い従業員に対し、通常ではアクセスできないような研修、国レベルでは限られた情報しか用意されていない領域での研修、その習得に長期間を要する技能の社内研修を行っている。
　　c）創造的または革新的な資質を持つ優れたノウハウを有する従業員を1名以上雇用しており、それが高度な資格、証書、賞、または複雑な業務を遂行するための重要な専門的経験によって証明できる。
3　会社の地理的位置、評判、企業の社会的責任
　　a）歴史的にその地域で生産を行っている。または現在の場所で50年以上操業している。または歴史的あるいは建築的に価値のある建物で操業している。
　　b）国家による表彰、出版物での紹介、歴史的モニュメントとして保護されている遺産の取り扱い、様式や伝統を受け継ぐ美術品や職人の名前が刻まれた家具の取り扱い、その地域の文化的アイデンティティを象徴する製品の製造といった理由により、よく知られた名前やブランドを有している。
　　c）社会的責任に基づいた活動、たとえば若い世代に工芸を促進する活動、短いサプライチェーンを優先する責任ある調達方針の保有、エネルギー消費を抑制する活動、スポンサーシップ活動などを行っている。
　ここでは文化の継承や技術の伝承という視点だけでなく、欧州戦略で進められるグリーン化への貢献という項目も追加されていることが注目される。

Ⅴ. 欧州戦略における位置づけ

　「工芸職のための国家戦略」ように、手工業や工芸部門の今後を展望するにあたり、EUの動向は軽視できないようになっている。最後に、より具体的に手工業や工芸職部門の振興が、EU戦略とどのように対応しているのかを確認して

おく。「国立工芸研究所」は、その報告書[27]のなかで当該部門に共通する特徴や価値を確認したうえで、それらとEUの優先課題の関係を次のように解説している。

まず、当該部門の価値は、その習得に一定の時間を必要とする高度な技術に支えられていること、地域に根差し地域のサプライチェーンに依存していること[28]、生産物のリサイクルを前提としていること、高品質で耐久性のある生産物を生産すること、天然素材を巧みに利用してきたこと、文化遺産や歴史的建造物の修復を可能にすること、そして時代を超えて技術やノウハウを伝承してきたこと等が挙げられる。

これらの価値を踏まえたうえで手工業の役割として期待されるのは、第一に地域に貢献し、かつ芸術的で持続可能な生産物の生産、第二に、高度技術や企業家が持つスキルの普及への貢献、そして第三に輸出への貢献である。

第一の役割に関して、欧州委員会（European Commission）は、2021年に「美的で持続可能で参加的な新欧州バウハウス」（"New European Bauhaus: Beautiful, Sustainable, Together"）[29]と題するコミュニケーションにおいて、建築、家具、ファッション、日常生活など、様々な分野において地球環境に優しく（グリーン）、芸術的で持続可能な生産品と生活様式の創造が重要であるとして、この目的の下に、EUの既存イニシアチブを組み合わせた新しい行動計画や資金提供の可能性を提案している。ここでは、地域で生産を行い、地域の調達に依存し、高品質で耐久性に優れた生産物を生産し、これらの活動をもって持続可能な発展の実現に貢献する手工業や工芸職部門の役割が期待されている。

第二の点に関して、欧州では「欧州技能協定（European Skills Pact）」[30]を発表している。これは、グリーンでデジタル、そしてレジリエンスを備えた社会を実現するために3つの柱に基づいた活動、すなわち、①中小企業を中心に据えた持続可能な競争力の強化および技能訓練と生涯学習、②社会的公平性に配慮した教育訓練、③医療や介護、交通、衛生、教育分野における高いスキルを持った労働力の確保を推進していくというものである。ここでは、各国にすでに存在する手工業や工芸職部門の職業訓練モデルや技能訓練モデルのノウハウを集約し利用することが役立つとされる。

そして輸出への貢献でいえば、言うまでもなく欧州の手工業・工芸職部門はその品質や高い付加価値で国際的に高い評価を得てきた。フランスではエルメ

スやシャネル、ルイヴィトンといった大手高級ブランド目立つが、欧州レベルでは小規模性を特徴とする手工業、工芸職部門も多くが輸出に貢献している[31]。また、こうした輸出への直接的な貢献ばかりでなく、当該部門はその国を象徴する生産物を生み出すという点において、文化発信の主体としての役割も大きい。

このように「国立工芸研究所」は、本来手工業や工芸職部門が備えている性質の延長線上にEU戦略との整合性とこれら部門の発展可能性を見出しているが、他方で、近年ではこうした手工業・工芸職部門の存在感を一層後押しする新たな社会的変化があることも指摘されている。手工業や工芸職部門の歴史を考察したペラン(Perrin, C.)によれば、21世紀に入り、手工業は新たな側面から評価され始めた。この証左として第一に、手工業の職人が過去とは異なるプロフィールを持つ人々によって構成されるようになったことが挙げられる。すなわち、今や手工業や工芸職の半分以上は中流階級、あるいは富裕層の出自を持ち、伝統的なそれとは一線を画す職人や経営者を輩出している。この新たな階層の新規参入を説明するものは、職業観の変化である。すなわち、過去被雇用者であった人々が、自ら仕事を管理することに価値を見出し、職業生活の質を高める方法として当該部門を選択するようになった。

そして、同じくペランが近年の手工業の再評価を後押しする今一つの変化として指摘するのは、消費者意識の変化である。消費者はグローバル化が地球環境に与える悪影響に敏感になり、スローフード、スローツーリズムといった、いわゆるスローな価値観や、地産地消に代表される短いサプライチェーンの価値が再評価されている。以上のように、現代社会における新しい価値観の広がりとともに、時代遅れというかつての手工業・工芸職部門のイメージも変化しつつあるという[32]。

VI. おわりに

　以上、手工業および工芸職部門の定義と実態、そして支援制度やその歴史を確認したうえで、今後のEU発展戦略のなかで当該部門の振興がいかなる意義を持つのかを考察してきた。一連の考察を通じて、かつては近代化に乗り遅れた領域と見なされていた手工業・工芸職部門が、今後持続可能な社会の実現を目指すなかで中心的役割を果たすと評価されていることが確認された。

　EU政策との関連をより俯瞰的にみれば、そこに働く人々の個性が発揮され、多様な産業に広がりを持ち、かつ各国の文化や歴史性の伝承に貢献する手工業・工芸職部門の評価は、「多様性のなかの統合」という理念の実現につながるものであり、またそれは小規模性ゆえに生じる特性の再評価という意味において、2008年に確認された「小企業を第一に考える (Think Small First)」という原則にも沿ったものである。また、2017年には、欧州型の社会モデルの強化を目指し「欧州社会権の柱 (European Pillar of Social Rights)」[33]が採択されたが、ここでは公正な労働条件や労働者の社会的保護に加えて、ワークライフ・バランスや教育、訓練、生涯教育の重要性も確認されていることから、この側面でも手工業・工芸職部門の今後の貢献が期待される。

　すでに明らかなように、当該部門の振興は、本来小さな企業が本質的に備える特性、すなわち、地域との密着性および、そこからくるコミュニティーへの貢献や地域発展への貢献、そして顔の見える人間関係を通じた文化や歴史の継承といった、社会的機能の側面の再評価につながるものであり、それは今後、われわれが中小企業の価値をどう評すべきかということに対して1つの示唆を与えてくれる。経済的機能と社会的機能の不可分性あるいは融合を体現している当該部門の行方は、経済的統合の先に新しい社会の実現を目指すEUの姿を映し出す鏡ともいえよう。

注───────────────────────

1) EUでは、1996年4月3日付の中小企業の定義に関する勧告（96/280/EC: Commission Recommendation of 3 April 1996 concerning the definition of small and medium-sized enterprises）のなかで、手工業は「その特殊性から、引き続き各国レベルで定義されるべき」としている。
2) SME united. https://www.smeunited.eu（閲覧2024年9月1日）
3) Carnino, G. et al.（2023）, pp. 180-195. なお、フランス語の手工業（artisan）という言葉は、第一次世界大戦後、アルザス手工業組合の代表者たちによって、ドイツ語の"Handwerk（手仕事）"を翻訳するために作られたものであるという。
4) 「手工業に関する法律の成文化についてのデクレ（Décret no 52-849 du 16 juillet 1952 portant codification des textes législatifs concernant l'artisanat）」
5) INSEE（2020）, p. 150.
6) INMA（2016）. なお、先のカルニーノらはこうした手工業や工芸職概念の曖昧さを次のように表現している。「しかし、この（手工業という…筆者追加）コンセプトは掴みどころがないと言わざるを得ない。蜃気楼のように近づいたと思ったら遠ざかってしまう。手工業という言葉は頻繁に使用されるが、しばしば異なる意味や前提で用いられるため、結局理解が曖昧になり、議論が複雑化し不毛な極論に拍車が掛かることさえある」（Carnino, G. et al.（2023）, p. 179.
7) このほかにも慣習的によく用いられてきた類似語として、artisanal（手工業的な）, artisanat（職人仕事、手仕事、職人）等がある。
8) 2023年改正「手工業法典」による。なお第4巻はアルザス＝モーゼル（Alsace=Moselle）地方に関する特別規定。第5巻は海外領土に関する特別規定である。
9) 以下、手工業の実態については、INSEE（2020）, pp. 150-151を参照。
10) CMA. https://www.artisanat.fr（閲覧2024年9月1日）
11) Savoir-faire Français. https://www.institut-savoirfaire.fr（閲覧2025年1月10日）
12) 以下、手工業・工芸の歴史については、Carnino, G., Nègre, V., Pagès, G., Perrin, C. et Rivière, F.（2023）、柴田ほか（1995）、359-368頁、Savoir-faire Français. https://www.institut-savoirfaire.fr（閲覧2025年1月10日）
13) 当該協会はその後、1976年に「工芸振興協会（SEMA：Société d'encouragement aux métiers d'art）」、2010年に「国立工芸研究所（INMA：Institut national des métiers d'art）」に名称を変え、さらに2024年に「フランス・ノウハウ研究所（Savoir-faire Français）」となった。
14) Bessot-Ballot, B. et Huppé, P.（2022）, pp. 19-22, 31-32, Perrin, C.（2023）, p. 131.
15) Bessot-Ballot, B. et Huppé, P.（2022）, pp. 31-32, pp. 181-182.
16) Dehaye, P.（1976）.
17) Dumas, C.（2009）.
18) Pinel, S.（2013）.
19) Huppé, P. et al（2018）.
20) Gouvernement（2023）. なお、これに関して政府の2023年10月6日付プレス・リリース資料（communiqué de presse, Paris, le 6 octobre 2023, n° 1199）によれば、2023年10月に「中小企業・貿易・工芸・観光大臣（Ministre déléguée chargée des petites et moyennes entreprises, du commerce, de l'artisanat et du tourisme）」と「貿易投資庁」が、手工業・工芸職部門の輸出を支援するプログラムを開始する。市場調査や顧客探索、広告や輸出ノウハウの面で支援し、3年間で600社の海外市場進出を目指すという。*Olivia Grégoire et Business France lancent un programme d'accompagnement des métiers d'art à l'export.* Business France.

https://presse.economie.gouv.fr/06102023-olivia-gregoire-et-business-france-lancent-un-programme-daccompagnement-des-metiers-dart-a-lexport/（閲覧 2025 年 1 月 13 日）
21） European Commission(2020a), (2020b), (2021a).
22） フランス文化庁．https://www.culture.gouv.fr（閲覧 2024 年 9 月 1 日），Savoir-faire Français https://savoir-faire-francais.fr（閲覧 2024 年 9 月 1 日），Association des Ateliers des Maîtres d'Art et de leurs Elèves． https://www.maitresdart.fr（閲覧 2024 年 9 月 1 日）
23） *Maîtres d'art-Élèves: La transmission des savoir-faire rares, Appel à candidatures promotion 2025*. Savoir-faire Français． https://ftp.inma-web.org/inma/maitredart/Notice-d-information-2025-MAE-Institut-pour-les-SF-Francais-1.pdf（閲覧 2024 年 9 月 22 日）
24） Savoir-faire Français． https://www.institut-savoirfaire.fr（閲覧 2025 年 1 月 10 日），Légifrance. https://www.legifrance.gouv.fr（閲覧 2024 年 9 月 1 日）
25） たとえば，2023 年 12 月末まで有効な措置として，年間 3 万ユーロを上限として，小ロット生産（小ロットとは 10 個以下）の製品製造に直接従事した従業員の給与および社会保険料の控除，新製品のデザインおよび試作品の製作のため新規に取得した固定資産の減価償却費，新製品の意匠登録費，研修生 1 人あたり年間 2200 ユーロの税額控除といったメリットが用意されている。
26） たとえば「フランス・ノウハウ研究所」では，資金調達方法の提案や申請書作成のサポート，求人広告，設備売却や事業売却に関する広告の掲載，クリスマス時期の一般消費者向けカタログの作成，各種 SNS やオンラインでの紹介などを行っている。
27） INMA(2022a).
28） これに関し「国立工芸研究所」が「工芸士」と「生きた遺産企業」に行ったオンライン調査（2022 年 1 月実施，対象 1232 者）によると 90％近くが仕入れのすべて，もしくは大部分をフランス国内に依存していると回答していた。INMA(2022b), p. 42.
29） European Commission(2021b).
30） European Commission(2020c).
31）「国立工芸研究所」が行った上記オンライン調査によれば，売り上げの一部が輸出によると回答したのは 39％であり，この割合は，「生きた遺産企業」に限れば 76％であった。また，後者では 2021 年の年間売上高 15.6 億ユーロのうち 52％が輸出によるものであった。INMA (2022a), p. 12.
32） Perran, C. (2023), pp. 68-72. なお，以上に加えて近年では手工業や工芸職部門の観光資源としての可能性が見直され，フランス各地で地域おこしにつなげようとする動きがある。たとえばイヴリーヌ（Yvelines）県は，「イル＝ド＝フランス手工業会議所（CMA IDF）」と協力し，地域の魅力向上と観光に貢献している手工業や工芸職部門の企業を「観光手工業（artisan du tourisme）」として認定し，知名度向上と地域活性化をはかっている。*Lavel artisan du tourisme*. CMA Île-de-France． https://artisansdutourisme.fr（閲覧 2024 年 9 月 22 日）
33） *The European Pillar of Social Rights Action Plan*. Europen Commision. https://op.europa.eu/webpub/empl/european-pillar-of-social-rights/downloads/KE0921008ENN.pdf（閲覧 2024 年 9 月 22 日）
なお，2021 年にはこの実現に向けた数値目標を含むアクションプランが発表されている。

参考文献

Besset-Ballot, B. et Huppé, P. (2022), *Rapport d'information sur l'impact de la crise de la covid-19 et les nouvelles mutations du secteur des métiers d'excellence et métiers d'art* (n° 5038: Assemblée nationale).

Carnino, G., Nègre, V., Pagès, G., Perrin, C. et Rivière, F. (2023), "L'artisanat, histoire et enjeux d'une notion," *Artefact*, n° 19, pp. 179-202.

Dehaye, P. (1976), *Les Difficultés des métiers d'art*, La Documentation française.

Delfosse, C., Georges, P. et Portet, F. (2015), "Les artisans d'art en milieu rural et leur rapport aux lieux". *Pour*, n° 226, pp. 167-175.
https://doi.org/10.3917/pour.226.0167

Dumas, C. (2009), *Les métiers d'art, d'excellence et du luxe et les savoir-faire traditionnels: l'avenir entre nos mains.*
https://www.vie-publique.fr/files/rapport/pdf/094000509.pdf（閲覧 2024 年 9 月 22 日）

European Commission (2020a), "A New Industrial Strategy for Europe," COM (2020) 102 final.

European Commission (2020b), "An SME Strategy for a sustainable and digital Europe," COM (2020) 103 final.

European Commission (2020c), "European Skills Agenda for sustainable competitiveness, social fairness and resilience," COM (2020) 274 final.

European Commission (2021a), "Updating the 2020 New Industrial Strategy: Building a stronger Single Market for Europe's recovery," COM (2021) 350 final.

European Commission (2021b), "New European Bauhaus: Beautiful, Sustainable, Together," COM (2021) 573 final.

European Commission (2022), *Transition Pathway for Proximity and Social Economy.*
https://coopseurope.coop/wp-content/uploads/2022/11/Transition-Pathway-Proximity-and-Social-Economy.pdf（閲覧 2024 年 9 月 20 日）

Fournier, C. (2015), "Les artisans de la politique de l'artisanat," *Marché et organisations*, n° 24, pp. 79-101.

Gouvernement (2023), *Métiers de la main, métiers de demain: une nouvelle stratégie nationale en faveur des métiers d'art: Stratégie nationale en faveur des métiers d'art.*
https://www.economie.gouv.fr/files/files/887%20-%20DP%20Strat%C3%A9gie%20nationale%20en%20faveur%20des%20m%C3%A9tiers%20d%27art%20(002).pdf
（閲覧 2024 年 9 月 23 日）

Huppé, P., Gérard, R. et Le Gendre, G. (2018), *France, Métiers d'excellence.*
https://www.ateliersdart.com/visuels/FlashInfoSyndicale/76/rapport.pdf

INMA (2016), *La liste des métiers d'art*, La Documentation française.

INMA (2022a), *L'apport des métiers d'art et du patrimoine vivant aux enjeux de l'Union européenne.*
https://ftp.inma-web.org/inma/RIE/LAPPOR～1.PDF（閲覧 2024 年 9 月 20 日）

INMA (2022b), *Les enjeux de développement des entreprises des métiers d'art et du patrimoine vivant — Enquête en ligne auprès des professionnels des métiers d'art et du patrimoine vivant-Janvier 2021.*
https://www.institut-savoirfaire.fr/system/files/documents/enquete_mapv_2022-publication-piblic_compresse.pdf（閲覧 2025 年 1 月 10 日）

INSEE (2020), *Tableaux de l'économie française, Collection Insee Références Édition 2020*, Jouve.
INSEE (2023), *Les entreprises en France, Insee Références Édition 2023*, Dupli-Print Mayenne.
Jourdain, A. (2017), "Des artisans d'art aux artisanes d'art: Ce que le genre fait aux métiers d'art indépendants," *Travail et emploi*, n° 150, pp. 25-52.
Perrin, C. (2023), "*Le XXe siècle des artisans: Histoire d'une disparition non advenue*, Éditions Le Manuscrit, Magna Carta, Dimitri Uzunidis, 9782304054248. hal-04165027.
Pinel, S. (2013), *Pacte pour l'artisanat, une nouvelle ambition pour les artisans*.
　　http://www.cm-aude.fr/wi/pacte_pour_l_artisanat.pdf（閲覧 2025 年 1 月 11 日）
太田一郎（1981）『人間の顔をもつ小企業——生業的経営のバイオロジー』金融財政事情研究会。
岡村等（2017a）「フランス革命期における反結社法の役割に関する研究（1）」『早稲田法学会誌』第 68 巻第 1 号、123-178 頁。
岡村等（2017b）「フランス革命期における反結社法の役割に関する研究（2・完）」『早稲田法学会誌』第 68 巻第 2 号、53-108 頁。
柴田三千雄・樺山紘一・福井憲彦編（1995）『フランス史 1 先史～ 15 世紀』山川出版社。
自治体国際化協会パリ事務所（2016）「フランスにおける工芸部門の現状と振興施策について」『Clair Report』No. 435、1-33 頁。
山口隆之（2009）『中小企業の理論と政策——フランスにみる潮流と課題』森山書店。

第2章

起業と支援体制

I. はじめに

　本章では、フランスにおける起業状況を確認するとともに、起業支援制度や諸施策の内容を考察する。後にみるように近年のフランスでは、EU戦略に沿った社会の実現に向けて新興企業への期待が大きくなっている。また、職業観の変化とともに若者を中心として、起業をキャリア選択の1つとして積極的に評価する動きも広がりつつある。
　しかしながら、他方では、歴史的に起業支援を雇用や失業対策の一環として位置づけてきたこともあり、フランスの起業支援はより広く社会政策の一環としの性格も備えている。
　以下では、まずEU政策における起業の位置づけと支援体制を概観したのち、統計データに基づいてフランスにおける起業状況を確認する。そして他国に比して特徴的な傾向や起業意識の変化等を確認する。続いて、代表的な公的起業支援機関や諸制度についても考察を進めたい。以上を踏まえて、フランスの起業環境や制度の特徴を明らかにする。

Ⅱ. 欧州レベルの支援

　まず、EU戦略の大枠を確認する。知識基盤型社会(knowledge-based economy)の実現を目指した「リスボン戦略(Lisbon Strategy)」があり、これを引き継いだのが2010年から2020年を対象とする「欧州2020(Europe 2020)」であった。後者では、主要な目標として、知識とイノベーションに支えられるスマートな成長(Smart Growth)、持続的な成長(Sustainable Growth)および包摂的な成長(Inclusive Growth)の3つが掲げられた。そして2019年12月には「欧州グリーンディール(European Green Deal)」が発表された。これは2050年の気候中立(climate neutrality)を目指し、これを実現するためのエネルギー、建築、産業、モビリティ等各分野における取り組みの方向性を示したものである。さらに、2020年3月には、産業競争力の維持、グリーン化、デジタル化への対応を3本柱とした新産業戦略が発表されている[1]。

　こうして、欧州戦略は時代とともにアップデートされていくが、2008年の「欧州小企業議定書("Think Small First"：Small Business Act for Europe)」[2]で確認された事柄、すなわち、欧州が目指す社会の実現に向けて(中)小企業が中心的役割を果たす、というコンセンサスに変更はない。そこで、EUでは中小企業政策の射程に含まれる起業支援や、企業の成長環境の整備にも重きを置いてきた。

　一般に、起業に関するEUの支援は、中小企業政策の枠組みのなかで行われ、これまで資金においては「中小企業の競争力強化プログラム(COSME)」や、数次にわたる研究・イノベーション政策枠組みの予算、あるいは「欧州構造投資基金(ESIF：European Structural and Investment Funds)」[3]、比較的リスクの高いプロジェクトへの支援を目的とした「欧州戦略投資基金(EFSI：European Fund for Strategic Investment)」といった選択肢が用意されてきた。

　ただし、EUが用意する主な支援は、加盟国の金融機関やインキュベーター、あるいはアクセラレーター等を介した間接支援であり、各国の既存制度や構造がうまく機能するための支援を行うというのが基本的スタンスである。こうした理由から、起業支援に関しては複数のプロジェクトやイニシアチブが並行して実施されおり、唯一の窓口や方向性を確認することは難しい。

　そこで、以下では近年の起業に関わる諸制度を組み合わせた支援パッケージの一例として「スタートアップ・ヨーロッパ(Startup Europe)」[4]を取り上げる。

「スタートアップ・ヨーロッパ」は、新興企業の成長促進を目的に、ハイテク新興企業、スケールアップ企業、投資家、アクセラレーター、大学、メディア等による連携を強化する取り組みである。欧州委員会のイニシアチブの下に、具体的には"EU Startup Nation Standard (EU SNS)"、"Innovation Radar"、"Digital Innovation and Scale-up Initiative (DISC)" など、EUが資金を提供する複数のプロジェクトや施策が動員される。以下では、このなかから"EU Startup Nation Standard" および "Innovation Radar" の内容を確認する。

まず"EU Startup Nation Standard"とは、欧州委員会が示す「新中小企業戦略 (SME Strategy for a sustainable and digital Europe)」[5]のもとで2020年から開始された取り組みである。加盟国ですでに実践されている様々な新興企業向けの政策や施策を統一基準によって評価することで、欧州レベルのベスト・プラクティスを抽出し、この情報を加盟国で共有することを目的とする。2023年の報告書[6]によれば、以下の8基準によって21か国の新興企業向け支援策が評価されている。なお、これら基準は加盟国および欧州経済領域 (EEA) を対象とする閣僚級の合意 (「SNS宣言 (The EU Startup Nations Standard of Excellence Ministerial Declaration)」) によって確認されたものである。

① 企業設立の迅速性、スムーズな市場参入
　100ユーロ以下の手数料で、オンラインでもオフラインでも1日でスタートアップ (法人) を設立することができる
② 人材の確保と維持
　第三国の起業家のビザ申請が原則として1か月以内に処理される
③ ストック・オプションの利用
④ 規制の革新性
　"Think Small First" の理念に沿った不利な規制や行政負担の除去
⑤ 調達における革新性
　公共調達の推進、大学や研究機関発のスピンオフやスタートアップに際しての負担や障害の除去等
⑥ 金融へのアクセス
　ベンチャー・キャピタルへのアクセス強化等
⑦ 社会的包摂、多様性、民主的価値の重視
⑧ デジタル・ファースト

会社設立、納税申告、公共調達への参加、署名などにおける電子化推進の程度

次に"Innovation Radar"とは、データ主導型の施策である。EUが資金提供した研究開発やイノベーション・プロジェクトから得られたデータを欧州委員会が用意した統一指標に基づいて分析することにより、高い潜在的価値を持つ研究開発活動や振興企業を抽出し、必要に応じて専門家による支援を行うというものである。なお、"Innovation Radar"による分析は、2015年以降欧州委員会が優れた研究開発活動や企業を表彰している「イノベーション・レーダー賞（Innovation Radar Prize）」の選定にも用いられている[7]。

Ⅲ．フランスにおける起業実態

ここでは、近年のフランスにおける起業状況を確認する。図表2-1は2000年以降における起業の傾向を示したものである。2000年から2022年にかけて、フランスの起業件数は4倍以上に増加している。欧州をはじめとする各国の経済に大きな影響を与えた出来事として、リーマンショック、欧州ソブリン危機、COVID-19による危機があるが、フランスの起業件数に関しては、これら危機による影響は比較的軽微であるか短期間のうちに収束しており、基本的には右肩上がりの傾向を示していることがわかる。

首相直轄で政策提言や政策の事後評価などを行う"France Stratégie[8]"は、OECDのデータに基づいて、フランスの起業数増加は、特にユーロ圏でも際立ったものであることを確認しており（図表2-2参照）、これには本書の第3章で扱う自己雇用主制度（auto-entrepreneur　現 micro-entrepreneur）や、2000年代以降に進められた各種行政手続きの簡素化が関係しているとみている。

次に、より詳細にフランスの起業状況を考察する。「国立統計経済研究所（INSEE）」によれば[9]、2022年におけるフランスの起業は、106万2000件と過去最高を記録し、7年連続で増加した。特に2015年以降の7年間における増加は顕著であり、当該期間の伸びは88％である。図表2-3は、「自己雇用主制度」の利用を除く起業と、これらを含む全起業の長期的推移を示したものである。これを見ると上記"France Stratégie"の指摘にもあるように、「自己雇用主制度」の導入が起業全体に与えた影響が大きいことが明らかである[10]。近年のフランス

第 2 章　起業と支援体制　　45

図表2-1　フランスの起業件数の長期的推移

出所：Gilles, C. (2023), p. 4.

図表2-2　ユーロ圏の企業登録数の推移

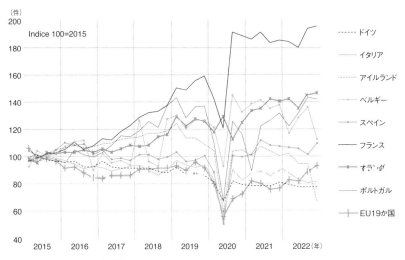

※Eurostatのデータに基づく。
出所：Gilles, C. (2023), p. 6.

図表2-3　起業数の推移（×1000）

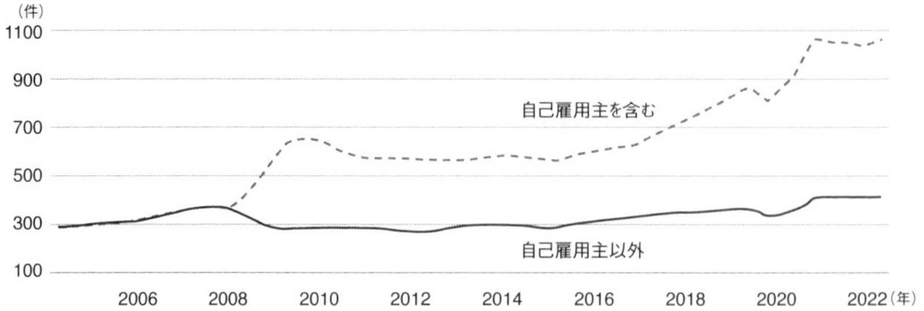

（件）
1100
900
700
500
300
100
　　　2006　2008　2010　2012　2014　2016　2018　2020　2022（年）

自己雇用主を含む
自己雇用主以外

※非農業部門、四半期累計。
出所：INSEE（2023）, p. 61.

における起業状況については第3章でも取り上げるため、以下では他国との比較から明らかとなるフランスの特徴や起業意識の動向等を中心に考察を進める。

まず、他国に比したフランスにおける起業の特徴を確認するためにGlobal Entrepreneurship Monitor（以下GEM調査）を参照する。GEM調査は、1999年からフランスや日本を含む国で開始された起業活動の国際比較調査である。以下で参照するのは、国の「未来投資計画（PIA：programme d'investissements d'avenir）」の一環としてモンペリエ大学（Université de Montpellier）に設立された研究所の分析チームが、2022年のGEMデータに基づいて行った分析結果である。なお、GEM調査に参加する国は、毎年成人人口（18歳から64歳）2000人以上の無作為サンプルを調査しているが、2022年のフランスGEM調査では、3830人が回答した。

経済や社会環境の相違を考慮して、上記分析チームはG7のみを抽出しフランスの状況と比較している。図表2-4は、GEM調査で用いられるその国における起業環境の適正を測る「国内起業環境指数（NECI：National Entrepreneurship Context Index）」を示したものであり、フランスとG7（ただし2022年調査にイタリアは含まれていない）の平均値を示している。これをみると、フランスの企業環境は「物理的インフラ」、「資金調達」、「金融へのアクセス」、「政府による企業家活動の促進と支援」、「高等教育における起業家精神の促進」の項目でG7平均を上回るが、「初等・中等教育における企業家精神の奨励」、「研究開発成果の移

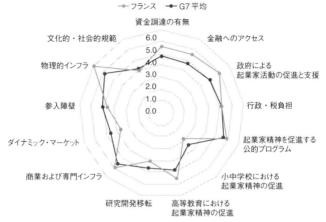

図表2-4　フランスの企業環境 (G7諸国との比較)

出所：Messeghem, K. et al.（2023）, p. 23.

転」、「市場の活力」という側面において比較的低い評価が与えられている[11]。

　次に、同じくGEM調査から、起業への意欲や願望を持つ人の割合を示す「起業意向率（Entrepreneurial Intentions Rate）」[12]を確認すると、フランスは米国、カナダに次ぐ3番目であり（図表2-5参照）、過去と比べても堅調な伸びを示していることが確認されている（2021年度調査では16.9％）。分析チームは、こうした起業意欲の高まりの原因を公的支援策や各種メディアによるPR活動、あるいは起業家養成教育の広がりといった複数要因の相乗効果によるものとみている。

　また、その国における起業活動の活発性を示す「総合初期起業活動指数（Total early-stage Entrepreneurial Activity　以下TEA）」[13]は図表2-6に示されるように、米国、カナダ、英国に次ぐ4番目に位置する。ただし、より近年におけるフランスの伸びは他国に比して高いことも同様に確認されている（2012年5.2％、2021年7.7％、2022年9.2％）[14]。

　以上の客観指標に基づく国際比較に加えて、GEM調査ではフランスにおける起業意識の一端も明らかにしている。2022年度調査において「起業家活動が望ましい職業選択である」と回答したのは、調査対象者の67.8％であり、55.4％は「起業家の社会的地位は高い」と回答していた。こうした起業文化の広がりを説明するうえで、調査対象者の多くは各種メディア、特にソーシャル・ネット

図表2-5　起業意向率の比較

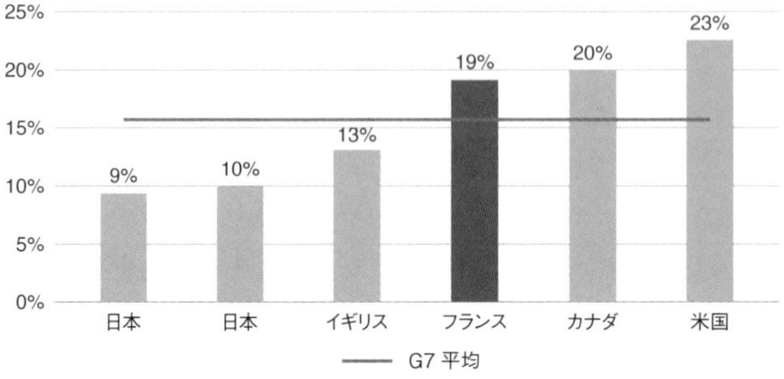

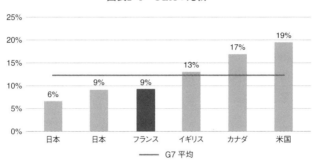

出所：Messeghem, K. et al. (2023), p. 41.

図表2-6　TEAの比較

出所：Messeghem, K. et al. (2023), p. 42.

ワーキング・サービス(SNS)の役割が大きいとしている。また、調査対象者のおよそ半数は起業することを意識しており、起業は性別を問わず身近な選択肢になっていることが確認される。

　また、起業動機で上位を占めたのは「仕事が少ない、生計を立てるため」(42.6％)と「巨万の富、または非常に高い収入を得るため」(42.3％)であり、「世界を変えたい」という動機は、G7諸国のなかでは最下位(23.7％)であった。ただし、これについては年齢層での乖離が大きく、若い起業家ほど(35歳未満)、年配層の起業家よりも「世界を変えたい」という願望をより強く持っている傾向が確認された[15]。

次に、限られた資料に基づくものではあるが、起業の実態や起業に対するイメージがプロフィール（年齢や性別）によっていかなる違いをみせるのかを確認しておく。マイクロクレジットの老舗として知られる非営利団体の"Adie (Association pour le droit à l'initiative économique)"が、2023年に18歳から30歳の若者1500人を対象として行った職業感に関する調査[16]では、「理想的な社会人生活のために起業の経験が必要」と考える人の割合は54.2%であった。ただし、企業家活動と賃金労働者としての生活を二者択一的に考えているのではなく、副業（両立）や両方のキャリアを交互に経験することを前提としている若者の割合は、起業活動のみに専念すべきとする者の割合を上回った（前者33.9%に対して後者20.3%）。これは実際に起業した者のうち42.9%は、副業として開始した（本業としての起業は33.3%）という回答結果とも整合する。すでに起業しているか、起業の意向を持つ者の割合は75.7%と高く、起業家活動に必要な資質としては、「勇気・忍耐力」(51.1%)、「勤勉性」(48.9%)、「仕事への能力や創造性」(45.3%)が上位を占めた。

また、18歳以上の一般フランス人1306人、専門学校生や大学生を中心とした18歳から30歳までの若者404名、民間企業400社の管理職という3つの母集団を対象とした"OpinionWay"による2023年のオンライン調査[17]では、若者を中心に起業意識が変化していることが確認された。まず、起業（事業承継を含む）に対するイメージは、一般で73%が否定的であったのに対して、若者では49%が肯定的であった。また、起業理由として「自らの管理下で働きたい、自分のやり方でやりたい」という項目が一般では30%なのに対して若者では47%を占めていた。

こうした若者の起業意識は、実際の企業活動状況にも影響を与えている。中小企業の公的支援において中核的存在である"Bpifrance"は、2016年より2年もしくは3年ごとに「フランス起業家指数（indice entrepreneurial Français）」調査を実施しているが、2021年と2023年の比較では30歳未満の若年層における「起業家活動率（proportion de Français participant à la chaîne entrepreneuriale）」[18]が上昇していたのに対して、30歳以上ではほぼ変化がみられなかった。また「起業家活動率」それ自体も前者と後者では倍近くの開きがあった[19]。

最後に起業家のプロフィールの違いによる特徴を確認しておく。既述の"France Stratégie"は、INSEEの追跡調査約3万6000件（2010年から2015年を対

象)をもとに、起業全体の2割を占めるとされるシニア層(50歳〜64歳)による起業の特徴を分析している。これによると、シニア層の起業家は、学位や国家免状を持たない者とグランゼコール出身者の層が厚いといったように、学歴面での二極化が顕著であること、事業開始時の資本金が比較的高額であること、起業経験者が多いこと(全体3分の1程度に対してシニアは約半数)、また失業中に経済的理由により起業した割合が高いこと(全体4%に対して9%)が明らかにされている[20]。

また、小規模企業や手工業・工芸品部門を代表する経営者団体である"U2P (Union des entreprises de proximité)"は、職場におけるジェンダーの多様性の進展を確認すべく、特に工芸職や個人事業を営む女性550人を対象に、キャリアパスや経営者としての経験について調査を実施している。これによれば、零細企業(micro-entrepreneur　旧「自己雇用主」を含む)制度の下で自営業として働く女性の割合が、2017年の36%から2020年の44%へ顕著な伸びを示していた。女性の起業動機としては独立願望がほぼ半数(49%)を占め、次いで「仕事への情熱」、「充実感や意義の追求」が多く、セカンドキャリアの選択肢として起業を選択する女性が増加していることが確認されている。また、同調査からは女性起業家が全体に比して起業前の職業経験が浅いことや開業に際しての資本金が小さいことも明らかとなっている[21]。

IV. 支援機関と制度

起業および起業後間もない企業に対する公的支援制度は、大別して補助金、税金や社会保険料の控除、公的投資銀行である"Bpifrance"が中心となって行う貸付等がある。フランスでは歴史的に起業支援が雇用・失業対策と結びつけられてきたこともあり、失業者による起業を促す制度の存在が今なお大きいが、後述するように、近年では起業支援の運営と責任が地域圏(région)へ移転されたこともあり、地方の実情を踏まえた柔軟な制度運用も行われるようになっている。以下では、代表的な法律や制度を取り上げる。

企業成長と変革のための行動計画（PACTE：plan d'action pour la croissance et la transformation des entreprises　以下 PACTE）

　近年の起業環境に大きな影響を与えた法律としては、2019年5月に成立したPACTE法（loi n° 2019-486 du 22 mai 2019 relative à la croissance et la transformation des entreprises）がある。これは、2017年の労働法改正、投資促進税制、法人税の引き下げ、2018年の技能実習制度や職業訓練制度の見直しによる雇用促進等の延長線上に位置づけられる経済構造改革のための法律である。

　PACTE法の射程は広く、会社法や労働法、コーポレート・ガバナンスに関する内容に及ぶが、特に起業や中小企業の成長に関わる内容としては、事業登録窓口の一本化と起業手続きのオンライン化、中小企業に対する法律や規制適用基準値の簡素化（従来は労働法、社会保険法、税法、商法ごとに異なるため、これが雇用コストの増大につながっていた）、事業譲渡における優遇税制適用条件の簡素化、輸出促進のための地方ワンストップ・サービス窓口の開設などが含まれる[22]。当法が前提としているのは、雇用面での貢献が大きいフランスの中小企業が、他国のそれに比して小規模であるという認識である。したがって企業成長を妨げていると思われる様々な規制や手続きを簡素化または撤去し、成長や起業の機会を増やすことを狙いとしている。

職場復帰手当（ARE：aide au retour à l'emploi　以下ARE）**に関する特別措置と事業承継・起業手当**（ARCE：aide à la reprise ou à la création d'entreprise　以下ARCE）[23]

　AREは、わが国で失業手当に相当するものであり、一定の条件に基づいて求職している者に支給されるものであるが、AREの給付を受けている者が企業家として活動しそこからの収入がある場合、当該収入が一定の範囲を超えない限りは手当の給付が継続され、一般的な社会保険へ加入した上で基礎年金受給資格も失わないという特別措置がある。

　また、ARCEとは、起業または事業を承継した者が、一定の条件のもと上記AREの一部を希望に応じて一時金として受け取ることができる制度である。2023年7月1日以降、この金額は、受給資格がある職場復帰手当の60％とされている。ただし、ARCEとAREの併用は認められておらず、前者を選択した場合には基礎年金の受給資格がないといったデメリットもあり、実際には利用者の個別状況に応じていずれかを選択することになる。

起業・事業承継に関する補助（Aide à la création ou à la reprise d'une entreprise 以下 ACRE）[24]

　起業と事業承継を奨励するための控除としてACREがある。この適用を受けた場合には、起業初年度の社会保険料が50％減額される。起業形態により条件が異なるが、たとえば本書の第3章で考察するマイクロ企業家（micro-entrepreneur）としてACREを利用するには、次のいずれかの条件を満たす必要がある。

- AREまたは「職業安定所（ASP：assocation de sécurisation professionnelle）」からの支給を受けている。
- 過去18か月間に6か月以上求職者リストに登録した無給者である。
- 積極的連帯所得手当（RSA：revenu de solidarité active）または特別連帯手当（ASS：allocation de solidarité spécifique）を受給している。
- 18歳から25歳（障がい者の認定を受けている場合は29歳）である。
- 30歳未満で、失業手当の受給資格となる以前の活動の条件を満たしていない。
- 管財人、破産管財人、清算人で事業を引き継いでいる会社の従業員または余剰従業員である。
- 失業中で、ビジネス・プロジェクト支援契約（CAPE：contrat d'appui au projet d'entreprise）を締結している。
- 都市政策優先地区（QPV：quartiers prioritaires de la politique de la ville）[25]で事業を立ち上げる、または引き継ぐ。
- 共同養育手当（PreParE：prestation partagée d'éducation de l'enfant）[26]を受給している。

革新的新興企業（JEI：jeune entreprise innovante）[27]

　これは、研究開発志向の比較的若い中小企業に適用されるもので、税金や社会保険料の一部を免除するものである。制度自体は2004年に創設されたものであるが、2023年1月以降では、中小企業であること（従業員数250人未満で、売上高5000万ユーロ以下、または貸借対照表の合計が4300万ユーロ以下）、設立後8年未満であること、研究開発のために経費の15％以上を充当していること等が要件とされている。

新興大学企業（JEU：jeune entreprise universitaire）

　これは、大学発の若い研究開発型企業に対して一定の税金や社会保険料の免除を認めるものである。2023年1月以降の条件としては、設立後8年未満の中小企業であることに加えて、以下の条件が加えられる。

- 経営者が学生、修士号か博士号を取得して5年以内、もしくは教育者または研究者のいずれかであること。
- 上記経営者の所有割合が10％以上であること。
- 主たる活動が、役員または共同経営者が高等教育機関において行った研究成果に関するものであること。
- 研究成果をビジネス化する際の条件について、高等教育機関と契約を締結していること。

新興成長企業（JEC：jeune entreprise de croissance）

　これは、上記JEIやJEUと同じく、設立から8年未満の中小企業を対象として税金や社会保障料の免除が受けられるものであり、研究開発型でかつ成長性の高い企業を対象としている。研究開発費が経費の5％以上15％未満を占めることが条件とされ、この点ではJEIよりも条件が緩和されるが、別途政令で定められる業績基準を満たす必要がある。

名誉貸付（prêt d'honneur）[28]

　これは、"Bpifrance"が2021年に開始した無利息・無担保、個人保証を伴わない個人向け融資である。通常フランスの金融機関は、無利子融資に対して一定の追加融資枠を設定するため、起業や事業承継する個人は当該貸付を利用することでレバレッジ効果が期待できる。フランス国内には金融機関やその他の融資専門家からなる承認委員会の審査を経て名誉貸付を行うネットワークとして、"Initiative France"と"Réseau Entreprendre"がある。また"Bpifrance"は、特にゼロスタートの起業に際しての銀行借り入れを対象に50％から60％の信用補完を行っている。

地域圏による起業・事業承継支援

　これまで国レベルでは、社会保障の観点から、特に失業者による起業や事業

承継を支援すべく「起業と事業承継に対する新たな支援（NACRE：nouvel accompagnement à la création et à la reprise）」と呼ばれる制度を運営してきた。これは大きく3段階、すなわち、事業計画の策定や承継に際しての技術的サポート、銀行への仲介をはじめとする資金調達面でのサポート、そして事業開始後の経営指導において、失業者による起業や事業承継を支援するものであった。

しかしながら、2017年以降、当該制度の管理運営の責任は地域圏へ移管され、今日では、各地域圏がそれぞれの地域特性や実情を踏まえたうえで独自のスキームを作成するようになっている。支援対象や支援期間、あるいは適用条件などは地域圏により様々であるが、上記「起業と事業承継に対する新たな支援」の理念は基本的に引き継がれており、総じて失業者や求職者、あるいは社会的に弱い立場にある人々による起業や事業承継を支援する社会保障的側面を重視していることでは、共通している[29]。

V. フレンチテック（La French Tech）

すでにみたように、起業については国や地域圏レベルで様々な支援制度が存在するが、特にデジタル領域でのスタートアップ[30]支援を目的としたものとしては、2013年から開始されたフレンチテックがある。フレンチテックとは、新産業の育成と雇用創出を目的とする一連の政策パッケージであり、デジタル改革・通信担当大臣（Secrétaire d'État chargé de la Transition numérique et des Communications électroniques）の管轄の下、「企業総局（DGE：Direction générale des entreprises）」に属する「ミッション・フレンチテック（Mission French Tech）」が中心となって運営する。

予算の多くは「未来投資計画（PIA：programme d'investissements d'avenir）」[31]によるものであり、公的投資銀行である"Bpifrance"、中小企業の国際的な事業展開を支援する「貿易投資庁（Business France）」、「預金供託公庫（CDC：Caisse des Dépôts et Consignations）」といった主な公的機関が関与する。

フレンチテックには大きく3つの目的がある。すなわち、①企業成長のためのエコシステム（以下エコシステム）およびコミュニティの形成、②企業成長の促進、③フランスにおけるエコシステムの国際的知名度の向上（フランス国外の起業家や投資家の呼び込み）である。より具体的には、①について「フレンチテック

都市圏（French Tech Capital）」および「フレンチテック・コミュニティ（French Tech Community）」の認定、②について「NEXT40」および「NEXT120」の認定、③について海外の見本市やイベントを通じたプロモーション活動、そして後述の「フレンチテック・ビザ（French Tech Visa）」や「フレンチテック・チケット（French Tech Ticket）」の発行等が行われてきた。

「フレンチテック都市圏」と「フレンチテック・コミュニティ」[32]は、地方都市における企業成長のためのエコシステムの構築を目的として、政府が公募に基づいて認定する非営利のコミュニティである。多くは、新興企業、大企業、投資ファンド、官民の支援機関、資金提供主体研究センター等によって構成される。加入には地方自治体や地域公的機関の推薦を必要とするが、メンバーの多くは民間の企業家や起業経験者である。

政府としては、すでに地域レベルで形成されているコミュニティやネットワークの認定を通じて、フレンチテックの趣旨や政府が用意している諸施策への理解を深めてもらうこと、既存の様々な公的サービス部門を動員し、民間主体の自主的な活動を後押しすることを狙っている。

最初の認定（2019年から2022年を対象）では、フランス国内で「フレンチテック都市圏」が13件、「フレンチテック・コミュニティ」が国内30件、海外58件が選ばれた。また、第二期目の認定（2023年から2025年を対象）では、フランス国内で「フレンチテック都市圏」が16件、「フレンチテック・コミュニティ」が国内32件、海外67件（52か国）が選ばれ、これらに参加するするスタートアップは約6000社程度である。図表2-7は、第二期目に選ばれたフランス国内の「フレンチテック都市圏」と「フレンチテック・コミュニティ」、また図表2-8は、フランス国外の「フレンチテック・コミュニティ」である。

次に、企業成長の促進に関して、2019年以降は、成長性の高い企業を集中的に支援するため「NEXT40」および「NEXT120」が毎年選定されている。「NEXT40」は、特定のユニコーン企業（設立後10年以内、企業評価額10億ドル以上の非上場スタートアップ）もしくは一定以上の資金調達能力を持つ企業を選定して、さらなるスケールアップを目指して公的支援を集中するものであり、「NEXT120」は、将来のユニコーンを目指す高い成長性を持つ企業を支援するものである。

2023年の選考では「NEXT40」について、上記ユニコーンの条件を満たすか、

図表2-7 「フレンチテック都市圏」と「フレンチテック・コミュニティ」（フランス国内）

「フレンチテック都市圏」	「フレンチテック・コミュニティ」
La French Tech Aix-Marseille Région Sud	La French Tech Angers
La French Tech Alpes	La French Tech Artois
La French Tech Bordeaux	La French Tech Baie de Saint-Brieuc
La French Tech Bourgogne-Franche-Comté	La French Tech Bretagne Sud
La French Tech Brest Bretagne Ouest	La French Tech Clermont Auvergne
La French Tech Côte d'Azur Région Sud	La French Tech Grand Hainaut
La French Tech Est	La French Tech Littoral Hauts-de-France
La French Tech Grand Paris	La French Tech Lot-et-Garonne
La French Tech La Réunion	La French Tech Marne-la-Vallée
La French Tech Lille	La French Tech Martinique
La French Tech Méditerranée	La French Tech Mayotte
La French Tech Nantes	La French Tech Mont-Blanc
La French Tech Paris-Saclay	La French Tech Normandie
La French Tech Rennes Saint-Malo	La French Tech Nouvelle Calédonie
La French Tech Saint-Etienne Lyon	La French Tech Pau Béarn
La French Tech Toulouse	La French Tech Pays Basque
	La French Tech Grande Provence
	La French Tech Guadeloupe
	La French Tech Guyane
	La French Tech Laval
	La French Tech Le Mans
	La French Tech Limousin
	La French Tech Périgord
	La French Tech Perpignan
	La French Tech Picardie
	La French Tech Poitou-Charentes
	La French Tech Polynésie
	La French Tech Pyrénées Adour
	La French Tech Saint-Nazaire La Baule et Pornic
	La French Tech Toulon Région Sud
	La French Tech Val de Loire
	La French Tech Vendée

出所：République française (2023b), pp. 15-16をもとに筆者作成。

図表2-8 フランス国外の「フレンチテック・コミュニティ」

欧州	北米
La French Tech Amsterdam	La French Tech Atlanta
La French Tech Athens	La French Tech Austin
La French Tech Barcelona	La French Tech Boston
La French Tech Belgrade	La French Tech Chicago
La French Tech Berlin	La French Tech Denver
La French Tech Brussels	La French Tech Houston
La French Tech Bucharest	La French Tech Los Angeles
La French Tech Krakow	La French Tech Miami
La French Tech Dublin	La French Tech Mexico
La French Tech Düsseldorf	La French Tech Montreal
La French Tech Lisbon	La French Tech New York
La French Tech London	La French Tech San Diego
La French Tech Madrid	La French Tech San Francisco
La French Tech Munich	La French Tech Toronto
La French Tech Nordics	南米
La French Tech Prague	La French Tech Bogota
La French Tech Sofia	La French Tech Buenos Aires
La French Tech Switzerland	La French Tech São Paulo
La French Tech Warsaw	アフリカ
La French Tech Italy	La French Tech Abidjan
La French Tech Kyiv	La French Tech Alger
アジア	La French Tech Antananarivo
La French Tech Bangalore	La French Tech Casablanca
La French Tech Bangkok	La French Tech Lagos
La French Tech Beijing	La French Tech Mauritius
La French Tech Hong Kong-Shenzhen	La French Tech Nairobi
La French Tech Indonesia	La French Tech South Africa
La French Tech Malaysia	La French Tech Tunis
La French Tech Manila	中東
La French Tech Phnom Penh	La French Tech Abu-Dhabi-Dubai
La French Tech Seoul	La French Tech Beirut
La French Tech Shanghai	La French Tech Istanbul
La French Tech Singapore	La French Tech Tel Aviv
La French Tech Taiwan	
La French Tech Tokyo	
La French Tech Vietnam	
オセアニア	
La French Tech Australia	
La French Tech New Zealand	

出所：République française (2023b), pp. 18-21をもとに筆者作成。

2020年から2022年の資金調達額が1億ユーロ以上であること、「NEXT120」については、2020年から2022年の資金調達額が4000万ユーロ以上であるか、2022年に1000万ユーロ以上の売り上げがあり、過去3年間の売上伸び率が25%以上であることが条件とされた。

なお、「NEXT40」および「NEXT120」による2022年の資金調達は総額135億ユーロで制度創設以来最高となり、新たに8社のユニコーンが生まれた。2019年に掲げられた目標は、2025年までにユニコーン25社の創出であったが、2022年時点ですでにこの水準が達成されている[33]。

加えてマクロン大統領は2023年2月に「フレンチテック2030 (French Tech 2030)」を発表した。これは国家投資計画である「France 2030」[34]に関連する分野で活動する100社程度の有望企業を選定し、「ミッション・フレンチテック」がオーダーメイドの特別金融支援を用意するというものである。

第1回公募には842件の応募があり、「企業総局」、「研究・イノベーション総局」等の代表から構成される選考委員会によって125社が選出された。これらに加えて2017年からは「フレンチテック・セントラル (French Tech Central)」プログラムの下で、フレンチテック拠点における臨時または常設の行政サービス窓口の設置、また、「フレンチテック・ライズ (French Tech Rise)」プログラムの下では、地方における資金調達上のハンディキャップを埋めるべく、投資ファンドとスタートアップ企業のマッチング・イベントやスタートアップの表彰などが行われている[35]。

次に、スタートアップの知名度向上と収益性確保という観点からは、2023年より「私はフレンチテックを選択する (Je choisis La French Tech)」と呼ばれるプログラムが開始された。これは公的機関や大企業をはじめとする民間企業がスタートアップ企業からの購買を増やし、2027年までに調達金額で2022年水準の倍 (120億ユーロ) を目指すというものである。プログラム開始1年後に発行されたパンフレットによれば、すでにフランス国内で約5000件の個別商談や70程度のイベントを開催し、上記目標の達成を目指している。参加企業は500社以上であり、「国家購買局 (DAE：Direction des achats de l'Etat)」、「公共調達連合 (UGAP：Union des groupements d'achats publics)」、「医療部門購買連合 (UniHA：Union des hôpitaux pour les achats)」、「医療購買ネットワーク (Resah)」といった公的機関等も署名参加している[36]。

図表2-9　フレンチテックの政策展開

年月	出来事	備考
2013年1月	「ミッション・フレンチテック」創設	
2014年1月	フランチテック・メトロポリス(French Tech Métropolises)の認定[※1]	9つの地方都市を認定。
		イニシアチブの拡大
2015年1月	フレンチテック国際展開のための予算配分	1500万ユーロ
2016年10月	海外初の「フレンチテック・コミュニティ」を認定	22件
2017年1月	「フレンチテック・セントラル」プログラム開始	スタートアップによる公共サービスへのアクセス改善
2019年4月	「フレンチテック都市圏」および「フレンチテック・コミュニティ」の認定(第1期)	「都市圏」13件、「コミュニティ」43件
2019年9月	「フレンチテックNext40/120」プログラムの創設	
2021年7月	「フレンチテック・ライズ」プログラム開始	地域での資金調達改善
2023年2月	「フレンチテック都市圏」および「フレンチテック・コミュニティ」の認定(第2期)	「都市圏」16件、「コミュニティ」101(国内34、海外67)件
2023年6月	「フレンチテック2030」創設	「France 2030」との連動
2023年6月	「フレンチテックを選択」するイニシアチブの開始	

※1　その後フレンチテック・キャピタルの認定とともに解消。
出所：https://lafrenchtech.gouv.fr/en/about-us/presentation-of-the-french-tech-mission/ をもとに筆者作成。

図表2-9は、ここで考察したフレンチテックに関わる施策を時系列に沿ってまとめたものである。

最後に、フランスにおけるエコシステムの国際的知名度の向上を目的としたものとして「フレンチテック・ビザ」と「フレンチテック・チケット」がある。前者は、「ミッション・フレンチテック」が「貿易投資庁」と連携して発行するものであり、特にスタートアップに関わる従業員、経営者、投資家といった人材の定着を促すものである。有効期間は4年間であり、給与所得者であれば就労ビザが不要で、適格条件を満たしている限り更新可能である。また、「フレンチテック・チケット」については、これまで2016年と2017年のみの発行に終わっているが、2017年の募集では、投資用途を除いた経費をカバーする目的で、ビジネ

ス・プロジェクト1件につき4万5000ユーロの支給、国が連携する40以上の提携インキュベーターのいずれかにおける1年間の支援（中間評価付）、選定者と家族の滞在許可証交付手続きを簡略化するといった優遇策が講じられた[37]。

Ⅵ. おわりに

　以上、フランスにおける起業状況や支援制度について考察した。最後に、ここで確認された事柄を整理したい。

　すでにみたように、近年のフランスでは、自己雇用主制度、PACT法にみられる事業成長に資する行政手続きの簡素化、あるいはフレンチテックにみられる一連の取り組みといった様々な支援策がみられ、実際に起業数は欧州でも注目されるほどの伸びを示している。こうしたなかで、さらなるグローバル化の進展やEU戦略の浸透に伴って、グリーン化、デジタル化への移行、そしてレジリエンスを備えた目指すべき社会の実現に向けて、新企業への期待も従前に増して高まっており、若者を中心に起業意欲も高まりつつある。

　他方で、本章の考察で明らかとなった今一つの事柄は、起業支援による経済活性化を期待しつつも、それを社会政策や社会的平等を実現するツールとして位置づけるというフランスの特徴である。後者については、失業者による起業が各種法律や施策を通じて多面的に支援されてきたことや、近年定期的に実施されるようになった公的機関による大規模な起業活動調査において、都市政策優先地区居住者、女性、求職者、若者といった社会階層に絞った分析が行われていることからも明らかである。そこには、失業対策、社会的排除の状況にある人々への対応、ジェンダー平等へのさらなる取り組み、慢性的に失業率が高止まりしている若年層への配慮がある。

　誤解を恐れずにいうならば、このようにいわば広義の社会的機能の視点からスタートアップや新興企業を支援するという動きは、何よりも経済ダイナミズムの担い手としての役割に重きを置くアングロサクソン諸国でみられるそれとは一線を画すものであるように思われる。むろんここで考察した一連の起業支援政策は、社会的効用か経済的効用かという軸で単純に切り分けできるものではないが、少なくとも新興企業やスタートアップの価値が複眼的な視点で評価できることを示唆するものとして、わが国の中小企業や政策のあり方を考えるうえで興味深い。

注

1) なお当該新産業戦略は COVID-19 による影響や、ロシアの侵攻に伴う地政学的リスクの高まりを受けて 2021 年 5 月に更新された。ここではデジタル、グリーンという優先課題の再確認に加えて戦略的分野での特定国への依存度を低める戦略的自律性（レジリエンス）の確保が新たな柱として追加されている。
2) European Commission (2008).
3) 「欧州構造投資基金」は、次の 5 つの基金の総称である。①インフラ整備のため地域レベルで配分する「欧州地域開発基金 (ERDF：European Regional Development Fund)」、②主に教育や雇用に関する資金を提供する「欧州社会基金 (ESF：European Social Fund)」、③格差是正を目的として加盟国レベルに配分される「結束基金 (CF：Cohesion Fund)」、④「欧州農業農村開発基金 (EAFRD：European Agricultural Fund for Rural Development)」、⑤「欧州海洋漁業基金 (EMFF：European Maritime and Fisheries Fund)」。これらのうち特に中小企業政策と関係が深いのは「結束基金」である。
4) 以下の "Startup Europe" および "Innovation Radar" については、*Startup Europe. European Commision.* https://digital-strategy.ec.europa.eu/en/policies/startup-europe（閲覧 2024 年 8 月 31 日）を参照。
5) European Commission (2020).
6) European Innovation Council and SMEs Executive Agency (2024) *EIC Tech Report 2024*, pp. 8-58. https://eic.ec.europa.eu/document/download/6db51313-d1d5-4866-be94-ac7cee6dfb77_en?filename=EIC-tech-report-2024.pdf（閲覧 2025 年 1 月 10 日）
7) なお、"Startup Europe" の今一つの構成要素である "Digital Innovation and Scale-up Initiative (DISC)" は、2019 年に「欧州委員会 (European Commission)」、「欧州投資銀行 (European Investment Bank)」、「欧州投資基金 (European Investment Fund)」、「欧州復興開発銀行 (European Bank for Reconstruction and Development)」等の協力により開始された特に成長が見込まれる中・東・南東部ヨーロッパ (CESEE) 地域の IT スタートアップ企業の集中支援プログラムである。背景としては、中・東・南東欧地域で生まれた新興企業の 4 割以上が、欧州外の投資家から資金を調達しておりその活動拠点を米国や中国に移しているという事情がある。
8) Gilles, C. (2023).
9) INSEE (2023), pp. 60-61.
10) なお、後の第 3 章でみるように、「自己雇用主制度」の利用による起業をその他の起業と統計上同じく取り扱ってよいのかについては、フランス国内でも議論がある。
11) Messeghem, K. et al. (2023), pp. 22-23.
12) 3 年以内に起業する意向のある潜在的な起業家が 18 歳から 64 歳の人口（起業活動のあらゆる段階に関与している個人を除く）に占める割合。
13) 起業の準備段階または起業後 3.5 年以内の所有経営者が 18-64 歳人口に占める割合。
14) Messeghem, K. et al. (2023), pp. 40-42.
15) Messeghem, K. et al. (2023), pp. 10-11.
16) Adie (2023). https://assets.ctfassets.net/ef04tndlnzev/3dyDKCR4naSPnmu7eg1v90/79fbcf11bea8926a61ccf67770f0c3ed/DP_Jeunes_Adie_Juin2023.pdf（閲覧 2024 年 9 月 1 日）
17) Opinionway (2023).
18) ここにいう「起業家活動率」とは、起業の意向を持つかそれを予定している者、あるいは過去現在において経営者である者が調査対象者全体に占める割合であり、この数値は 2021 年に

30 歳未満51％、30 歳以上26％、2022 年で30 歳未満58％、30 歳以上27％であった。なお、"Bpifrance" による「起業家活動率」調査は2016 年、2018 年、2021 年に続く4 回目の大規模調査（約5500 の回答に基づく）であり、フランス人一般（18 歳以上）、都市政策優先地区居住、女性、若者（18 歳～30 歳）という4 つのカテゴリーごとの動向も明らかにされている。

19) Observatoire de la création d'entreprise (2024).
20) France Stratégie (2022).
21) U2P (2022).
22) PACTE 法については、Ministère de l'Économie et des Finances (2018)、(2019) を参照。なお、PACTE 法を構成するのは、主に本文に示した10 の柱であるが、実際には70 の条項が含まれ、そのなかには、諸外国でも知られる社会的貢献や環境への配慮を追求する企業に対して認められる「ミッションを有する企業 (Entreprises à mission)」の規定も含まれる。
23) 以下、ARE、ARCE については、下記を参照。
ARE ou Arce, quelle option en fonction de votre situation ? Bpifrance. https://bpifrance-creation.fr/encyclopedie/aides-a-creation-a-reprise-dentreprise/aides-sociales-financieres/are-ou-arce-quelle（閲覧2024 年8 月10 日）
24) 以下、ACRE については、下記を参照。
Aide à la création ou à la reprise d'une entreprise (Acre). service-public.fr. https://www.service-public.fr/particuliers/vosdroits/F11677（閲覧2024 年8 月10 日）
25) 所得水準に応じて指定される都市政策の優先地域。
26) 2015 年に導入された育児休暇制度。3 歳未満（養子縁組の場合は20 歳未満）の子供を扶養している両親の一方または両方が仕事を中断または減らすことができる。
27) 以下、JEI、JEU、JEC については、下記を参照。
Jeune entreprise innovante, de croissance ou universitaire (JEI-JEC-JEU). Entreprendre. service-public.fr. https://entreprendre.service-public.fr/vosdroits/F31188（閲覧2024 年8 月10 日）
28) 以下、「名誉貸付」については、下記を参照。
Prêt d'honneur. Bpifrance-creation. https://bpifrance-creation.fr/encyclopedie/financements/financement-fonds-propres/pret-dhonneur（閲覧2024 年9 月10 日）なお、信用補完については、"Bpifrance" のほかにも "France Active" によるものが知られている。"France Active" は1988 年に「預金供託公庫 (CDC : Caisse des dépôts et consignations)」、「フランス財団 (Fondation de France)」、「フランス企業振興庁 (Agence nationale pour la création d'entreprises)」といった公的機関の主導の下に設立された連帯金融機関であり、主に社会的連帯企業や社会的に脆弱な立場にある人々を中心に貸し付けを行っている。たとえば "Garantie Égalité" は、自己雇用を目的とした女性、あるいは社会的に弱い立場にある人による起業または事業承継に対し、個人保証を伴わない借入額の最大80％（上限あり）の保証を行うものである。
29) *Les dispositifs d'accompagnement à la création et à la reprise d'entreprise proposés par les régions (ancien dispositif Nacre).* Bpifrance-creation. https://bpifrance-creation.fr/encyclopedie/aides-a-creation-a-reprise-dentreprise/synthese-aides-a-creation-profil/dispositifs（閲覧2024 年9 月10 日）なお、上記サイトでは地域圏ごとの起業・事業承継支援を照会している。
30) 最近ではフランスの文献でもスタートアップ (startup) という言葉がよく用いられるようになっている。スタートアップについては、一般に成長性が高い新興企業と理解されるが、必ずしもコンセンサスが得られた明確な定義がある訳ではない。"Bpifrance" では、スティーブ・

ブランク（Blank, S.）による定義、すなわち「スタートアップは大企業の縮小版ではない。スタートアップとは、拡張性、再現性、収益性のあるビジネスモデルを模索する一時的な組織である。当初、スタートアップのビジネスモデルはアイデアと推測で覆われたキャンバスだが、顧客はおらず、顧客に関する知識も最低限しかない」（Blank, S. and Dorf, B.（2012）, XVII）という定義を参照し、完全に特定された市場で製品やサービスを販売する確立された組織を持つ伝統的で安定した企業とは対照的に、ビジネスモデルを実験し市場でのテストを行い、反復的に進化するという部分にスタートアップの本質があるとしている（Qu'est-ce qu'une startup? Bpifrance-creation. https://bpifrance-creation.fr/moment-de-vie/quest-ce-quune-startup（閲覧2024年9月6日））。

31)「未来投資計画」とは2009年以降、数次にわたって実施された国家投資計画であり、国の戦略的分野へ傾斜した予算配分を目的とした。現在は実質的に後述する「フランス2030（France2030）」に継承されている。

32) なお「フレンチテック都市圏」と「フレンチテック・コミュニティ」の違いは公募要件の違いによるものであり、前者のほうが厳格である。

33) 以上は République française（2023b）、林薫子ほか（2024）、7-11頁による。

34)「フランス2030（France2030）」とは2021年10月に発表された国家投資計画である。コロナウィルス危機によって海外依存リスクが明らかとなった分野やグリーンテクノロジーといった戦略的に重要な分野で、自律性と競争力の確保、スタートアップをはじめとする新興企業の育成を目指すものである。予算としては第4次「未来投資計画」との統合による540億ユーロ（5年間）が用意され、戦略分野別に10の目標（小型原子炉の開発推進、水素エネルギーおよび再生可能エネルギーの活用、製造業の脱炭素化、電気自動車・ハイブリッド車の生産強化、低炭素化された航空機の国内生産、安全で持続可能な農産物の生産、医薬品の国内開発強化と革新的医療機器の開発、文化創造産業への支援、宇宙産業の振興、海底探査の推進）と、この達成のために必要な分野横断的な6つの目標（原材料へのアクセスの確保、エレクトロニクス・ロボットなどの戦略的部品へのアクセス確保、将来必要となるスキルに対応する人材の育成、安全なデジタル技術の獲得、高等教育機関・研究機関によるイノベーションのためのエコシステムの構築、新企業の創業および成長の加速）が示された。詳細については、奥山裕之（2023）も参照されたい。

35) République française（2023c）。

36) République française（2024）および *Je choisis la French Tech*. La French Tech. https://lafrenchtech.gouv.fr/en/programme/je-choisis-la-french-tech（閲覧2024年8月6日）

37) 林薫子ほか（2024）、17-18頁。および以下を参照。
French Tech Visa. La French Tech. https://lafrenchtech.gouv.fr/en/come-work-in-france/french-tech-visa/（閲覧2024年8月6日）、「フレンチテック・チケット第2期応募受け付けスタート、フランスで起業しよう！」在日フランス大使館 https://jp.ambafrance.org/article10233（閲覧2024年8月6日）

参考文献

Adie(2023), *Créer sa boîte quand on est jeune*.
https://assets.ctfassets.net/ef04tndlnzev/3dyDKCR4naSPnmu7eg1v90/79fbcf11bea8926a61ccf67770f0c3ed/DP_Jeunes_Adie_Juin2023.pdf (閲覧 2024 年 8 月 12 日)

Blank, S. and Dorf, B.(2012), *The Startup Owner's Manual: The Step-by-Step Guide for Building a Great Company*, K&S Ranch.

European Commission(2008), ""Think Small First" - A ""Small Business Act" for Europe," COM (2008) 394 final.

European Commission(2020), "*An SME Strategy for a sustainable and digital Europe*," COM (2020) 103 final.

European Innovation Council and SMEs Executive Agency (2024) *EIC Tech Report 2024*, pp. 8-58.
https://eic.ec.europa.eu/document/download/6db51313-d1d5-4866-be94-ac7cee6dfb77_en?filename=EIC-tech-report-2024.pdf (閲覧 2025 年 1 月 10 日)

ESNA, Capusa, L., Cordeiro, A., Luvisotto, S., Desoche, M. and Caixinhas, M. (2024), *Startup Nations Standards Report 2023*.
https://backoffice.esnalliance.eu/multimedia/esna/sns-report-2023.pdf (閲覧 2025 年 1 月 10 日)

France Stratégie(2022), *Quelle performance des entreprises créées par les seniors?*
https://www.strategie.gouv.fr/sites/strategie.gouv.fr/files/atoms/files/fs-2022-dt-seniors-creation-entreprises-26octobre.pdf (閲覧 2024 年 8 月 12 日)

Gilles, C. (2023), *La dynamique entrepreneuriale sur 2000-2022: y a-t-il une spécificité française?*
https://www.strategie.gouv.fr/sites/strategie.gouv.fr/files/atoms/files/fs-2023-point-de-vue-dynamique-entrepreneuriale-novembre.pdf (閲覧 2024 年 8 月 12 日)

INSEE(2023), *Les entreprises en France, Insee Références Édition 2023*, Dupli-Print Mayenne.

Messeghem, K., Lasch, F., Valette, J., Casanova, S., Courrent, J-M., Nakara, W., Sammut, S., Thurik, R., et Torrès, O. (2023), *Situation de l'activité entrepreneuriale en France: Rapport 2022 du Global Entrepreneurship Monitor*, LabEx Entreprendre.

Ministère de l'Économie et des Finances(2018), *Le Plan d'Action pour la Croissance et la Transformation des Entreprises en 10 mesures*.
https://www.economie.gouv.fr/files/files/ESPACE-EVENEMENTIEL/PACTE/pacte-10-mesures.pdf?v=1598601160 (閲覧 2024 年 8 月 5 日)

Ministère de l'Économie et des Finances(2019), *Le Plan d'Action pour la Croissance et la Transformation des Entreprises*.
https://www.economie.gouv.fr/files/files/2019/PACTE_Juin2019/bro-a4-pacte.pdf?v=1598601160 (閲覧 2024 年 8 月 20 日)

Observatoire de la création d'entreprise(2024), *Indice Entrepreneurial Français 2023: Volet Jeunes*, Bpifrance.
https://bpifrance-creation.fr/system/files/IEF2023_VOLET_JEUNE_Rapport_20240413.pdf (閲覧 2024 年 8 月 5 日)

Opinionway(2023), *La création d'entreprise en 2023 Quels regards portent les Français, les jeunes et les dirigeants?*

　　　　　https://www.opinion-way.com/fr/component/edocman/opinionway-pour-go-entrepreneurs-la-creation-d-entreprise-en-2023-mars-2023/viewdocument/3083.html?Itemid=0（閲覧 2024 年 9 月 10 日）
République française(2023a), *French Teck NEXT40/120: Programme Class of 2023*.
　　　　　https://lafrenchtech.gouv.fr/app/uploads/2023/11/Press-release-for-the-class-of-2023-French-Tech-Next40_120.pdf（閲覧 2024 年 9 月 23 日）
République française(2023b), *French Teck Capital and Community Labelling 2023-2025*.
　　　　　https://lafrenchtech.gouv.fr/app/uploads/2023/11/2023-2025-Label-for-French-Tech-Capitals-and-Communities.pdf（閲覧 2024 年 9 月 23 日）
République française(2023c), *French Teck 2030 Program: Announcement of the Members of the 1st Edition*.
　　　　　https://lafrenchtech.gouv.fr/app/uploads/2023/11/Press-release-French-Tech-2030-16062023.pdf（閲覧 2024 年 9 月 23 日）
République française(2024), *Je choisis la French Tech, un an après*.
　　　　　https://www.economie.gouv.fr/files/files/directions_services/dae/Dossier%20de%20Presse-Je-choisis-la-French-Tech-un-an-apres-1.pdf?v=1716796927（閲覧 2024 年 9 月 10 日）
U2P(2022), *Les entreprises de proximité AU FÉMININ Artisanat-Commerce-Professions Libérales*.
　　　　　https://infometiers.org/wp-content/uploads/2022/04/Rapport-etude-version-au-7-4-2022.pdf（閲覧 2024 年 9 月 10 日）
奥山裕之（2023）「『フランス 2030』——長期産業計画の概要と展望」『レファレンス（国立国会図書館）』第 869 号、1-20 頁。
自治体国際化協会パリ事務所（2021）「フランスにおけるスタートアップ支援政策——地方におけるエコシステムの形成」『Clair Report』No. 513。
林薫子監修／著・上田敬・今井公子（2024）『フレンチテック——伝統からイノベーションへ。変化するフランスとスタートアップ』金融財政事情研究会。
山口隆之（2013）「中堅企業の現状と政策期待——フランス中堅企業論の展開」『商学論究』第 60 巻第 1・2 号、127-144 頁。
山口隆之（2015）「近年のフランスにおける中堅企業を巡る議論——その特徴とわが国へのインプリケーション」『商工金融』第 65 巻第 2 号、4-20 頁。

第 3 章

フランスの個人事業主制度改革と その評価
―― 自己雇用主制度を中心として

I. はじめに

　フランスでは、2009年に起業手続きを簡素化した自己雇用主 (auto-entrepreneur) 制度[1]が導入され、個人事業主 (entreprise individuelle) としての地位に新たな選択肢が加えられた。2016年以降は従来型の税制や社会保証制度の対象となる個人事業主制度との統合がはかられ、自己雇用主制度の特徴を引きつぐ簡素化された税制と社会保障制度が、マイクロ企業 (micro-entreprise) 制度のもとに用意されている[2]。先の第2章でもみたように、自己雇用主制度の導入が起業状況に与えたインパクトは大きく、わが国でも起業支援の成功事例としてしばしば紹介されてきた。
　しかしながら、フランスの事例が紹介されるとき、その多くは新制度がもたらした正の影響、すなわち起業数増加への寄与といった側面が注目されがちであったことは否定できない。このため新たな起業制度の是非を巡っては、フランス本国で様々な議論があることはあまり知られていない。
　そこで本稿では、自己雇用主制度の導入以来、当該制度を巡ってフランスでいかなる議論がなされてきたのかを確認したい。これにより、フランス社会や政策における当該制度の位置づけや問題性を明らかにし、さらに、そこからわが国の政策や施策に対するインプリケーションを得ることが狙いである。

以下では、まず現行制度の源流ともいえる自己雇用主制度が導入された背景や制度内容を確認したのち、制度導入初期にみられた影響と近年に至るまでの起業の推移を考察する。続いて、公的機関およびアカデミズム領域において、自己雇用主制度がいかなる評価や批判を受けてきたのかを確認する。以上の内容を踏まえて、最後に当該制度の本質やわが国へのインプリケーションについて筆者の見解を示したい。

II．経緯と制度の概要

　フランスではサルコジ政権のもと、2008年8月に経済近代化法(LME：Loi de modernisation de l'economie)が成立した。これは同年1月に示された「成長自由化推進委員会(commission pour la libération de la croissance française)」の提案[3]を織り込んだものであり、特定部門での起業を困難にしている様々な法定手続きの簡素化、および雇用創出、そして物価引き下げを目的とするものであった。同法の射程は広く、そこには10の施策[4]が盛り込まれているが、これらのなかでも上述の法的手続の簡素化と雇用創出に関わるものとして導入されたのが、自己雇用主制度であった[5]。

　自己雇用主という言葉が公的用語として用いられ市民権を得る契機となったのは、当該制度の導入を進めたエルベ・ノヴェリ(Hervé, N.)企業・対外貿易担当国務長官の要請に基づいて作成された報告書(通称「ヒューレル・レポート」)であり、ここにはすでに後に考察する制度の骨子が示されていた。冒頭ではアメリカやイギリス等に比べてフランスの自営業比率が低いという現状を踏まえ、「フランス人にとって重要なことは、現在の経済的・社会的状況の代替、延長、補完のいずれであっても、活動を生み出すことである」[6]とし、個人事業主にとって望ましい環境を構築するという観点から現行法や諸規制、特に社会保障制度や税制面での課題に言及している。

　特定職種には条件が課されるケースもあるが、制度の利用は2009年施行の当初より広く一般に開かれており、具体的には農業や不動産業、芸術活動業を除く求職者、学生、会社員(副業)、年金受給者、公務員や手工業者等が対象とされた[7]。

　自己雇用主制度の特徴は、何よりもまず登録手続きの簡便性にある。法制化

以来その活動申請にあたっては、公共サービスを行う「社会保障および家族手当保険料徴収連合（Urssaf：Union de recouvrement des cotisations de sécurité sociale et d'allocations familiales)」や「企業手続センター（CFE：Centres formalités entreprises)」のHP上で、アカウントを作成し必要な個人情報等を入力すれば完了するというものであり、商業会社登記簿（RCS：Registre du Commerce et des Sociétés）への登録は不要である。なお、2023年以降は、登録窓口が「産業財産庁（INPI：Institut national de la propriété industrielle)」に一本化されている[8]。

　2つ目の特徴は、その資格条件として売上高の上限が設定されていることである。2024年現在、自己雇用主は税法上マイクロ企業税制（régime fiscal de la micro-entreprise）の適用を受けるが、この資格条件には、法定で3年ごとに見直しが予定される売上高の上限が含まれる。たとえば2023年から2025年に適用される上限は、物品販売および宿泊施設（家具付き賃貸を除く）で18万8700ユーロ、その他のサービス業で7万7700ユーロである[9]。

　自己雇用主制度は、その利用者にとって上記登録手続きの簡便性に加えていくつかのメリットがある。まず売上高上限を超えない限りは、利益の申告が不要で付加価値税（TVA：taxe sur la valeur ajoutée）が免除される。また、社会保険料（健康保険料、出産保険料、老齢保険料、家族手当、一般社会保険料、社会負債返済拠出金等）は、事業内容と売上高（月次または3か月ごとに申告）に応じて定額で設定されており、売り上げがない場合には支払義務が生じない。納税は申告書への売上高記載のみで完了し、定額の経費控除が適用される。さらに、必要とされる会計上の処理は、基本的に領収書と仕入の時系列記録のみであり、損益計算書や貸借対照表を作成する義務はない。

　このようなメリットや特徴から明らかとなるのは、当該制度が限られた条件を備えた事業を想定しているということである。すなわち、利益ではなく売り上げに上限が設定されることや、経費や仕入れに際しての控除が限定的（付加価値税は考慮されない）なことから、顧客の範囲がある程度限られ、投資や在庫が一定規模に収まるケース、あるいは従業員雇用を必要としない小規模事業に適している。換言すれば、事業規模の範囲や規模の拡大に伴って、メリットが減少することが特徴といえる。

Ⅲ. 制度導入による影響

フランスにおける起業状況については第2章でも取り上げたが、ここでは公的資料や分析をもとに、自己雇用主制度導入のインパクトを中心に考察する。

1. 「競争力・産業・サービス総局 (DGCIS：Direction générale de la compétitivité, de l'industrie et des services)」による分析[10]

自己雇用主制度の効果については、その導入当初から翌年に公的機関による検証を行うことが予定されていた。評価作業は「競争力・産業・サービス総局」が取りまとめたが、その際、社会保険料の徴収を担当し、自己雇用主の登録を管理する「社会保険中央機構 (Acoss：Agence centrale des organismes de securite sociale)」のデータとアンケート調査 (自己雇用主、自己雇用主以外の個人事業主および一般個人に対するアンケート) が参照された。

図表3-1は、自己雇用主制度導入前後の起業数の推移を示したものである。これによると、制度導入を境にフランスの起業数は急激に増加していることが明らかである。2009年では起業総数の約半数にあたる約32万2000件が自己雇用主制度の利用によるものであったが、このうち9割は新制度の導入によって後押しされた起業であると「競争力・産業・サービス総局」は分析している。

このように統計から確認されるインパクトに加えて、アンケート調査からも多様な情報が読み取られている。制度利用者へのアンケートでは、制度の明瞭性、低コスト、事業停止に伴うリスクの低さ等が高く評価されていることが明らかとなったが、他方で税金や社会保険料についての情報入手、起業に際してのサポート面といった側面では、全体の25％程度が何らかの不満を感じていた。

また、制度利用者の経歴としては、およそ3分の2が男性、15％が失業者であった。当該制度以外で起業した者と比べれば高学歴であり、かつ副業を目的とする割合が高いこと、事業領域としては、商業、運輸業、宿泊業、その他サービス業が多いことがこの時点で確認されている。

以上のように「競争力・産業・サービス総局」は、当該制度によって起業が急増したことを積極的に評価するとともに、制度導入初期段階における利用者の

分析を行っているが、制度それ自体の是非について深く言及することはなく、以下の注視すべき項目を挙げるにとどめている。

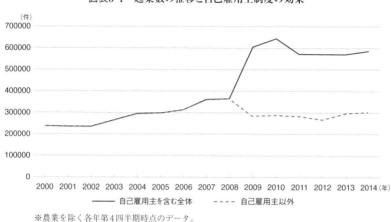

図表3-1　起業数の推移と自己雇用主制度の効果

※農業を除く各年第4四半期時点のデータ。
出所：INSEEのデータをもとに筆者作成。

― 自己雇用主制度は、従来とは異なる経歴や動機を持つ者(高学歴、副業目的)による新しい起業の発掘を可能にしている。
― 制度利用者の母集団は、真の企業家と呼ぶべき起業者と副業目的の起業者の両方を含んでおり、これらは区別しなければならない。
― およそ1年が経過しても利益を上げていない自己雇用主がおよそ4割を占めており、制度導入から1年の間に売上高の上限を超えたケースはほとんどなかった。
― 制度利用者の10人に1人が事業の継続を断念した。

2. "Bpifrance Création"の分析[11]

次に、"Bpifrance Création"[12]の資料に基づき自己雇用主制度による影響を確認する。フランスでは2012年から2022年の10年間で800万件以上の起業があり、年間あたりの起業は近年に近づくにつれ、より堅調な伸びを示している。す

図表3-2　起業数の推移（2010年以降）

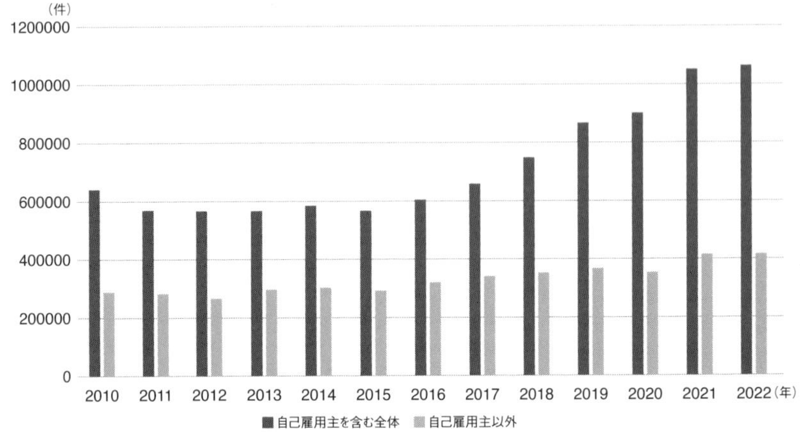

※農業を除く各年第4四半期時点のデータ。
出所：INSEEのデータをもとに筆者作成。

　なわち、起業件数は2012年から2016年にかけて年平均2％増で穏やかに推移していたが、2016年から2022年では同10％増で推移しており、起業件数の増加に拍車が掛かっている。また、2012年から2022年の間に自己雇用主制度の利用を含む自営業は220万件増加した（登録約590万件に対して廃業約370万件）。

　こうした起業の増加について"Bpifrance Création"では、特に自己雇用主制度の影響を重くみている。実際に、当該制度利用による起業は近年になるほど増加しており（2012年から2016年の年平均増加率2％程度に対し2016年から2022年では同15％）、従来の起業形態に対する代替効果も確認される（自己雇用主制度以外による起業が全体に占める割合は2012年で20％程度であったが、2022年では10％程度）。これは、自己雇用主制度が学生や定年退職者、女性といった従来とは異なる社会階層による起業を掘り起こしたこと、また社会情勢や消費者行動の変化とともに近年需要が急増した都市型宅配サービスや物品配送タクシー（taxis-marchandises）等の新たなビジネス形態にうまく適合したためであるという[13]。

Ⅳ. 公的機関による評価

1.「事業創出協会（APCE：Agence pour la création d'entreprise）」の評価[14]

　自己雇用主制度の導入から間もなく、中小企業担当省の管轄下にあり起業家の指導や企業情報の収集分析を行う「事業創出協会」は、マスメディアや各関係団体から指摘される代表的な批判に対して意見を示している。

　まず、制度利用者の売り上げが総じて低過ぎるとの批判に対しては、設立3年後における自己雇用主の売り上げが会社形態（SARL, SAS, EURL, SASU等）で起業された企業の売り上げよりも低水準であることを統計上確認したうえで、なおも、起業形態の如何にかかわらず事業の安定や成長には一定の時間を要することから、この時点で評価を下すのは時期尚早とみている。

　次に、当初より期待されてきた自己雇用主制度の雇用創出効果について懐疑的な指摘があることについては、2008年および2009年のデータを用いてフランス企業のうち62％は従業員を持たないこと、従業員を伴う起業が起業全体に占める割合は13％と低いことを根拠として、自己雇用主制度による起業のみが突出して雇用への影響が低いとはいえないとする。

　そして、商業会社登記簿への登記を必要とせず一過性の事業に陥りがちな自己雇用主制度による起業は、統計上その他の起業一般と切り離すべきであるとの意見に対しては、否定的な立場を示している。この理由として、自己雇用主の統計には当該制度がなくても実行されたであろう起業が少なからず含まれる可能性があること、また当該制度利用による起業のすべてを副業や一過性のものとすることの危険性を挙げている。

　以上をもって、むしろ自己雇用主制度が与えた社会的インパクト、すなわち従来のフランスに存在した起業への心理的障壁の除去に一定の効果があったこと、および個人のキャリア選択の幅を広げたことを積極的に評価している。

2.「財務総監局(IGF：Inspection Générale des Finances)」および「社会問題監督局(IGAS：Inspection générale des affaires sociales)」による評価[15]

　制度導入から間もない時期に行われた今一つの公的機関による意見表明として、「財務総監局」と「社会問題監督局」が共同で作成した報告書がある。ここでは前述の「事業創出協会」と同様に、個人事業主制度に向けられる代表的な批判について検証を行ったうえで、今後政策当局が配慮すべき事柄を指摘している。

　まず、現状として自己雇用主制度は、起業数の増加に寄与し、起業形態全体に占めるシェアを大きく伸ばしていることを認めながらも、それらがGDPに与える影響は極めて低く(0.23%)、制度利用者の所得水準も導入後3年間の活動で90%程度が法定最低賃金(SMIC：salaire minimum interprofessionnel de croissance)を下回っていることを問題視する。

　そしてこうした経済指標上の問題にも増して、自己雇用制度に対する批判のなかでも、特に検証すべき事柄として「偽装下請(fausse sous-traitance)」あるいは「給与労働の隠蔽(dissimilation de travail)」という労働者の権利に関わる問題を取り上げている。ここで「偽装下請」あるいは「給与労働の隠蔽」とは、本来ならば雇用主が雇用契約を結ぶべき労働者を、自己雇用主制度を用いて利用し、彼女彼らを派遣労働や有期雇用契約の代替、あるいは雇用調整のバッファーとして利用するというものである。これは本来個人事業主が保証されるべき独立性という権利を否定するものであると同時に、特に社会的に弱い立場にある人々、たとえば入社を控えた従業員や有期雇用契約や試用期間中にある従業員、研修生といった人々に対して悪用されかねないために警戒が必要である。

　当該報告書ではこうした状況を踏まえて政府がとるべき必要な措置として、自己雇用主制度に関する情報発信と制度の可視化推進、特に専門職種にあたる人々の独立性を保証するための報告義務制度の見直し、自己雇用主のネットワーク化、制度の不正利用についての情報収集と規制の検討、および啓発活動等を指摘している。

3.「フランス会計検査院 (Cour des comptes)」による評価[16]

　次に2012年に示された「フランス会計検査院」の報告書をもとに自己雇用主制度の評価を確認する。当該報告書は、公的な起業支援策の適切性を国の予算との関係において検討したものであるが、なかでも自己雇用主制度に注目して独自の見解を示している。

　まず現状として、フランスの起業数は2011年時点で欧州諸国のなかで最も多いことを確認し、この理由を自己雇用主制度の導入に求めている。しかしながら、問題なのはこうした量的効果の背景にある質的問題であるという。すなわち、2006年に設立されたフランス企業のうち、3年後に事業を継続しているものは66％、さらに5年後では52％の水準にあり、生存率は必ずしも高くない。

　この要因はいくつか考えられるが、フランスでは特に起業に際しての初期資本が小さいこと（たとえば2010年における起業の44％は自己資本8000ユーロ以下）、継続を前提とした法人格が選択されるケースが少ないこと、失業者や若者（30歳以下）、そして学歴が低く公的な資格を有しない者による起業が多いことが関係していると分析している。

　そして、フランスの公的起業支援の問題は、イノベーション志向で革新的な企業や、継続性や発展性を前提とした法人格による起業よりも、失業者や低所得者による自己雇用目的の起業[17]に資金の多くを配分していることにあるとする。すなわち、会計検査院の試算によると、起業支援に関わる国家予算の約6割（全体で約27億ユーロのうち約16億ユーロ）が税金や社会保険料の免除等を介して持続性や発展性に乏しく、将来の雇用を生まないような起業の支援に向けられている。

　以上は、自己雇用主制度自体の是非に言及するものではないが、少なくとも当該制度導入の反作用があること、すなわち、過小資本による起業や、失業者や若者による自己雇用目的の起業の増加、あるいは事業の継続性や持続性を前提としない企業の増加といった事態が存在することを示唆している。

4.「経済社会環境評議会（CESE：Conseil économique, social et environnemental）」による評価[18]

　最後に、政府の諮問機関である「経済社会環境評議会」が作成した報告書をもとに、自己雇用主制度に対する評価を確認する。ここで取り上げる報告書は、いわゆるプラットフォーム・ビジネス（plateformes collaboratives）[19]に代表される近年の新しいビジネスモデルや新しい働き方の広がりを受け、労働者の権利や社会保障のあり方について、政府が「経済社会環境評議会」に意見を求め作成されたものである。以下のようにここで強調されるのは、自己雇用主の経済的、あるいは社会的な脆弱性である。

　報告書によれば、これまでフランスの自営業者（travail indépendant）は、その活動内容によって手工業、商人、そして専門職としての自由業に大別され、それぞれ固有の法律や制度の下に地位や権利を保障されてきた。しかし、自己雇用主制度の導入後は、上述のいわば古典的な形態は減少し、いわゆるプラットフォーム・ビジネス従事者（たとえばUberの配達員やAirbnbのホスト等）やフリー・コンサルタント、建築系専門職、自営サービス業等の増加が目覚ましい。この、いわば新タイプの自営業は、情報化やサービス化の進展あるいは協業化の広がりのなかで、今後も増加すると考えられるが、現行法や制度の下ではグレーゾーンに位置することから、その権利保護については特段の配慮が必要となる。なかでも自己雇用主は、上述の新しい働き方の主要な受け皿であるにもかかわらず、一般に経済的あるいは社会的に弱い立場にある。

　「経済社会環境評議会」によれば、自己雇用主は一般に技能レベルが低いと認識されており、賃金水準が低い。バカロレアをはじめ公的な職業資格を持たない自営業者のおよそ3分の2は、自己雇用主としての仕事を主たる収入源としており、しかもその月平均売上高は500ユーロ程度でしかない。そして、約半数は初期投資なしで事業を開始しており一般に事業用資金も持たないことから、生存率も低い[20]。さらに深刻なのは、こうした経済的地位の低さが、万一の事故や事業上の損失に備えた保険への加入を消極的にさせ、これらの人々を社会的弱者にしてしまうことである。

　このように「経済社会環境評議会」は、今後も増加が見込まれる新しい働き方の受け皿として自己雇用主に期待すると同時に、これらの人々の経済的あるい

は社会的な脆弱性を問題とし、社会保障の観点から国に具体的な対策を求めている[21]。

V. アカデミズムにおける評価

自己雇用主制度については、アカデミズム領域でもいくつかの議論を生んでいる。たとえば、レヴラットとサーベリン(Levratto, N. et Serverin, É.)[22]は、個人事業主制度が想定している企業家概念の問題性を指摘し、かつこうした概念設定がフランスで進められている政策、すなわち、特に高い成長力を持つ中小企業の支援という潮流と整合しないことを問題視する。

レヴラットとサーベリンは先行研究に基づいて、起業の動機を失業からの脱却、独立性の追求、追加的収入の追求、行動の自由や自己能力発揮の機会の追求に大別する。そして、このうち最後の動機のみを純粋に企業家的かつ積極的な動機であるとし、この前提としてのリスクの存在を問題にする。

しかしながら、自己雇用主制度をみるときの最大のメリットとして強調されるのは、むしろリスクが極めて低いことであり、当該制度が本来の企業家的能力(経営資源の配分やそれらの調整能力)を前提としているとはいえない。また、企業家の能力が発揮される範囲も、他者雇用を前提としない制度設計の下では極めて限られる。このように、自己雇用主制度は消極的な起業を促進するものであるばかりでなく、本来企業家が発揮すべき能力や素質を一定の範囲に閉じ込めてしまう。

そしてさらなる問題は、上述のように当該企業家概念が、近年フランスで進められている政策と不整合なことにある。フランスは長期的な国の競争力を高めるため、2008年に従来の企業類型、すなわち中小企業や大企業に加え、中堅企業という新しいカテゴリーを新設した。この狙いは、イノベーションを生み急成長によって多くの雇用を生み出すような、競争力ある企業を発掘し支援することである[23]。

しかしながら、自己雇用主制度の設計は、企業の成長をむしろ抑制するものとなっている。まず、売上高の上限があり、従業員雇用という選択肢が事実上ないに等しいため、規模拡大への志向が抑制される。さらに、この上限は固定費問題を深刻化させることから、将来を見据えた投資も抑制される。

このように自己雇用主制度で想定されている起業と、企業家パラダイムとの乖離を指摘するのは、アルオラら（Arreola, F. et al.)[24]も同様である。アルオラらは、まずこれまでの企業家研究の流れを5つに大別している。すなわち、イノベーション活動に重きを置くもの、成長志向の活動として理解するもの、企業家によるリスクの引き受けという側面に重きを置くもの、戦略と環境との関係で計画プロセスとして捉えるもの、そして付加価値を生む資源配分等の調整プロセスとしての側面に着目するものである。

　ここで自己雇用主制度として想定される企業家は、上記いずれの資質も備えていないか、備えているとしてもその程度が低い。たとえばイノベーションという側面に関して、自己雇用主は仕入れや設備投資に際しての付加価値の控除が受けられないことから、投資に対して消極的にならざるを得ない。また商業会社登記簿への登記が不要となることの代償として、国や地方自治体レベルで用意される多種多様な中小企業向け支援サービスを利用できない。さらに成長志向という側面では、これまでの調査等によって実際に副業志向が強いことが明らかにされている。しかも売上高の上限が低く設定されていることや、付加価値税の考慮をはじめとして経費の控除手段が制限されることから、事業拡大へのインセンティブは低くならざるを得ない。

　また、企業家によるリスクの引き受けについては、本来それと表裏をなす機会との関係性において判断されるものである。自己雇用主の場合には、たとえば一定条件の下で賃貸契約の解除や賃貸料の値上げを制限して借主の権利を保護する「商業用不動産リースに関する特例（baux commerciaux）」が受けられないといったように、本業以外のリスクを考慮することになる。また、計画性の側面に関して起業以前に事業計画を有していた事業者は、わずか13％という調査結果もあり、極めて関心が低い。最後に、企業家による調整能力については、上述のように投資に対するインセンティブが限られること、売上高に上限が設定されていること、そしてこれに付随して従業員雇用という選択肢が限られるため、発揮の余地は限りなく低い。

　以上から、アルオラらは、自己雇用主制度が生み出すのは真の企業家というよりはむしろ、単に代替収入や自己雇用を目的とする個人であると結論づけ、さらにこのことをもって一般の起業と自己雇用主制度による起業を統計上区別することをも当然とする。

最後に、ペレイラとファイヨール (Pereira, B. et Fayolle, A.) [25] は、信頼基盤の脆弱性という側面から自己雇用主制度の限界を指摘している。先行研究によれば、通常われわれが経験する信頼は、経済的信頼、対人的信頼、制度的信頼の大きく3つに分けられるが、個人事業主制度の下で最も問題となるのは、これらのなかでも特に制度的信頼、すなわち法の下に保障されるところの信頼である。

　ここでペレイラとファイヨールは、自己雇用主制度の設計が不信の発生を招くものであると指摘する。まず、事業者は商業会社登記簿への登録免除によって、本来与えられるべきいくつかの権利（たとえば先の商業リース等に関する特例等）を放棄することになり、何よりもこれによって取引先や金融機関の信頼を失う。そして会計処理の制約が緩いことの結果として、事業者は個人資産と事業資産の区別を強制されない。したがって、事業拡大や継続に必要な融資に際して個人保証が求められるならば、事業主は全資産をリスクに晒すことになりかねない。

　また、自己雇用主制度が今一つの特徴として、付加価値税の免除が挙げられるが、これも取引上の信頼を奪うものである。すなわち、付加価値税の未納はVAT登録番号の未取得を意味することから、しばしばみられるように、欧州加盟国内ビジネスを行う際、取引相手がこれを条件とするならば取引自体が成立しない。そしてこの事業活動範囲の制約により、取引先や顧客あるいはサプライヤーとの信頼基盤はさらに弱くなる。

　以上のように、ペレイラとファイヨールは、簡便な制度設計自体が事業者の信頼基盤を奪い、リスクを一層大きいものにすると主張する。さらには、既述の「偽装下請」の問題を、法による企業家活動の道具化と見なしたうえで、自己雇用主が革新的で成功する企業家像の対極に位置するワーキング・プアになりかねないと警鐘を鳴らすのである。

VI. おわりに

　以上、自己雇用主制度の特徴を確認したのち、当該制度に関してフランス国内でいかなる議論があるのかを確認した。ここで本章の考察を通じて明らかとなった点を整理しておく。

　まず冒頭で述べたように、自己雇用主制度については、フランス本国で批判も含めて様々な議論が存在することが確認された。そして当該制度は、フランスの起業支援やスタートアップ支援が一般的にそうであるように、雇用政策としての効果を期待されており、いわば起業対策（経済政策）と雇用対策（社会政策）の交差点に位置づけられること、そしてこのハイブリッドな性格ゆえに、本稿の後半で考察したいくつかの批判を受けてきたことも確認された。

　そして、近年では新しいビジネスモデルが出現し、雇用形態の多様化が進むなかで、自己雇用主が新しい働き方の受け皿になることを期待され、そこでは労働者の権利保護という社会政策上の課題が一層重要性を増していることも確認された。このように自己雇用主制度を巡る議論は、経済政策と社会政策のバランスを迫られるフランスの苦悩そのものを反映している。

　フランスとは制度環境や歴史が大きく異なるものの、ここでの考察はわが国の起業や中小企業政策を考えるうえでもひとつのヒントを含んでいるように思われる。誤解を恐れずに言うならば、わが国で起業促進や支援を行う際には、そのことにより生まれてくる企業を、あるイメージに閉じ込めてしまう傾向があるのではないだろうか。しかしながら、実際に個人事業主、小規模企業といってもその性質や志向性は多様なのであり、まして起業を志向することと企業の成長志向を単純に結びつけるのは乱暴である。この点、当初より自己雇用目的の起業や副業を想定し、働き方の多様性、換言すれば自由権との関わりのなかで議論されてきたフランスの事例は多くの示唆を含んでいる。

注

1) なお、"auto-entrepreneur" の訳語について、わが国では「個人事業主」と訳されることもあるが、本稿ではのちに考察する当初の政策趣旨に基づいて「自己雇用主」とする。また以下で示すように、現在自己雇用主は制度上、マイクロ企業 (micro-entrepreneur) 制度に統合されているが、法律や統計においても未だ "auto-entrepreneur" が用いられることもあり、過渡期ゆえに誤用や混乱がみられる。本稿では現行制度の源流が "auto-entrepreneur" にあり、その特徴が重要であることに鑑みて、特段の必要がない限りは "auto-entrepreneur" と現行の "micro-entrepreneur" の区別を行わず、「自己雇用主」の訳語で統一する。

2) フランスにおいて、2016年までの個人事業主は一定の条件付きでマイクロ企業 (micro-entreprise) すなわち、年間所得に応じた職種別定額控除後の所得税の適用を受け、自営業者向けの社会保障制度の対象となる制度と、ここで紹介する簡素化された税制と社会保障制度の適用を受ける自己雇用主制度を選択することができた。2016年のピネル法 (Loi Pinel) によって両制度は統一されている。

3) Attali, J. (2008).

4) たとえば、中小企業や零細企業のための簡素化された会社形態の設定、公共調達における革新的な中小企業の優遇、中小企業の資金繰り改善のための企業間取引支払期間の短縮、事業譲渡促進のための譲渡税や所得税の減免、スーパーマーケットの出店規制緩和等の施策が提案されている。

5) 「経済近代化法パンフレット」参照。https://www.economie.gouv.fr/files/finances/presse/dossiers_de_presse/080723_lme_dossier-de-presse.pdf（閲覧2023年11月6日）。

6) Hurel, F. (2008), p. 4. なお、ここでは起業が、自由権（職業選択や働き方の自由）の保障に関わるものであることが強調されている一方で、フランスの保守的な国民性に触れながら起業リスクを最小限に抑えることの必要性も強調されている。この点、後に考察する当該制度への批判的見解にみられるように、当初より企業家や起業家の概念設定においてある種の矛盾を含んでいたことは否定できない。

7) なお、副業として利用の際は、既存の雇用契約内で守秘義務や競業禁止あるいは副業禁止規定が設けられている場合には、これらが優先される。

8) フランス政府HP参照。なお、窓口の一本化に伴い、従来は手工業者、商業者、自由業ごとに異なっていた企業登録情報が全国企業登録簿 (RNE：Registre national des entreprises) で一括管理されることになり、行政レベルでの情報管理一元化も進められている。

9) フランス政府HP参照。なお、2020年の当該上限は、物品販売および宿泊施設（家具付き賃貸を除く）が17万6200ユーロ、その他のサービス業では後者で7万2600ユーロであり、近年になるほど上限が引き上げられる傾向にある。また、事業資産税 (CFE：Cotisation foncière des entreprises) については当初免除されていたが、現在では原則支払い義務がある。

10) 以下の内容については、Ministère de l'économie, de l'industrie et de l'emploi-DGCIS (2010) 参照。

11) 以下の内容については、Bpifrance Création (2023) 参照。

12) "Bpifrance Création" は、2019年より中小企業担当省の監督下で企業の設立、買収、譲渡のための情報提供や指導を行っていたフランス企業家協会 (AFE：Agence France entrepreneur) と預金供託公庫 (CDC：Caisse des dépôts et consignations) の事業を引き継いでいる。

13) こうした近年の起業全体に占める自己雇用主の比重の高まりは、「国立統計経済研究所 (INSEE：Institut national de la statistique et des études économiques)」の分析 (Essor des

créations de sociétés et de micro-entrepreneurs en 2021）でも確認されている。2021 年には自己雇用主としての個人事業主が前年度比 17％の伸びを示し、64 万件以上に達している。2018 年に自己雇用主の売上高上限が引き上げられたこともあり、起業数全体も 2017 年と 2021 年のデータを比較すると、後者は前者の 2 倍以上である。また、これに加え最近の傾向として、自己雇用主制度が若者（30 歳未満）の起業を後押ししていることも確認されている（自己雇用主全体の 40％以上）。

14) 以下の内容については、APCE (2011) を参照。なお、「事業創出協会」は、若い起業家の起業を支援するために中小企業担当省の監督のもと 1996 年に設立された。その後 2016 年には「フランス企業家協会（AFE：Agence France entrepreneur）」となり、2019 年以降は "Bpifrance Création" がその事業を引き継いでいる。

15) 以下の内容については、Deprost, P., Laffon, P. et Imbaud, D. (2013) 参照。なお、「財務総監局」は経済担当大臣と国家予算担当大臣の監督下で大きな権限（立ち入り検査など）や自治権を有するが、「会計院（Cour des comptes）」のように外部の統制機関ではなく行政から独立していない。また、「社会問題監督局」は、行政機関として社会問題、保健、連帯（社会福祉）、雇用、労働、都市政策、職業訓練等広く公共政策実施状況の監視や評価を行うものである。

16) 以下の内容については、Cour de comptes (2013) 参照。

17) 当該報告書では起業を大きく、①失業者や低所得者層による自己雇用を目的としたもの、②革新的な技術やアイデアに基づくが雇用創出への影響は限定的なもの、③一定レベルの革新性を有し将来的に雇用創出への貢献が期待されるものに分類している。

18) 以下の内容については、Thiéry, S. (2017) 参照。

19) 独立行政法人労働政策研究・研修機構 (2019) によれば、わが国でいうところのプラットフォーム・ビジネスについて、フランスでは様々な表現が用いられ、現在のところ統一的な用語は確立していない。類似語として「共同プラットフォーム（plateformes collaboratives）」、「デジタル・プラットフォーム（plateformes numériques）」や「オンライン・プラットフォーム（plateformes en ligne）」、「電子マッチング・プラットフォーム（plateformes de mise en relation par voie électronique）」などが挙げられている。

20) たとえば、2010 年に起業した者のうち 5 年後に事業を継続しているのは 38％に過ぎない（自己雇用主以外の制度を用いて起業した事業のそれは 50％程度）とされる。

21) ここでの提言は 16 項目に及ぶ。主なものとして、新しい労働形態に関する国レベルの統計整備とその分析、「偽装下請」の取り締まりキャンペーンと罰則の検討、自営業に対する職業訓練、プラットフォーム・ビジネス業者による団体保険義務化の検討、産休・育児休暇確保に向けた協議などがある。

22) Levratto, N., Serverin, E. (2009).

23) フランスにおける中堅企業論について本書第二部を参照されたい。

24) Arreola, F., et al. (2017)

25) Pereira, B. et Fayolle, A. (2013).

参考文献

Abdelnour, S.（2013），"L'entrepreneuriat au service des politiques sociales: La fabrication du consensus politique sur le dispositif de l'auto-entrepreneur", *Sociétés contemporaines*, n° 89, pp. 131-154.
Abdelnour, S.（2014），"L'auto-entrepreneur: une utopie libérale dans la société salariale?, "*Lien social et Politiques*, n° 72, pp. 151-165.
APCE（2011），"L'auto-entrepreneur: quel apport à la création d'entreprises après 2 ans d'existence du régime?"
 http://www.payshlv.com/files/phlv/documents/PDF/Economie/Actu-eco-2011/2011-auto-entrepreneur-2-ans-apres.pdf（閲覧2023年7月3日）
Arreola, F., Dávila, A., Felio, C. et Ottmann, J. - Y.（2017），""Are "Auto-entrepreneurs" Entrepreneurs or not, and why should we care?," *Entreprendre & Innover* ,Vol. 34 n° 3, pp. 57-68.
Attali, J.（2008），*Rapport de la commission pour la libération de la croissance française*, La Documentation française.
Bpifrance Création（2023），*Focus-10 ans de création d'entreprise en France-L'essentiel*, Bpifrance-creation.
 https://bpifrance-creation.fr/observatoire/etudes-thematiques/statistiques-creation/focus-10-ans-creation-dentreprise-france（閲覧2023年7月10日）
Carnino, G., Nègre, V., Pagès, G. Perrin, C. et Rivière, F.（2023），"L'artisanat, histoire et enjeux d'une notion," *Artefact*, n° 19, pp. 179-202.
 http://journals.openedition.org/artefact/pdf/14704（閲覧2024年5月10日）
Cour de comptes（2013），*Les dispositifs de soutien à la création d'entreprises*, tome1.
 https://www.ccomptes.fr/sites/default/files/EzPublish/rapport_dispositifs_soutien_creation_entreprises_tome1.pdf（閲覧2024年4月20日）
Deprost, P., Laffon, P. et Imbaud, D.（2013），*Évaluation du régime de l'auto-entrepreneur*.
 https://www.vie-publique.fr/files/rapport/pdf/134000225.pdf（閲覧2024年9月23日）
Hurel, F.（2008），*En faveur d'une meilleure reconnaissance du travail independant*（*Rapport à Hervé Novelli, Secrétaire d'État en charge des Entreprises et du Commerce extérieur*）.
 https://www.economie.gouv.fr/files/finances/presse/dossiers_de_presse/rap_hurel/rap_hurel080110.pdf（閲覧2024年9月23日）
INSEE（2022），"Essor des créations de sociétés et de micro-entrepreneurs en 2021," *Insee Première*, n° 1892.
 https://www.insee.fr/fr/statistiques/6041208#onglet-1（閲覧2024年9月23日）
Lagarde, C.（2008），*Loi de modernisation de l'économie: Les mesures adoptée par le parlement*.
 https://www.economie.gouv.fr/files/finances/presse/dossiers_de_presse/080723_lme_dossier-de-presse.pdf（閲覧2024年9月10日）
Levratto, N., Serverin, E.（2009），"Être entrepreneur de soi-même après la loi du 4 août 2008: les impasses d'un modèle productif individuel," *Revue internationale de droit économique*, tome23,（3），pp. 325-352.
Levratto, N., Serverin,E.（2011），"Become Independent！The Paradoxical Constraints of France's Auto-Entrepreneur Regime," *HAL*, hal-04141013.
Marini, P.（2010），"Le régime de l'auto-entrepreneur: bilan et perspectives," *Rapport d'information*,

n° 365, Commission des finances de Sénat.
https://www.senat.fr/rap/r09-365/r09-3651.pdf（閲覧 2024 年 9 月 20 日）

Mathot, P.（2010）, *Accompagner l'entrepreneuriat, un impératif pour la croissance*, Secrétaire d'Etat chargé du Commerce, de l'Artisanat, des Petites et Moyennes Entreprises, du Tourisme, des Services et de la Consommation.
https://medias.vie-publique.fr/data_storage_s3/rapport/pdf/104000616.pdf（閲覧 2024 年 9 月 23 日）

Ministère de l'économie, de l'industrie et de l'emploi-DGCIS（2010）, *Le régime de l'auto-entrepreneur: Bilan après une année de mise en œuvre*.
https://medias.vie-publique.fr/data_storage_s3/rapport/pdf/104000546.pdf（閲覧 2024 年 9 月 23 日）

Pereira, B. et Fayolle, A.（2013）, "Confiance ou défiance, le paradoxe de l'auto-entrepreneuriat", *Revue française de gestion*, n° 231, pp. 35-54.

Thiéry, S.（2017）, "Les nouvelles formes du travail indépendant", *Journal officiel de la république française*.
https://www.lecese.fr/sites/default/files/pdf/Rapports/2017/2017_25_travail_independant.pdf（閲覧 2020 年 12 月 10 日）

山口隆之（2013）「中堅企業の現状と政策期待——フランス中堅企業論の展開」『商学論究』第 60 巻第 1・2 号、127-144 頁。

山口隆之（2015）「近年のフランスにおける中堅企業を巡る議論——その特徴とわが国へのインプリケーション」『商工金融』第 65 巻第 2 号、4-20 頁。

労働政策研究・研修機構（2019）「諸外国のプラットフォームビジネス調査—アメリカ、イギリス、ドイツ、フランス」『JILPT 海外労働情報』No. 19-07。

第二部

中堅企業

第4章

中堅企業の法制化と議論

I. はじめに

　戦後のフランスでは、企業の小規模性と分散性を特徴とする産業構造を克服するため、数次の経済計画や大規模研究開発計画を通じて国が大きく経済活動に介入した。この体制は、一般にディリジスムや混合経済[1]と称せられるものであるが、ここで中心的役割を果たしたのは、政府と密接なつながりを持つ大企業であった。

　他方で、1970年代におけるオイル・ショックを契機として、それまで保護対象とされてきた中小企業の潜在能力の高さが評価され、政策の目が向けられるようになった。特に、戦後フランスの慢性疾患ともいえる失業問題や地域間格差の是正といった課題を克服するうえで、中小企業は政策上重要な地位を与えられた。

　しかしながら、フランスでは国策や政治と密接なつながりを有し、国家エリートと呼ばれる少数の人々によって計画性を持って運営される大企業部門と、個人主義的国民性や小規模生産者的生活の象徴たる中小企業部門の乖離は大きかった。そしてこの、いわば戦後経済政策の随伴的結果ともいうべき少数巨大企業と多数の零細企業という経済構造は、現在なお大きく変わっていない。

　こうしたなか、特に2000年を境として、中小企業政策に加えて、大企業と中

小企業の中間に位置する企業への支援を強化すべき、との意見がみられるようになった。すなわち、EU統合の深化、グローバル化の進展に伴ってフランス製造業の国際競争力低下が顕著になると、上述の歴史性ゆえに形成されたフランス的構造が問題視されるようになった。そして、2008年には他の欧州諸国に先駆けて中堅企業 (ETI：entreprises de taille intermédiaire)[2] という新たな企業類型の法制化をみるに至った。

本章では、まずフランスにおける中堅企業論の全体像を把握するため法律で規定されるフランス中堅企業の範囲を確認し、中堅企業論の高まりの背景にある経済環境の変化について考察する。続いて、当時の資料やデータに基づいて中堅企業の地位がいかなるものとして捉えられていたのかを確認するとともに、代表的な中堅企業論を取り上げその内容を分析する。以上を踏まえて、フランス中堅企業論の特徴とその歴史的位置づけを明らかにしたい。

II. 中堅企業の定義と地位

1. 中堅企業の地位

後述のように、中堅企業への政策期待が高まるなかでまず必要とされたのは、これら企業の正確な実態把握である。したがって、その前段階として、2008年の経済近代化法 (LME：loi de modernisation de l'économie) によって、大企業と中小企業の中間に位置する中堅企業の範囲が定められた。

企業規模に沿った企業類型の設定は、EUレベルの統計整備という観点から過去においても重要な関心事であった。特に重視されてきたのは、従業員数、売上高、総資産の3指標である。すでに序章で確認したように、EUでは中小企業の範囲を、従業員数250人未満、年間売上高5000万ユーロ以下または総資産額4300万ユーロ以下としている[3]。

中堅企業という新たな企業類型の設定は、従来一定の柔軟性を持って運用されてきた中小企業と大企業の境界をより厳格に規定することを意味した。この境界線を検討する責任を負ったのは、「国立統計経済研究所 (INSEE：Institut national de la statistique et des études économiques)」を運営する「国家統計情報審議会 (CNIS：Conseil national de l'information statistique)」である。当審議会では、

さしあたって企業の系列関係の特定や産業別分類の可能性も検討されたが、最終的には、国際比較を重視するという観点から、EUで用いられてきた売上高、総資産、従業員数という先の3指標が採用された。2008年12月のデクレ (décret n° 2008-1354 du 18 décembre 2008 relatif aux critères permettant de déterminer la catégorie d'appartenance d'une entreprise pour les besoins de l'analyse statistique et économique)[4]によって確認されたのは、以下の企業類型である。

— 中小企業：従業員数250人未満で売上高5000万ユーロ以下または総資産4300万ユーロ以下（ただし、このうち従業員数10人未満で売上高または総資産額が200万ユーロ以下はマイクロ企業）
— 中堅企業：中小企業の範疇に含まれず、従業員数5000人未満で売上高15億ユーロ以下または総資産20億ユーロ未満
— 大企業：上記いずれの範囲にも含まれない企業

図表4-1　中堅企業の範囲

売上高（ユーロ）	総資産（ユーロ）	従業員数				
		0－9人	10－49人	50－249人	250－4999人	5000人以上
200万未満	額を問わず					
200万－1000万未満	200万未満					
	200万以上					
1000万－5000万未満	200万未満					
	200万－1000万未満					
	1000万以上					
5000万－15億未満	200万未満					
	200万－1000万未満					
	1000万－4300万未満					
	4300万以上					
15億以上	200万未満					
	200万－1000万未満					
	1000万－4300万未満					
	4300万－20億未満					
	20億以上					

□マイクロ企業　　小企業　　中企業　　■中堅企業　　■大企業
出所：CNIS (2008), p. 13およびDGCIS (2010a), p. 10をもとに筆者作成。

図表4-1は、これら各企業の範囲を示したものである。ここから明らかなように、売上高、総資産、従業員数の3指標のうち、最も優先されるのは、従業員数である。換言すれば、企業はまず従業員数基準で分類され、売上高と総資産の組み合わせが一定基準を超える場合には、同従業員数であっても上位カテゴリーに分類される。

2. 中堅企業の地位

　次に、中堅企業論が前提としている当時のフランスにおける中堅企業の地位を確認しておく。中堅企業に関する統計整備が十分に進んでいない段階ではあるが、2010年の公的資料によれば、フランスには約4700社の中堅企業が確認されている。このうち単独企業は480社、フランス国内企業グループに属するものが1870社、フランスの国際的企業グループに属するものが約960社、他国の企業グループに属するものが1400社程度であった[5]。

　首相府に直属し政府に助言を行う当時の「戦略的分析センター（Centre d'analyse stratégique）」が経済近代化法の成立を受けて示した資料によれば、民間部門の従業員10人以上の企業（マイクロ企業は含まない）を対象とすると、中堅企業は企業総数の約10％を占めている。売上高に占める割合は31％であり、企業総数に占める割合に照らし合わせると、経済への影響度が高いといえる。

　また、それは雇用の28％に貢献しており、これは中小企業の37％、大企業の35％とほぼ拮抗するものである。生産性を従業員1人あたりの売上高でみると、中堅企業は大企業に比して3割程度劣るものの、中小企業と比べると1.7倍程高い。さらに注目すべきは、海外展開に対する積極的な態度である。44％の中堅企業が欧州市場に進出しており、この割合は中小企業の23％を大きく上回り、大企業の36％以上の水準である[6]。**図表4-2、4-3、4-4**は各指標に占める中堅企業の割合を示したものである（ただし従業員10人未満の企業は含まれない）。

　中小企業が商業やサービス部門に偏在するのとは違い、中堅企業は特に製造業での比重が高く雇用への貢献度が高い。中堅企業の3分の1に相当する約1500社は製造業であり、これらは全産業の中堅企業全体が生み出す付加価値の約4割、同輸出額の6割程度を生み出している。中堅企業の約半数が400人以上を雇用しており、全体平均では、1社あたり617人を雇用している。後者の値は

第4章　中堅企業の法制化と議論　91

図表4-2　中堅企業の地位（企業数）

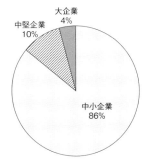

出所：Centre d'analyse stratégique（2009），p. 3. を一部加筆・修正。

図表4-3　中堅企業の地位（従業員数）

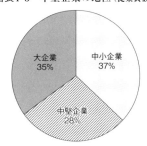

出所：Centre d'analyse stratégique（2009），p. 3. を一部加筆・修正。

図表4-4　中堅企業の地位（売上高）

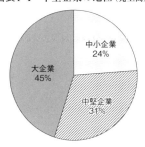

出所：Centre d'analyse stratégique（2009），p. 3. を一部加筆・修正。

製造業においてより高く、1社あたりの平均従業員は670人となる。このように安定的な雇用に貢献する製造業に中堅企業が集中しているという事実は、雇用や失業問題を重くみるフランス政府にとって重要な意味を持つ。加えて図表4-5にみられるように、製造業内における各指標においても中堅企業の存在感は大きい。

輸出面においても中堅企業の貢献は大きい。図表4-6は、企業規模ごとの売り上げに占める輸出の割合と輸出企業の割合を示したものである。ここから中堅企業の約半数が輸出を行い、売り上げの2割は輸出によるものであることがわかる。また、企業規模ごとに従業員1人あたりの生産性と輸出を比較した図表4-7からは、中堅企業が中小企業よりも、むしろ大企業に近い地位にあることがわかる[7]。

これら雇用や輸出への貢献に加えて、中堅企業は研究開発に積極的であることも評価される。研究開発を中心に分析した公的資料[8]によれば、2006年時点においてフルタイムの研究者を雇用している中堅企業は、1100社確認されている。そして、これらの企業は約81万人の雇用を吸収し、研究活動に年間63億ユーロを投じていた。国内研究開発投資額全体に占める割合では、大企業が60%であるのに対して、中堅企業は26%であり、企業数に照らして貢献度は高い。

平均して中堅企業は、売り上げの2.7％を研究開発に投じており、これは大企業に比肩するレベルである。ただし、それが得意とする研究開発領域は異なる。大企業の研究開発費のうち約6割は基礎研究および実験に投下されるのに対して、中堅企業の研究開発費の約半分は、実用化を視野に入れた研究に向けられる。従業員1人あたりの売上高で生産性を比較すると、企業規模の拡大とともに生産性が高くなるという一般的な傾向がみられるものの、中堅企業と大企業の差は、中堅企業と中小企業間のそれよりは、はるかに小さい。中堅企業の生産性は中小企業の約1.7倍に達し、これは大企業とほぼ拮抗するレベルである。加えて、研究開発活動を行っている中小企業の売り上げのうち、輸出が占める割合は約3％であるのに対して、中堅企業では約20％程度と6倍から7倍の開きがある。

他方で、大企業の売り上げに占める輸出の割合と中堅企業のそれを比較した場合、後者は前者の約3分の1程度である。このことから、中堅企業は輸出志向

第 4 章　中堅企業の法制化と議論　　93

図表4-5　製造業における中堅企業の比重

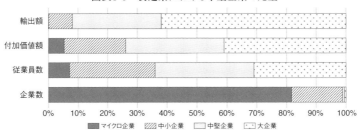

※農産物加工業とエネルギー部門を除く。　出所：DGCIS (2010b), p. 15のデータをもとに作成。

図表4-6　企業規模ごとの輸出企業割合と貢献度

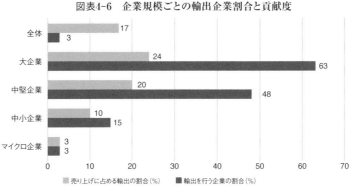

※農産物加工業とエネルギー部門を除く。　出所：DGCIS (2010b), p. 13のデータをもとに作成。

図表4-7　企業規模ごとの生産性と輸出

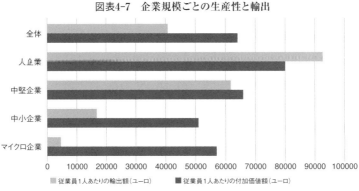

※農産物加工業とエネルギー部門を除く。　出所：DGCIS (2010b), p. 13のデータをもとに作成。

図表4-8 研究開発における貢献度

	マイクロ企業	中小企業	中堅企業	大企業
従業員1人あたり売上高(×1000ユーロ)	82	166	287	305
売り上げに占める輸出の割合(%)	0.3	3.0	19.2	32.9
研究開発費に占める基礎研究の割合(%)	7.4	4.6	6.9	4.0
研究開発費に占める応用研究の割合(%)	58.0	59.6	48.4	36.3
研究開発費に占める実験研究の割合(%)	34.6	35.8	44.7	59.7

出所：MESR DGESIP/DGRISIES et al. (2009), p. 2のデータをもとに作成。

という側面において、中小企業よりも大企業に近いといえる。(図表4-8参照)。

　中堅企業の研究開発投資は、医薬品部門が18％、ICT部門が15％といったように、今後成長が見込まれる高度技術分野で旺盛であり、中高度技術部門の化学(9％)、機械および機械設備(9％)がこれに続く。対照的に、サービス部門での研究開発投資は全体の8％程度の水準である。この分野では、マイクロ企業が49％、中小企業が28％と多くを占めていることに鑑みて、「戦略的分析センター」では、マイクロ企業および中小企業と中堅企業の間には質的な違いがあるとみている。

III. 議論の背景

　ここでは、フランス中堅企業論の背景として重要な事柄を整理しておきたい。最も重要かつ直接的な背景としては、2000年以降のフランス製造業の国際競争力低下と、これとは対照的に世界市場での存在感を増していたドイツの存在がある。

　フランスの国際的地位の低下について、たとえば、2012年に企業の競争力強化と雇用対策に関する政策提言を行った報告書の冒頭では、次のようにまとめている。

- エネルギー部門を除く貿易収支は、35億ユーロの黒字(2002年)から712億ユーロの赤字(2011年)へと悪化

- 製造業（建築業を除く）が全体の付加価値に占める割合は、18％（2000年）から12.5％（2011年）に低下
- 1980年から2011年までの約30年間にフランスが失った雇用は200万人。特に2000年から2007年に失われた雇用の3分の1から半分は、国際競争力を強めてきた新興国の影響によるもの
- フランス製造業の輸出先として約6割を占める欧州市場でのシェアは、12.7％（2000年）から9.3％（2011年）へと大幅に下落[9]

 雇用と輸出に貢献度の高い製造業の地位低下、そしてこれに連動したフランス経済の低迷は、他国に比して重い企業課税や社会保障費負担の見直し、あるいは硬直的な労働市場や教育制度の見直しといった一連の社会構造改革の議論に拍車を掛けた。

 そして何より、当時、対照的に国際競争力を強めていたドイツとの比較においては、産業構造上の違いが問題視された。すなわち、仏独両国にみられる中間規模企業層の厚みの違いが、競争力格差を説明する有力な手掛かりと見なされたのである。後述するように、ドイツ経済の強さは、それが政治主導による一連の構造改革に起因するものであったがゆえに、なおさらフランスの政策当局の関心を集めた。また、両国の格差拡大は、欧州統合の深化の妨げになるという懸念も存在した。

 当時両国間で顕著だったのは、まずもって輸出力の差であった。たとえば、2007年におけるドイツの輸出額は約9690億ユーロであったが、これはフランスの約2.5倍に相当する。欧州では、1990年代後半より、特に工業製品分野において、中国をはじめとする新興国の存在感が強まったが、こうしたなかにおいてもドイツの輸出力は維持されていた。これとは対照的にフランスの競争力は、世界市場はもとより、ユーロ圏内においてさえ低下していた。

 当該格差は、輸出関連企業数の違い、および個別企業の競争力の差に起因することは明らかであった。ドイツの輸出関連企業数は、フランスのおよそ3.5倍であり、これは両国の起業総数の違いを加味しても無視できないレベルであった。また個別企業レベルでみれば、特に2003年のいわゆる「アジェンダ2010（Agenda 2010）」計画以降、ドイツ企業のコスト競争力は極めて顕著な改善をみせていた[10]。そして、輸出活動の中核には、いわゆるミッテルシュタント（Mittelstand）[11]と呼ばれる国際競争力の高い中堅企業が存在していた。

図表4-9　仏独の企業構成比較（従業員規模による）

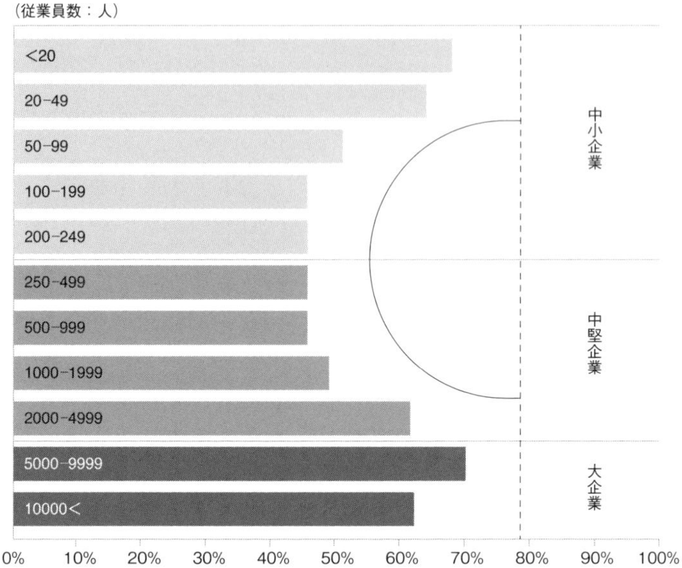
（従業員数：人）
<20
20-49
50-99
100-199
200-249
250-499
500-999
1000-1999
2000-4999
5000-9999
10000<
中小企業
中堅企業
大企業
0%
10%
20%
30%
40%
50%
60%
70%
80%
90%
100%

※ドイツを100%とした場合。　※…は仏独の企業総数の違いを考慮。
出所：Kohler、D. etWeisz, J. - D. (2012), p. 15をもとに一部加筆・修正。

中堅企業は、ドイツの産業構造において厚い層をなしており、特殊機械や特殊設備を中心とするいわゆるＢ to Ｂの隙間市場、すなわち、製造メーカーによる価格設定の自由度が高く、為替変動の影響を受けにくい分野に広く分布していた。これに対してフランスの産業構造は、戦後の国家プロジェクトや政策主導で育成されてきたごく少数の大企業と、多数の小規模企業で構成されている。図表4-9は、仏独の企業規模別構成を比較したものである。従業員50人から2000人の区切りでみれば、フランスにはドイツの58%にあたる企業しか存在せず、企業総数の違いを考慮してもなお中間規模層の薄さは著しく、しかも比較的規模の大きな中小企業の層が薄い。そして、歴史的にみてもフランスの中小企業は、企業成長よりもむしろ個人主義的、あるいは家族主義的営みや地域との関わりを重視し、小規模性を好む傾向が強かった[12]。

このように、フランス最大の弱点は、高付加価値製品を生み出し、輸出や国際競争力の発揮に大きく貢献する企業層の薄さにあるとの認識が広がりをみせた。

次に、フランス中堅企業論の背景として重要なのは、長期的かつ深刻な雇用問題である。雇用問題は、過去そして現在におけるフランス政府最大の関心事であったといっても過言ではない。現在でもフランスには厳格な解雇規制や、手厚い社会保障制度が存在し、労働市場は極めて硬直的であることが知られている。しかも第一次石油ショック以降の失業率は、景気回復期においても低下することなく、むしろ上昇傾向を示してきた。政府は雇用問題の解決に向け、特に90年代以降は中小製造業の集積である「地域生産システム（SPL：système productif Local）」の振興政策、2000年代以降はクラスター概念に基づく「競争力クラスター（pôle de compétitivité）」政策などに期待を掛けたが、急速かつ顕著な改善はみられなかった[13]。さらに、1999年のいわゆる「イノベーション法（Loi sur l'innovation et la recherche）」[14]に代表される一連の起業支援政策も、基本的には雇用状況の改善を狙ったものであったが、この時点での効果は限定的であった。そして、2009年よりすでに考察した「自己雇用主制度（auto-entrepreneur）」が導入されることで開業数自体は伸びをみせていたが、こうした小規模ビジネスが規模を拡大し本格的な雇用拡大に結びつくには、相応の時間を要した。この状況下で特に急成長を遂げ、高い雇用吸収力を発揮する中堅企業への期待が、これまで以上に高まった。

　次に中堅企業論の今一つの重要な背景として、この時期に民間活力を利用したイノベーション活動や研究開発活動の重要性が、従来にも増して高まったことが指摘できる。「リスボン戦略（Lisbon Strategy）」においては、各国のGDPに対する研究開発投資比率の目標値が設定されるといった動きもあり、研究開発活動やイノベーション活動の推進は国策面からも大きな課題となった。研究開発やイノベーションについては、2005年に政府に対してフランス産業政策に関する提言を行った「フランスの新たな産業政策に向けて（*Pour une nouvelle politique industrielle*）」と題する報告書（通称ベファ・レポート）において、フランス的問題が指摘されている。ここでは、近い将来に成長が期待される高度技術部門において、フランス製造業が他国企業、特にドイツやアメリカに比して劣位にあることが指摘された。

　当該報告書によれば、この原因はフランスの研究開発が一部の大企業や産業、そして特に公的部門に大きく依存したものであること、換言すれば、民間企業の活力を十分に生かし切れていないことにある。たとえば、2004年のデータ

図表4-10　フランス中堅企業論の経緯

年	タイトル	著者／編者および関連組織	内容
2006	「フランスに資する中小企業戦略 (Une stratégie PME pour la France)」	Betbèze, J. P. et Saint-Étienne, C.「内閣経済諮問委員会(CAE)」	・雇用問題の解決と経済成長の糸口として急成長する中間規模企業層に着目 ・中間規模企業層の薄さの原因を分析
2008	「中堅企業の発展 (Le développement des entreprises de taille intermédiaire)」	Vilan, F.「経済社会環境評議会(CESE)」	・中堅企業が国民経済に果たす役割および社会的認知度の低さを指摘 ・中堅企業育成のための経済的、社会的、文化的環境に言及
2008	「ミッテルシュタント：われわれのミッシング・リンク (Mittelstand: Notre chainon manquant)」	Stoffaës, C.「仏独経済分析評議会(Conseil d'analyse économique franco-allemand)」、「国際経済予測研究センター(CEPII: Centre d'études prospectives et d'informations internationales)」	・仏独関係の歴史を考察し、フランスにおける中間規模層の薄さの克服の必要性を主張 ・中堅企業評価の上での課題となる制度的、文化的、思想的問題に言及
2010	「新たな成長の中核となる中堅企業 (Les entreprises de taille intermédiaire au coeur d'une nouvelle dynamique de croissance)」	Retailleau, B., et al. 地域圏議員を中心とするワーキング・グループ	・同族性や投資意欲の高さといった中堅企業の経営特性を積極的に評価 ・政策の空白地帯としての中堅企業を指摘
2010	「我が経済の隠れたチャンピオンである中堅企業：300の中規模企業の物語 (Les ETI, Champions cachés de notre économie: 30 histoires d'Entreprises de Taille Intermédiaire)」	Gattaz, Y.「フランス経営者全国議会(CNPF)」	・中堅企業の法制化に至るまでの経緯を解説 ・グローバル・ニッチ市場を中心に活躍する代表的なフランス中堅企業を紹介
2012	「ミッテルシュタントの新たな評価に向けて」	Kohler, D. et Weisz, J. - D.「戦略投資ファンド(FSI)」	・ドイツにおけるミッテルシュタントの歴史や経営特性を指摘 ・フランス版ミッテルシュタントの創出に必要となるエコシステムに言及

出所：筆者作成。

において、フランスで100人以上の研究員を擁する企業は全体の2%程度であったが、これら少数企業による研究開発投資は、国内研究開発投資全体のおよそ3分の2を占めていた。また産業分野別にみると、航空宇宙、自動車、医薬や化粧品、電気機器に研究開発投資全体の5割以上が集中するという状況があった[15]。以上の状況は、研究開発において貢献度の大きい民間の中堅企業への期待をより大きいものにした[16]。

次に、中堅企業を巡る代表的な政策議論の内容を考察する。図表4-10は、主な中堅企業論を時系列的に示したものであるが、以下では2010年までの代表的な議論や見解について、その内容を掘り下げる。

Ⅳ. 中堅企業を巡る議論

1.「フランスに資する中小企業戦略 (Une stratégie PME pour la France)」[17]

当該報告書は、「内閣経済諮問委員会 (CAE : Conseil d'analyse économique)」の手によるものであり、大手金融機関クレディ・アゴリコル (Credit Agricole S. A.) のチーフ・エコノミストであるジャンポール・ベトベーズ (Betbèze, J. P.) とトゥール大学のクリスチャン・サンテチエンヌ (Saint-Étienne, C.) が中心となって作成された。ここで強調されるのは、特にアメリカ、イギリス、ドイツといった諸外国に比したフランス中間規模層の薄さである。そして、当該状況の克服のうちにフランスが抱える現代的課題、特に雇用問題の解決と経済成長実現の途が示されている。

当該報告書によれば、フランスでは、新規開業支援策を多く盛り込んだデュトレイユ (Dutreil) 法[18]が功を奏したこともあり、2005年には約22万社以上の起業があった。しかしながら、起業数の増加がそのままフランスが抱える諸問題、すなわち雇用・失業問題や製造業の輸出力の弱さ、あるいは民間部門の研究開発やイノベーション活動の遅れ等の解決につながるわけではない。重要なのは、起業環境の改善はもとより、起業した後の成長機会を拡充することである。

フランス経済は、進展するグローバリゼーションの下で3つの弱みを露呈している。それは第一に、雇用創出力の弱さであり、第二に、高付加価値部門における製造業の輸出力の弱さ、そして第三に、民間部門における研究開発活動の

遅れである。そして、これら3つの弱みはすべてフランスにおける中間規模企業層の薄さという事実に関係している。すなわち、フランスが国際競争力の発揮に向けて期待を寄せるべきは、従業員数でいえば20人から500人程度の企業、狭義には従業員数20人から250人程度の急成長を遂げる企業である。当該企業は、従来政策対象とされてきたゾウとネズミ、すなわち、ごく少数の大企業と圧倒的多数の小規模あるいは零細企業とは区別されるべき、ガゼル（gazelles）たる存在である。

　以上の認識のもとに、当該報告書では、まず急成長を遂げる企業が雇用や経済成長に及ぼす影響を示すとともに、なぜフランスの産業構造においてこれら企業少ないのかを説明し、さらにその先にあるべき政策を展望している。

　中小企業は、フランスの付加価値の約半分と雇用の6割以上を担っている。大企業は、1985年から2000年の間におよそ26万3000人の雇用を削減したのに対して、180万人近い雇用を生み出したのは、従業員数500人以下の企業であった。しかしながら、ここで急成長する中小企業が大きな貢献を果たしていることは、あまり知られていない。フランスにおける雇用と企業規模の関係を分析した資料によれば、1993年から2003年までの10年間において、中小企業が生み出した雇用は約111万5000人であったが、このうち、50％以上は、上位5％の急成長企業によるものであった[19]。

　製造業の輸出に関して、特にドイツに比したフランスの劣位は明白である。ドイツで高付加価値製品の輸出に大きく貢献しているのは、一般にミッテルシュタントと呼ばれ、産業構造において厚い層をなしている中堅企業である。これに対して、フランスの産業構造はごく少数の大企業と数多くの零細企業から構成されている。

　他方、研究開発についてみれば、中小企業の役割は限定的である。フランスの研究開発投資のおよそ半分は、フランスを代表する13の大企業グループによるものであり、従業員500人以下の企業は、民間部門における研究開発費の15％程度しか貢献していない。つまり、諸外国に比してフランスにおける民間研究開発が遅れている原因は、特に従業員数50人から500人レベルの企業による研究開発が低迷していることによる。

　以上の分析から生じる疑問は、なぜフランスでは、雇用や輸出あるいは研究開発に影響力を持つ中間規模企業や急成長を遂げる企業が少ないのか、という

ものである。報告書によれば、この答えはフランス企業を取り巻く環境にあるという。すなわち、過去から現在へと続くフランスの社会構造や諸制度が、企業成長を阻害していることが原因である。

　言うまでもなく、近年のアメリカは、グローバル市場で強さを発揮し、イギリスは非常にオープンな市場と規制緩和を武器としている。さらにドイツの輸出力は、フランスのそれをはるかに凌いでいる。基礎データの集計方法に相違があるため単純には比較できないが、フランス銀行の分析によれば、1997年から2002年におけるフランス企業（非金融部門）の収益率は、アメリカ、ドイツ、イギリス3国平均の約76％、ドイツとイギリスの2国平均に対しては約61％程度と著しく低い。フランス企業が苦しむのは、他国に比して負担の大きい社会保障費や、非常に硬直的で高コストな労働市場、そして取引代金の支払い遅延等の増加等である。そればかりか、フランスには金融機関のリスク回避的な体質からくるリスク・マネーの不足、あるいは効率性よりも、むしろリスク回避を優先する経営者気質も存在し、これらすべてが短期的な企業成長の妨げとなっている。

　以上の考察を踏まえて必要とされるのは、まず既存の中小企業が収益を確保するための環境整備である。さしあたっては、企業者教育、支援窓口の一本化、フランスにおいて長らく課題とされている行政手続きや企業向け支援体制の簡素化、そして、リスク・マネーの不足といった資金調達面での課題克服、および、企業間取引の透明性を確保することによる支払い遅延問題の解決や、中小企の研究開発を後押しする支援制度が必要である。

　このように当該報告書は、企業成長を妨げているフランスの制度環境を問題とし、中小企業の成長の先にフランスが抱える諸問題の解決を展望するものであった。

2.「中堅企業の発展 (Le développement des entreprises de taille intermédiaire)」[20]

　当該報告書は、議会や政府からの独立性を保ちつつも、経済や社会的な事柄についての諮問を受ける「経済社会環境評議会 (CESE：Conseil économique, social et environnemental)」が中心となって作成したものである。ここでも、フランスの産業構造が、少数の大企業と非常に多くの小企業から構成されていることが

確認される。そして、当該構造のなかで大企業と小企業の間にある企業、すなわち、中間層がこれまで政策対象として扱われてこなかったことを問題にする。当該報告書は上述の「フランスに資する中小企業戦略」の内容を踏まえながら、社会的側面や法制面での現状に鑑みつつ、中間規模企業や中堅企業支援のための一歩踏み込んだ提案を行っていることが特徴である。内容の要点は以下のごとくである。

　フランスには、一方の極にグローバルに活躍する少数大企業があり、他方の極には、数多くの小規模性が際立つ企業が存在する。言うまでもなく、大企業、つまりイメージ的にはCAC40に名を連ねるような企業は、戦後のフランス経済発展に貢献し、政策面においても重視されてきた。他方で、圧倒的多数を占める中小企業についても、特に90年代あたりから進められている創業支援にみられるように、これまで様々な支援策が講じられてきた。

　これに対して、上記2つのセクターに挟まれた領域にある企業は、それがフランス経済の屋台骨ともいうべき存在であるにもかかわらず、政策面では見放されてきた。これら企業の多くは同族経営であることから、資本や経営の継続性を重視しつつも、イノベーション活動や研究開発を行うための資金を保持し、さらには活動範囲の地理的拡大に必要な規模的条件をも満たしている。また、それは独自性の強い人事戦略を行うにも適した規模にあるといえる。すなわち、中間層にある企業は、持続的な生産性の向上や雇用の維持拡大、あるいは中長期的経済成長に不可欠な要素を備えた存在であり、まさにダイナミズムの源泉である。その能力と将来性に鑑みるならば、フランスで当該規模の企業数が他国に比べ少ないという状況は、憂慮すべき事柄である。すなわち、政府は戦後のドイツ経済、特に輸出側面において大きく貢献してきたミッテルシュタントのような中堅企業を増やすよう、努めるべきである。

　2006年の内閣経済諮問委員会による報告書「フランスに資する中小企業の戦略」以降は、従業員500人以上の企業を2000社増やすことが政策スローガンとされ、経済近代化法でいう中堅企業の数を2倍にすることが政府レベルで確認された。こうして、フランスでようやく中堅企業へ政策的な目が向けられたことは、決定的に重要である。「経済社会環境評議会」は以上の認識に立脚しつつ、今後政府が進めるべき政策の重点項目として、次の事柄を示している。

① 中堅企業に関する調査の実施および公的統計の整備
② 企業の投資意欲を刺激することによる次世代産業の育成
③ 行政諸機関と民間企業の連携強化と行政手続の簡素化や規制の見直し
④ 中堅企業の輸出促進
⑤ 研究開発とイノベーション活動の支援
⑥ 従業員参加促進制度（たとえば従業員持ち株制度など）導入の後押し
⑦ 人材開発の支援
⑧ 中堅企業向け金融の充実（信用保証制度やファンドの新設など）
⑨ 事業承継に関わる諸施策の継続的改善

なお、以上の制度環境整備に加えて当該報告書が強調するのは、中堅企業に関する社会的議論を広めるための努力と教育の重要性である。なぜならフランスでは、文化的要因が企業成長に向けた経営者の勇気と意欲を抑制し、ひいては中堅企業の増加にブレーキをかけていると考えられるからであるという。このように、当該報告書は、中堅企業のために必要な制度環境はもとより、望ましい社会環境や文化にまで言及するものである。

3.「ミッテルシュタント：われわれのミッシング・リンク（*Mittelstand: Notre chainon manquant*）[21]」

当該報告書は、低迷するフランス経済とは対照的に、国際市場で存在感を強めているドイツの競争力を分析するべく、企業・貿易担当副大臣（Scrétaire d'etat chargé des entreprises et du commerce extérieur）の求めに応じて、「仏独経済分析評議会（Conseil d'analyse économique franco-allemand）」の委員長であり、「国際経済予測研究センター（CEPII：Centre d'etudes prospectives et d'informations internationales）」の所長を務めたクリスチャン・ストファエス（Stoffaës, C.）が中心となって作成したものである。まずここで確認されるのは、マクロ視点による両国経済の特徴であり、次いで産業構造的視点からの比較分析が加えられる。

2000年代初頭におけるドイツ経済の回復は、東西統一後の低迷からの離脱であると単純に片づけることはできない。事実、この間にフランスとの差が鮮明となり、その後の隔たりは年を追うごとに大きくなっている。注目すべきは、経済再生への取り組みの違いである。すなわち、ドイツは東西統一によって国内

の格差問題が深刻となったために、国民経済の健全化政策、より具体的には、賃金抑制と大規模なリストラクチャリングを行った。1990年代にはコール首相による改革があり、その後はシュレーダー首相により、経済のグローバル化や成長戦略を視野に入れた改革計画である「アジェンダ2010（Agenda 2020）」が進められ、産業立地上の魅力を取り戻すべく、硬直的な労働市場の改革や賃上げの抑制、社会保険料など特に企業負担の軽減が進められた。これとは対照的に、フランス経済は2000年を境に失速し、財政赤字がEU財政協定の基準を大きく上回る水準になるまで低迷した。

しかしながら、これら両国マクロ経済上の相違には、産業構造上の相違、特に製造業に関わるそれが関係していることが一層重要である。ドイツの輸出は、国民総生産の約4割と900万人の雇用を生み出しており、周知のように近年の中国の躍進を前にしても、依然強さを発揮している。そして輸出面での強さは、2006年の3％、2007年の2.6％という経済成長に貢献した。フランスで特に低迷が懸念されるのは製造業である。製造業は、ドイツにおいて国内総生産の23％を占めるのに対して、フランスではわずか15.6％に過ぎない。欧州27か国の製造業に占めるフランスの生産シェアは11.1％であり、1位のドイツ（25.5％）からは程遠く、イギリス（14.9％）やイタリア（13.0％）と比べてもなお低位である。

当該報告書では、上述のように競争力格差は明白であるにしても、両国はこれまで互いを模範としてきたのであり、両国の均衡は、さらなる欧州の統合に向けて必要不可なものであるとの視点に立脚する。

かつて、ローマ条約による欧州経済共同体（EEC）や欧州原子力共同体（EURATOM）設立を目前にして、フランスには強力なドイツの競争力に対抗できるのかという懸念が存在した。そして、資本集中を進めたフランス産業や大企業グループの誕生は、戦前ドイツの重化学工業に追いつくためのものであった。また、フランスの農業は近代化に成功したが、これは特に農業部門における協調によってドイツ市場が開かれたことによるところが大きく、1950年代までのフランス産業が、植民地市場に依存するという保護主義的な領域に閉じこもっていたのとは対照的である。1980年代になると、フランス政府はインフレ対策と金融引き締めに動いた。これは欧州統合の目的と予算の削減、債務の抑制、給与水準の引き上げと物価上昇のスパイラル抑制には、フランとマルクの均衡が理想と考えられたためである。そして、1990年代のフランスでは、規制

緩和の流れのなかで、過去の公的で独占的な部門に競争原理が持ち込まれ、国有企業の民営化も進められた。より近年においては、ドイツの「アジェンダ2010」による一連の改革が、特に労働市場改革や退職基準の自由化といった面において、フランスに刺激となっている。

他方で、フランスもドイツの模範となるべき側面を備えている。たとえば、欧州の成功事例といわれるエアバス (Airbus) をはじめとする航空機の開発やアリアン (Ariane)・ロケットの開発は、フランス政府主導の大規模な技術開発計画がなければ誕生しなかった。フランスは石油化学や電力といった分野において巨大企業を有しているが、このことはエネルギー調達が重要な国家戦略事項となり、かつ環境への配慮が求められる昨今の局面において特に重要である。加えて、航空宇宙産業やハイテク軍事産業、数百年をかけて培われたブランドを有する高級品産業、ホテル業、農業や農産物加工業といった分野は、ドイツにはないフランスの魅力である。

とはいえ、両国を取り巻く環境の変化は激しく、かつて「社会的市場経済」のスローガンや労使による共同決定、そして銀行と企業の関係に特徴づけられるドイツの「ライン型資本主義」にも変革が起こっている。すなわち、欧州へのアングロ・サクソン型経済の浸透、経済金融化の進展、ヘッジファンドや株式公開買付け (OPA)、あるいはレバレッジド・バイアウト (LBO) といった諸制度や手法の普及は、共同体的な資本主義やコーポラティズム、あるいはカルテルや共同決定に支えられてきたこれまでのドイツ経営を変貌させている。

このように、もはや使い古された「社会的市場経済」や「ライン型資本主義」という言葉では、近年ドイツの国際競争力を説明できない。そこで注目すべきは、ドイツが中堅企業を中核とした資本主義経済であるという点である。最近の両国不調和の原因が上述のような競争力格差によるものだとすれば、フランスは欧州統合の前提である両国の均衡のためにも、中堅企業や成長性の高い中小企業の振興をはからねばならない。

両国を比較すれば、中間規模企業層の貢献が非常に小さいというフランスの弱みは明らかである。ドイツには、機械加工、機械設備、特殊化学といった隙間市場に特化した多くの中堅企業が存在するのとは対照的に、フランスには従業員数250人から3000人程度の企業が少ない。そして、一層深刻なことには、これら企業による研究開発能力や輸出力を十分に活用できていない。

フランスには、充分に成熟し国際競争力を備えた、ごく少数の大企業が存在するが、圧倒的多数を占めるのは小企業、零細企業、個人企業である。そして、これら小規模企業の多くは製造業以外、すなわち商業や職人的伝統産業、あるいは飲食業や観光業に従事しているため、輸出への寄与度は極めて低い。これに対してドイツには、高い技術力や輸出力を有する中堅企業、一般にはミッテルシュタントと呼ばれる企業が広範に存在している。そして、これらはネットワークを形成し、イタリアの「産業地域（industrial district）」にみられる企業のように、地域活動や雇用を支えている。このため、フランス版ミッテルシュタントの振興は、輸出競争力のみならず地域間格差の是正や地域開発にも関係する事柄である。中堅企業は、フランスにとってまさに、大企業と小企業の間を埋める「ミッシング・リンク（chainon manquant）」なのである。

　以上をもって報告書では、フランスにおける中堅企業振興の鍵となるのは、民間活力の活用およびドイツにおけるミッテルシュタントのような企業の積極的評価という視点であるという。前者について、過去フランスの国際競争力は、産業の集中化政策や大企業の国有化によって実現されたものであったため、国民の多くは、国の競争力が企業による多様な意思決定の結果として生まれるとは考えていない。たとえば、研究開発活動の低迷を指摘する分析の多くは、研究開発向けの予算を増やすことが肝要であると結論づける。しかしながら、企業の研究開発活動は、公的部門における研究者の予算やポストを増やすこと、あるいは民間部門の研究者の増員によって活発化するのではない。むしろ、研究開発活動の低迷という状況は、ハイテク分野に特化する企業の少数性という産業構造上の問題であるとともに、個別企業レベルにおける技術の実用化努力や、創造性の発揮に向けた取り組みが不活発なことによるものであるという。

　中堅企業の積極的評価に際しては、制度面の問題はもとより、文化や思想面での問題も取り上げられている。これまでのフランスでは、自国の正当性を主張せんとする傾向が強いがゆえに、ドイツのミッテルシュタントを過小評価する傾向にあり、加えてフランスでは、企業競争力の強化のためには規模拡大が不可欠との考えがひろく浸透しているが、真実は逆であることにも気づかなければならないという。すなわち、企業成長とは、個別企業の製品改善活動や国際市場の開拓に向けた努力の結果であり、企業規模がこれらの活動を保障するのではないとする。

以上を踏まえて、政府には中堅企業の特性を統計やデータによって示し、あらゆる側面で中堅企業振興の仕組みを検討するとともに、フランスに存在する多くの小企業が成長する際の障害を取り除くことに努めるべきだとする。具体的に示される課題は次の通りである。
- 家族や親族を中心とする資産の保障（たとえば相続や投資に関わる優遇税制）
- 事業承継や世代間の財産移転に有利な相続制度の検討
- 基礎的会計知識や商法、経済といった経営者教育の検討
- 技術系従業員の採用促進策や、公的研究機関や大学、民間企業間における人材の流動性確保
- 地域における企業連携の推進[22]や、輸出型大企業と中小企業の連携推進
- 対外投資を行う中堅企業への支援強化

また、これら制度的あるいは技術的施策以上に、従来のフランスでは軽視されがちであった企業家的精神を育み、成長意欲を持つ企業や中堅企業のイメージを刷新する雰囲気作りが欠かせないとされる。

4. 新たな成長の中核たる中堅企業[23] (*Les entreprises de taille intermédiaire au coeur d'une nouvelle dynamique de croissance*)

当該報告書は、中堅企業が抱える問題と、中堅企業振興のための望ましい政策の方向を明らかにすべく行われた政府諮問への答申であり、その作成は、ヴァンデ県（Vendée）の上院議員らを中心とするワーキング・グループが行った。先に考察した諸議論では、政策対象となるべき企業の範囲が必ずしも明確化されていなかったが、当該報告書では、経済近代化法による中堅企業の定義を踏襲しながら、より具体的にターゲットを絞り込み、現状分析を試みている。そして、これら分析を踏まえて、他国に比したフランス中堅企業のハンディキャップや、具体的政策展開に先立つ留意点を指摘している。以下はその要点である。

フランスでは、成長性の高い中小企業が注目されている。しかしながら、輸出や雇用創出に大きく貢献する企業、特に設立から短期間のうちに成長する企業の厚みが足りない。フランスが中堅企業に期待を寄せる理由は、おおよそ次のように整理される。第一に、中堅企業は、企業総数からみれば少数派であるにも

かかわらず、多くの経済指標において全体の2割から3割の比重を占めている。第二に、中堅企業の多くは、同族的性質を有している。したがって、中長期的な戦略に基づいた経営を特徴とし、投資にも積極的である。第三に、中堅企業は、その活動領域を国際市場に求めながらも、なおその経営は地域の文化や歴史的特徴と密接不可分であることが多い。このため、グローバル化の進展下でしばしば問題となる地域の疲弊という問題を解決する主体としても期待される。

しかしながら、こうした期待の大きさとは裏腹に、フランス中堅企業はドイツやイギリスのそれと比べれば半数程度にしか過ぎない。この理由は、しばしばフランスの構造的問題として指摘される次の状況が存在することによる。

- 重い企業課税や社会保障費負担
- リスク・マネーの不足
- 厳格な解雇規制による非常に硬直的な労働市場
- リスク回避的な国民性
- 各種規制の多さ、およびそれらの頻繁な変更

以上の事柄は、企業活動一般に関係する障害でもあるが、フランスでは中小企業や大企業と比べて、特に中堅企業が不利な立場にあることを見逃してはならない。これまで中小企業や大企業へは、時として政府の手厚い支援策が用意されてきたのに対して、中堅企業は、いわば政策上は忘れ去られた領域であった。また、近年の環境変化に対応すべく打ち出される様々な施策や制度、たとえば、最近の教育改革やコーポレート・ガバナンス改革、あるいは環境問題対策等における制度設計は大企業を前提としており、中堅企業に不利に作用していることも見逃せない。また、有力な中堅企業であればあるほど、つねに大企業による吸収・合併の脅威に晒されるという問題もある。

他方で、近年のEUでは中小企業の潜在能力に期待し、国や地方レベルでも様々な支援策を講じているが、中堅企業には特に用意された政策メニューがない。このように大企業は、その影響力の大きさと国政との近さによって議論の俎上に載ることが多く、一方で中小企業は、その圧倒的な数によって政策対象とされる機会が多かった。これに対して中堅企業は、そのイメージさえまだ一般国民に浸透しておらず、ましてや当該企業に向けた支援策は皆無に等しい。

以上に鑑みて、中堅企業を政策対象とし、継続的に支援していく仕組みが求められる。ただし、ここで目指すべきは特定の企業規模区分に固執した政策メ

ニューではなく、企業の成長過程全体を包括し、かつ体系的な性質を持つ支援である。したがって、既存の中小企業向け支援策の再編をも視野に入れつつ、首尾一貫した政策枠組みのあり方を検討する必要がある。具体的な政策展開に先立つ課題としては、中堅企業の実態を正確に把握すべく、まずは統計上の整備を行い、支援のための雰囲気を作ることが挙げられる。そして、理念上留意すべき事柄としては、次の事柄がある。

- 現実的な中堅企業ニーズを無視した、単純な中小企業向け支援策の援用の回避
- 企業成長の全過程を視野に入れた首尾一貫性のある支援
- 中堅企業者の独立性、すなわち、経営者自身による資本や経営支配の重視
- 大企業による取引上の過度な交渉力行使の抑制
- 企業成長につながる地域主体の連携強化

V. おわりに

　以上、法律で規定されるフランス中堅企業の範囲を確認し、中堅企業論の高まりの背景にある経済環境の変化や代表的な中堅企業論を考察してきた。
　まず、ここで考察した中堅企業論は、実際の企業動向や十分な理論的検証を経た議論というよりは、むしろ、フランスの国際競争力低下という状況を打破するための方法論あるいは期待論であることに特徴がある。そして第二に、それは広義の社会変革論でもある。すなわち、中堅企業論は戦後の政策から生じた様々な歪みやグローバル化の進展とともに機能不全に陥った国内の諸制度を問題として取り上げる土台を形成している。そしてこの産業政策や企業政策という枠を超えた射程の広さは、その後当該議論が企業成長に関わる様々な制度環境を問うエコシステム論として発展する可能性を、示唆していたといえる。
　なお、すでに明らかなように、フランスにおける中堅企業論の背景には、明示的であれ暗示的であれ、ドイツにおけるミッテルシュタントの存在、およびそれらを取り巻く広義の企業環境がある。そこで次章では、フランス中堅企業論の本質をより深く理解するために、ドイツ・モデルの内容を掘り下げたい。

110　第二部　中堅企業

注

1) ディリジスムと混合経済については、遠藤輝明編 (1982)、5頁、原輝史 (1986)、376-397頁、藤本光夫 (1993)、29頁が詳しい。
2) ETI (entreprises de taille intermédiaire) は、直訳すれば「中間に位置する企業」である。のちにみるように、その際の「中間」とは「中小企業と大企業の中間」である。本稿では訳語として中堅企業を用いるが、このことはモデルとされるドイツのミッテルシュタント (Mittelstand) が、しばしば「中堅企業」と訳されることからも妥当であろう。なお、経済界を代表して中堅企業の法制化に尽力したイヴォン・ガターズ (Yvon Gattaz) は、当初国との交渉のなかで「中企業 (moyennes entreprises)」あるいは「中規模企業 (entreprises de taille moyennes entreprises)」を提案したが、最終的には中小企業との混乱を避ける為採用が見送られたとしている (Gattaz, Y. (2010), pp. 13-16.)。
3) EU 中小企業定義においては、これらの基準に加えて、他の大企業に資本またはその経営権の25％以上を保有されない、という条件が加えられる。
4) 「経済近代化法」および「統計および経済分析のための企業類型指標に関するデクレ」による。
5) Retailleau, et. al. (2010), p. 26. なお、この時点では、中堅企業に関する統計整備はまだ十分に進んでおらず、公的な統計間でも数値の処理方法や取扱いにおいて若干の相違がみられる。
6) Centre d'analyse stratégique (2009), pp. 1-3.
7) DGCIS (2010b), pp. 12-15.
8) MESR/DGESIP/DGRI SIES et al. pp. 1-3.
9) Gallois, L. (2012), p. 9.
10) 以上、ドイツ経済の分析については、Retailleau et al (2010), pp. 143-152 および、DGCIS (2010a), p. 74 を参照。なお、「アジェンダ2010」は、労働政策と社会福祉政策を連携させ、給付制度の見直しによって雇用促進をはかる一連の構造改革プログラムである。これら近年におけるドイツの労働市場改革や社会福祉制度改革については、齋藤純子 (2008)、労働政策研究・研修機構 (2006)、橋本陽子 (2005) が詳しい。
11) ミッテルシュタント (Mittelstand) には、わが国で「中堅企業」や「中産階級」、あるいは「中間層」や「中間身分」といった訳語が当てられてきた。一般には、大企業とは区別され、同族的な経営をもとに戦後ドイツの復興に貢献した企業と理解されることが多いが、他方で社会的身分としての意味合いも強く、ドイツ固有の歴史や文化に規定される用語でもある。以下で確認されるように、フランスで引き合いに出されるミッテルシュタントは、その同族性と独立性、顧客や従業員および取引先や地方政府との距離の近さ、革新的な性質や輸出への貢献が評価される傾向にある。なお、社会的身分としてのミッテルシュタントの詳細については、岩橋誠一 (1986a)、(1986b) を参照されたい。
12) このことに関連して、フランスの中小企業研究者であるトレス (Torrès, O.) は、アメリカの典型的な企業家がイノベーションやリスク志向、自由主義的哲学を特徴とするのに対して、フランスの典型的な企業家は家業を営む親方職人的なイメージであり、その行動原理は保護本能とリスクの回避、あるいは反競争的態度や伝統主義にあると指摘している。詳細については、Torrès, O. (2005), pp. 162-166 [訳書150-152頁] を参照されたい。
13) 「地域生産システム」および「競争力の集積地」については、本書の第三部を参照されたい。
14) イノベーション法は公的研究機関から民間企業への技術移転を促すための研究者身分の保証、公的研究機関におけるインキュベーション施設の設置、ストック・オプションの条件緩和や革新的中小企業への助成措置などを盛り込んだものであった。なお、同法やフランスにおけるイノベーション政策や起業支援については、山口隆之 (2009)、189-203頁を参照されたい。

15) 製造業を中心とするフランス産業の競争力分析については、Beffa, J. L. (2005), pp. 31［訳書 124-136 頁］および山口隆之 (2009)、190-191 頁を参照。
16) 2006 年の時点で大企業はフランス国内研究開発費の 62％、中堅企業は 26％を占めていた。(MESR/DGESIP/DGRI SIES et al. (2009), pp. 1-2.)
17) 以下、当該報告書の内容については、Betbeze, J. P. et Saint-Étienne, C. (2006), pp. 5-62 を参照。
18) デュトレイユ法については、村上義昭 (2004)、13-14 頁が詳しい。
19) Picart, C. (2006).
20) 以下、当該報告書の内容については、Vilain, F. (2008), pp. 7-42 を参照。
21) 以下、当該報告書の内容については、Stoffaës, C. (2008), pp. 10-16, pp. 116-125 を参照。
22) これについて当該報告書では、地域の主体による連携の成功例として、零細企業が連携するイタリアの事例や本書の第三部で取り上げているフランスの「競争力クラスター」政策を評価している。
23) 以下、当該報告書の内容については、Retailleau, B. et al. (2010), pp. 7-37, pp. 121-152を参照。

参考文献

Beffa, J. L. (2005), *Pour une nouvelle politique industrielle*, La Documentation Française［水上萬里夫・平尾光司訳 (2007)「フランスの新たなイノベーション政策に向けて」『専修大学都市政策研究センター論文集』第 3 号、119-166 頁］．
Betbeze, J. P. et Saint-Étienne, C. (2006), *Une stratégie PME pour la France*, La Documentation française.
Bpifrance (2014), *ETI 2020: trajectoires de croissance*, Bpifrance.
Centre d'analyse stratégique (2009), *Analyse: Les entreprises de taille intermédiaire: un potentiel d'innovation à développer?* (La note de veille n° 131),
　　https://strategie.archives-spm.fr/cas/system/files/noteveille131.pdf（閲覧 2025 年 1 月 10 日）
CNIS (2008), *Rapport du groupe de travail sur la définition des catégories d'entreprises*
　　https://www.cnis.fr/wp-content/uploads/2017/10/RAP_2009_113_-definition_categories_entreprises.pdf（閲覧 2024 年 9 月 28 日）
DATAR (2004), *La France, puissance industrielle: une nouvelle politique industrielle par les territoires: réseaux d'entreprises, vallées technologiques, pôles de compétitivité*, La Documentation française.
DGCIS (2010a), *Les dossiers économiques et statistiques: Les entreprises de taille intermédiaire (ETI)*, CPCI.
　　https://www.entreprises.gouv.fr/files/cpci-dossier-eti.pdf（閲覧 2024 年 9 月 23 日）
DGCIS (2010b), *Les entreprises de taille intermédiaire (ETI)*, DGCIS.

Gallois, L.（2012）, *Pacte pour la compétitivité de l'industrie française*, La Documentation française.
Gattaz, Y.（2010）, *Les ETI: Champions cachés de notre économie: 30 histoires d'Entreprises de Taille Intermédiaire*, François Bourin.
Kohler, D. et Weisz, J. - D.（2012）, *Pour un nouveau regard sur le Mittelstand*, La Documentation française.
MESR/DGESIP/DGRI SIES, Dhont, P.E., Centre d'analyse stratégique et Pfister, E., Autorité de la concurrence（2009）, *R&D: Le potentiel des entreprises de taille intermédiaire*, Ministére de l'enseignement supérieur et de la recherche.
https://www.enseignementsup-recherche.gouv.fr/sites/default/files/content_migration/document/NI0927_129321.pdf（閲覧 2024 年 9 月 23 日）
OSEO（2010）, *PME 2010: Rapport sur l'évolution des PME*, La Documentation française.
Picart, C.（2004）"Le tissu productif: renouvellement à la base et stabilité au sommet", *Économie et Statistique*, n° 371, pp. 89-108.
Picart, C.（2006）"Les gazelles en France", dans Betbeze, J. P. et Saint-Étienne, C., *Une stratégie PME pour la France*, La Documentation française., pp. 77-115.
Retailleau, B., Kirsch, A. - R., Faucheux, M., Magne, Y.（2010）*Les entreprises de taille intermédiaire au coeur d'une nouvelle dynamique de croissance*, La Documentation française.
Stoffaës, C.（2008）, *Mittelstand: notre chaînon manquant*, Conseil d'analyse économique franco-allemand.
http://famillesenaffaires.fr/resources/Mittelstand+notre+cha$C3$AEnon+manquant.pdf（閲覧 2024 年 9 月 23 日）
Torrès, O.（2005）, *La guerre des vins: l'affaire Mondavi-Mondialisation et terroirs*, Dunod［亀井克之訳（2009）『ワイン・ウォーズ：モンダヴィ事件——グローバリゼーションとテロワール』関西大学出版部］.
Vilain, F.（2008）, *Le développement des entreprises de taille intermédiaire*, Conseil économique, social et environnemental.
https://www.lecese.fr/sites/default/files/pdf/Avis/2008/2008_29_francoise_vilain.pdf（閲覧 2024 年 9 月 23 日）
岩橋誠一（1986a）「『Mittelstand 中間身分』について（1）—— 19 世紀前半のドイツ手工業者層の把握のために」『神戸学院経済学論集』第 18 巻第 2 号、147-170 頁。
岩橋誠一（1986b）「『Mittelstand 中間身分』について（2）—— 19 世紀前半のドイツ手工業者層の把握のために」『神戸学院経済学論集』第 18 巻第 3 号、77-95 頁。
遠藤輝明編（1982）『国家と経済——フランス・ディリジスムの研究』東京大学出版会。
川田知子（2009）「ドイツ労働者派遣法における均等待遇原則の憲法適合性」『亜細亜法學』第 44 巻第 1 号、191-212 頁。
齋藤純子（2008）「ドイツの格差問題と最低賃金制度の再構築」『外国の立法』第 236 号、75-101 頁。
中村秀一郎（1964）『中堅企業論』東洋経済新報社。
中村秀一郎（1990）『新中堅企業論』東洋経済新報社。
橋本陽子（2005）「第 2 次シュレーダー政権の労働法・社会保険法改革の動向——ハルツ立法、改正解雇制限法、及び集団的労働法の最近の展開」『学習院大学法学会雑誌』第 40 巻第 2 号、173-318 頁。
原輝史（1986）『フランス資本主義——成立と展開』日本経済評論社。

原輝史（1993）『フランスの経済——転機に立つ混合経済体制』早稲田大学出版部。
藤本光夫（1993）「混合経済体制の確立と展開」原輝史編『フランスの経済——転機に立つ混合経済体制』早稲田大学出版部、29-51頁。
三井逸友（2011）『中小企業政策と「中小企業憲章」——日欧比較の21世紀』花伝社。
村上義昭（2004）「フランスの創業支援——雇用政策の要としての創業支援策」『国民生活金融公庫調査月報』第517号、4-15頁。
山口隆之（2009）『中小企業の理論と政策——フランスにみる潮流と課題』森山書店。
労働政策研究・研修機構（2006）「ドイツにおける労働市場改革——その評価と展望」『労働政策研究報告書』No. 69、5-48頁。

第5章

ドイツ・モデルと中堅企業
── ミッテルシュタントとエコシステム

I. はじめに

　前章で示したように、フランス中堅企業論の背景としてドイツの存在が大きい。なかでも当時のフランスで注目されたのは、ドイツで大企業と中小企業の中間規模にあり、国際市場で競争力を発揮しているミッテルシュタントと呼ばれる企業層の厚さであった。ただし、前章で考察したフランスにおける中堅企業論の力点は、中間層が薄いというフランス産業構造の問題を取り上げること、あるいは政策や施策上必要となる措置を明らかにすることにあったといえ、ドイツのミッテルシュタントそれ自体については必ずしも踏み込んだ説明や考察がなされていない。

　そこで、本稿では、影響力の強い調査結果や、政府レベルで行われてきた諸議論を踏まえ、歴史的観点からドイツのミッテルシュタントに言及した「戦略投資ファンド（FSI：Fonds stratégique d'investissement）」の分析を手掛かりにして、フランス政策サイドにおけるミッテルシュタント像を明らかにしたい。

　以下では、フランス中堅企業論でモデルとされるドイツのミッテルシュタントの定義と成り立ち、そして特徴を整理する。当該考察を通じて、フランス中堅企業論の本質をより立体的に把握することが目的である。

II. ミッテルシュタントとは何か

1. 定義

　既述のように、フランス中堅企業論の背景としてドイツの存在は無視できない。フランスに比べて中間規模企業層が厚い欧州諸国は珍しくないが、特に当時のフランスにおいて、ドイツが比較対象として取り上げられたことには相応の理由がある。

　まず、2000年代前後におけるフランスの競争力低下を説明するのに、新興国の影響が大きいとはいえ、フランスにとってドイツは、ビジネス面で最重要パートナーであることに疑いの余地はない。そして、ドイツ経済は当時、フランスとは対照的に、2008年の世界金融危機後も奇跡的ともいわれる回復をみせていた。

　さらに、上記ドイツ経済の好調が、労働市場改革や社会福祉制度改革といった政治主導による一連の政策や施策に裏打ちされたものであったことも、フランス政府がドイツに注目した重要な理由であった[1]。政治主導下で戦後の経済を計画的に誘導してきたフランスにとっては、ドイツとの社会構造や経済構造面での相違を問題とし、それを政策的に解決することが命題となった。

　ドイツの競争力を生んでいるとされるミッテルシュタントについては、統一的定義が存在しない。しかし、慣習的にはボン(Bonn)にある「ミッテルシュタント研究所(Institut für Mittelstandsforschung Bonn)[2]」による定義が引き合いに出されることが多い。ここでは、量的基準と質的基準を組み合わせて、従業員数500人未満、年間売上高5000万ユーロ未満、同族性(少なくとも議決権の50%以上が同族の1人、もしくはそのメンバーによって所持され、これらの人が企業経営を担っていること)が条件とされる。

　総じてフランス中堅企業論で評価されるのは、ドイツにおけるミッテルシュタントの同族的性格やその独立性、顧客や従業員、取引先との密接な関係、地域との関わりの深さである。紙幅の関係もあり、以下では歴史的側面と経営的側面を中心にミッテルシュタントの特徴を確認する。

2. ミッテルシュタントの歴史的側面[3]

　ミッテルシュタントには上述の量的規定が適用されることが多いものの、それは、ドイツ固有の歴史と不可分なこともまた事実である。ミッテルシュタントという言葉の起源は17世紀に遡るが、今日その言葉には大きく2つの意味、すなわち、中間身分という社会秩序や職業上の地位に関わる意味と中間規模企業という意味が備わっている。

　かつてドイツ農村部に中間身分として現れたミッテルシュタントの多くは、手工業者や商業者であった。その後工業化や近代化が進むにつれ、当該身分は、経営者、生産者、親方、商業者といった集団として組織化されていくが、それは本来、世代を越えた長期的視点から生産に必要な技術や資産の伝承と蓄積を行う存在であり、その意味で長期的な視野に立った社会政策上の役割を果たしていた[4]。

　そして、現代に残るミッテルシュタントの基本的特徴が固められたのは戦後である。まず、戦後処理の段階において、占領国はドイツのコンツェルンがヒトラー政権を支えたものと見なしたため、1945年から1950年にかけてカルテルの解体を進めた。ここでのスローガンは、小さいことは美しい（small is beautiful）というものであり、ミッテルシュタントは当時のエアハルト（Erhard, L.）経済大臣の下、「社会的市場経済（Soziale Marktwirtschaft）」[5]を目指すうえで、新しい自由と競争の象徴として賛美された。

　続いて、ドイツの東西分裂は花形産業と労働力の地理的分裂を招いたため、これが、地域レベルの産業振興へとつながり、現代的なミッテルシュタントの誕生を後押しした。ベルリン（Berlin）やルール（Ruhr）はもとより、ドイツではいくつかの競争力を持った産業地域が生まれ、そのなかでミッテルシュタントは次々と組織化されていった。これは各州の自治権の下に企業が集積し、発展を遂げるというドイツモデルの原型となった[6]。

　戦後のオルド自由主義（Ordoliberalismus）の思想に基づいた、「社会的市場経済」を実現する過程で目指されたのは、経済的、社会的、政治的利害の調和、資本家の利益と労働者の利益の調和、個人の自由と制度による規制の間に発生する軋轢の緩和であったが、この過程でミッテルシュタントは、独占や寡占によって健全な自由競争状態の成立を危うくする大企業に対しての反対勢力、す

なわち独占や寡占に対する防波堤として期待された。加えて、このように様々な中間的性質を持つ主体間の調和や統合を重んじる過程では、共同体的思想や社会的結束の重要性、あるいは地域への帰属意識や職業集団としての誇り、社会構成員としての誇りが価値あるものとして評価された。このように、ミッテルシュタントは国と個人の中間に存在する様々な主体間の共同や調和、あるいは時として統合に価値を置くドイツの伝統、そして、それに基づいた制度や環境を背負う概念として理解される。

3. 経営的側面[7]

　ミッテルシュタントは、単に量的方法で表現できるものではなく、ある種の価値体系であると考えられる。換言すれば、それは現象面のみから把握されるものというよりは、むしろ社会政策的なプロセスを通じて実践されてきた理念や特定の態度を表象している。ここで倫理や価値観そして行動的側面からみたミッテルシュタントの特徴としては、次のものが挙げられる。

(1) 企業家

　戦後ドイツの「社会的市場経済」を牽引した先のエアハルトよれば、ミッテルシュタントが高めるべき価値は、使命や目的に対する個人の責任感や自律性、独自の手段へのこだわり、成功への熱意、そして自由で開かれた社会に対する意思であるという。これはまさしく、企業家の資格そのものである。換言すれば、ミッテルシュタントは、責任感やリーダーシップ、リスクへの挑戦、イノベーション志向、長期的視点に基づく利益の確保といったように、本来、企業家が備えるべき価値的側面を備えるものと理解される。

(2) 自律性

　自律性とは、企業家が当該企業の目的を掌握していることを意味する。企業家は企業業績や企業成長の鍵を握っているのであり、自身が行う重要な意思決定について外部から強要されることがあってはならない。そしてこれが企業の独立性を保証する。

(3) 長期的経営視点

　長期的視点とは、一過性の利益を求めることなく、また投機的あるいは機会主義的発想によることなく目標を設定し、かつそれをもって持続的な成長を目

指すことである[8]。

(4) 広義の社会的責任

ドイツでは、1979年に連邦憲法裁判所によって「共同決定法」[9]が、基本法14条で規定される憲法上の財産権に抵触しないことが確認された。すなわち、ドイツでは資本家の活動や行動は、それに関わる人々の財産に奉仕すべきものと考えられており、企業の利益は資本家のものであると同時に、それを構成するメンバーの共有物であるとの考えが広く受け入れられている。資本家、経営者、労働者も含めて「われわれの企業」というドイツ流の捉え方がよくみられることは、社会的結合が広く浸透している証である[10]。

(5) 地域との密着性

地域密着性の高さは、ミッテルシュタント的価値の中心を占める。典型的なミッテルシュタントは、経済的合理性の観点から生産要素やインフラの充実度といった指標に基づいて立地を選択することは稀であり、むしろ社会的責任を果たす最優先の場として地域を捉えている。換言すれば、経済空間と社会空間は一致することが自然と考えられているのであり、ミッテルシュタントの地域への愛着は家族的雰囲気に支えられる。

フランス的発想からすれば、家族主義と地域主義に基づく企業支援の存在もさることながら、これらが実際の企業利益に結びついていることもまた新鮮である。地域の経営者は、職業意識や価値観を共有しているという意味では、横並びの存在にある。また、彼らは社会貢献活動やイベントへの参加、あるいは助成金の拠出を通じて、従業員や地域社会に敬意を払っている。いずれにせよ、ドイツでは共同的価値を優先することの重要性が広く認識されている。

(6) 職業倫理の高さと品質へのこだわり

経営者や労働者が持つ高い職業倫理は、ミッテルシュタントの特徴である。ドイツには、自動車をはじめとして品質や信頼性の面で世界的評価を受けている産業分野が多いが、これには、製品品質に対する強いこだわりや、それに基づく継続的投資の意思の存在がある。

品質の追求においては、高度な専門技術と問題解決能力を有するエンジニアの確保や養成が欠かせないが、これには、職業専門学校や職業学校と並行して企業の職業訓練を受けられる、いわゆるデュアル・システムやマイスター制度に代表される職業訓練制度が一定の役割を果たしてきた。フランスとは異な

り、ドイツには専門的人材を輩出する多様な仕組みが存在し、それがミッテルシュタントの競争力を支えている。

(7) 企業情報の機密性と信頼の重視

　一般にミッテルシュタントは、財務情報や戦略に関わる情報の開示に慎重である。ドイツでは、従業員250人あるいは売上高3200万ユーロを超える際には、詳細な企業情報や財務情報を開示する法的義務を負うことになるため[11]、これら情報開示の回避を目的として、大きな事業体を複数事業体に分散するケースも見受けられるほどである。こうした企業情報の開示に対する慎重な態度は、企業の競争力維持に貢献するが、他方でドイツには、後述するハウスバンク（Hausbank）のシステムが普及していることから、金融機関が信頼関係のもとに個別企業の情報に精通しているという実態がある[12]。

　以上のミッテルシュタントに備わる特徴に加えて一層重要なのは、これら要素が相互補完的性質を持つことである。すなわち、諸要素はミッテルシュタントにおいて、いわば内なる好循環を形成しているのである。

Ⅲ. ミッテルシュタントを支える環境：エコシステム

1. エコシステムの要素[13]

　ミッテルシュタントの存在と存続は、歴史や制度を含めた環境と、何よりも多様な主体の相互作用をなくしてはあり得ない。当該報告書では、ミッテルシュタントを取り巻く環境を敢えてエコシステム（écosystème）と表現し、その内容を考察している。ミッテルシュタントのエコシステムは、大別すると次の5つの領域に区分されるが、これらの関わりの範囲や程度は、企業の要求に応じて柔軟に変化することが重要である。

　①教育機関、研究機関、イノベーション支援機関
　②企業ガバナンスに関わる制度や産業全体に関わる制度
　③資金調達に関わる制度と機関
　④ミッテルシュタントの調査研究機関や利益団体
　⑤企業

　ミッテルシュタントのエコシステムを構成する5つの領域は、相互補完的関

第5章　ドイツ・モデルと中堅企業—ミッテルシュタントとエコシステム　　121

図表5-1　ミッテルシュタントのエコシステム

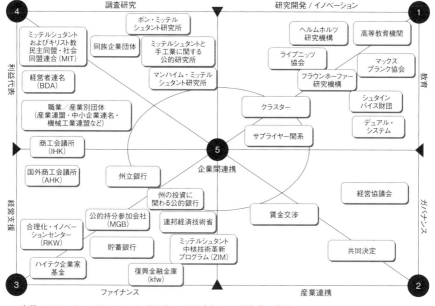

出所：Kohler, D. et Weisz, J. - D. (2012), p. 67 をもとに、一部加筆・修正。

係にあるとともに、主体によっては複数領域に関係する活動をしていることもある。図表5-1は、先の5つの領域をもとにしたミッテルシュタントの競争力を支えている構造を説明する概念図である。当該報告書が着目するのは、ミッテルシュタントの成功の鍵が諸主体間の存在にあるというよりは、むしろ諸主体の関係性それ自体にあるという点である。当該エコシステムの構成要素は多様であり、かつそれらが作り出す関係も複雑であるが、特にフランスにとって興味深い側面として、企業間関係のあり方、多様な主体から構成される研究支援体制、地域基盤の企業支援体制、ハウス・バンクの存在が注目されている。

2. 企業間関係（サプライヤー関係）[14]

　企業間関係について、ドイツでは下請代金の支払い遅延防止を目的とする法整備が進んでいることもさることながら、フランスとは違い、総じて企業間取

引を規制する法律が取引当事者間の協力関係を前提として構成されているのが特徴である。すなわち、中小企業同士や下請企業同士の取引関係において、協調的要素がみられるばかりでなく、発注大企業と下請企業の取引関係においても、信頼や協力に基づいた取引が広く普及していることがうかがえる[15]。

ドイツの下請企業間関係では、製品品質の維持向上を目的として、発注企業の能力開発のために投資を行う下請企業が存在し、取引当事者間において管理手法の共有がなされているという実態も報告されている。また発注企業が、下請企業による過度な自社依存がないよう配慮していることもある。このような協力的な取引関係においては、高い品質を実現するために取引当事者間に定期的な交流の機会が持たれ、双務的な投資が促進されている。長期的取引関係への志向が、ミッテルシュタントの安定性や独立性の維持を可能ならしめているのである。

3. 多様な主体が関与する研究支援体制[16]

ミッテルシュタントのエコシステムの2つ目の特徴は、多様な研究機関とそのネットワークが地域レベルに用意されていることである。ドイツには、大学以外に複数の研究機関のネットワークが存在し、棲み分けを行うとともに相互に機能を補完している。主なものとして、「フラウンホーファー研究機構（Fraunhofer-Gesellschaft）」、「マックスプランク協会（Max-Planck-Institut）」、「ヘルムホルツ研究機構（Helmholtz-Gemeinschaft）」、「ライプニッツ協会（Gottfried-Wilhelm-Leibniz-Gesellschaft）」の4つが知られており、それぞれは複数の研究機関や施設によって構成される。

研究機関の多様性もさることながら、注目すべきは、これら研究機関のつながりである。特に注目されるのは、官民の資金を結びつけ応用研究や基礎研究に貢献している「フラウンホーファー研究機構」である。当該機構の資金の約3割は公的資金で賄われるが、残りは企業や政府からの委託研究によるものであり、産業界とのつながりも深く、特許権への貢献では際立っている[17]。そして、特許権による収入は間接的に基礎研究に配分される仕組みになっており、基礎研究と応用研究を結びつける役割を果たしている。

加えて、企業レベルでのイノベーション活動の促進を目的とする当該研究機

構は、企業や大学と協定を結んでいることから、教育界と産業界の橋渡し役としての機能も担っている。また、人材開発については、就学中および就学後の学生に一定期間の雇用機会を提供するなど、就学を継続させつつ学業過程を終了させる制度も導入している。

　このように、多様かつ相互補完関係にある研究機関のネットワークが張り巡らされ、地域の企業と密接な関係にあることは、企業支援のうえで重要な意味を持つ。特に小規模企業は、これら研究機関を媒介とすることで高度な専門能力地域内で共有可能なのであり、加えて新興企業にとっては、本来自社内で行うべき研究開発を外注することが可能となる。こうしたドイツの状況は、グランゼコールを頂点としたエリート教育を中心に据え、特に先端技術分野の研究開発においては、政策と連動した公的部門が圧倒的主導権を握ってきたフランスの状況とは対照的である。

4. 地域基盤の企業支援体制[18]

　ドイツの企業支援は二層構造になっている。すなわち、連邦制を採用するドイツでは、州が当該地域の経済政策について大きな権限を持ち、連邦政府による介入は、いわゆる補完性原則に基づいて、市場の失敗が生じるときにのみ正当化される。過去フランスは、国の強力なリーダーシップのもとに特定の分野をターゲットとした産業育成政策をとってきたが、ドイツのそれは地域レベルの産業振興を前提としており、政策や施策の多くは、産業分野を問わないことが多い[19]。これは地域レベルでの産業分野を超えたシナジーの発揮という点で優位に作用している。

　フランスには国から一定の権限を付与された地域圏（région）があるが、これをドイツの州と重ねるのは無理がある。まずドイツの州は、一般にフランスの地域圏よりも規模が大きい。ドイツは、20世紀初頭より地方行政の範囲を経済圏のサイズに合わせるよう努めた結果、大きな都市の形成をみるに至った。たとえば、ドイツで3番目に広いバーデン＝ヴュルテンベルク（Bade-Wurtemberg）州の人口は1000万人以上であるが、フランスで最も大きな地域圏であるローヌ・アルプ（Rhone-Alpes）でさえ、その人口は600万人規模である[20]。このように、ドイツの州とフランスの地域圏は空間規模においても構造面にお

いても一致しない。

　加えてドイツの州政府は、フランスでいえば政府が果たしている役割の多くを担当している。すなわち、各州は固有の主権を持つ国のような存在であり、法的な権限はまず州を出発点として、ボトムアップ的に組み立てられる。これは、国からのトップダウンを基調として地方分権を進めてきたフランスの歴史とは真逆である。

　州の存在はもとより、ドイツでは国と個人の間に様々な組織や構造が存在するために、地域レベルの多様な取り組みや、地域特性を生かした企業支援が可能になっている。後述するようにフランスは、国と個人の間に介在する中間的組織の存在を否定してきたという歴史を持つのに対して、19世紀に近代化をみたドイツでは、たとえば職業別組合や共同体といった中間的組織が価値あるものとして継承された。この結果、企業は地理的にも分野的にも組織化され、地域の公的機関との関係を深めていったのである。

5. ハウスバンクの存在[21]

　ドイツには、貸出業務や預金業務を行う金融機関として民間商業銀行、貯蓄銀行、信用協同組合の3大グループが存在するが、特定の企業と長期的な関係を構築している銀行が多く、これらは一般に、ハウスバンクと呼ばれている。ハウスバンクは、短期的かつ巨額の融資を行うよりもむしろ、長期的な観点から企業を支援することを一義的な目的としており、これがミッテルシュタントの経営の安定性と長期的な視点に基づく戦略を支えている。ハウスバンクの優位性は、次のようにまとめられる。

- 顧客企業の情報に優先的にアクセス可能であることから、情報の非対称性が克服され、取引コストやリスクが低下する。
- 近接性や地域性を重視しているため、地元のネットワークや産業特性に精通している。
- 顧客企業の情報や地域情報に精通していることから、コンサルティング機能を果たす能力を備える。

以上に加えて、ハウスバンクは、企業が政策金融や公的資金へアクセスする際の窓口にもなっており、地域情報や企業情報を熟慮したうえでの資金配分に

一定の役割を果たしている。

　ハウスバンクは、あくまで企業を長期的視点から支援していくことを重視するため、企業評価に際しては、たとえば、経営者の人柄や後継者に関する情報、また詳細な事業環境情報といった複数の指標が参照されることが多い。企業との関係は、忠誠心や信頼を伴うものであり、それは情報探索や評価に関わる取引コストの低減をもたらし、結果的に低い貸出金利を可能にしていると考えられる[22]。

　図表5-2は、これまで考察してきたミッテルシュタントの特徴と、そのエコシステムの関係を示している。ここでは多様な主体や諸制度の存在が認められるが、これらの相互補完性、そこで形成される関係の性質それ自体が、ミッテルシュタントにとって大きな意味を持っている。

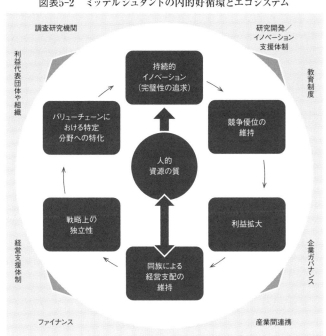

図表5-2　ミッテルシュタントの内的好循環とエコシステム

出所：Kohler, D. et Weisz, J.-D. (2012), p. 91をもとに、一部加筆・修正。

Ⅳ. フランスとの相違[23]

　報告書では、結論として、上記ミッテルシュタントのエコシステムを構成する諸要素は互いに影響し合っているのであり、特定の要素を抜き出しその効用を論じることは意味をなさないとする。むしろ、フランスがミッテルシュタントのエコシステムから学ぶべきは、そこにおける諸要素が織りなす関係それ自体であり、それを機能させているドイツの伝統、すなわち、共同体や社会集団の維持・発展に価値を見出すドイツの風土ともいうべきものである。

　ドイツはフランスに比して、社会における多様な集団や組織の存在を許容してきたという歴史を持っている。かつて小国に分かれていたドイツでは、国内に生じる多様な要求に応えるために、国と個人の間に様々な中間的集団や組織が求められた。そして、これらの間に生じる利害対立を緩和するためにも共同や協調に価値が置かれるようになった。

　これに対して、たとえばフランスの歴史では、フランス革命後に職業組合をはじめとする組織や団体の存在を否定した1791年の「ダラルドのデクレ（décret d'Allarde）」や「ル・シャプリエ法（loi Le Chapelier）」に代表されるように、当時の権力と密接なつながりを持ち特権を得ていた社会集団や組織、すなわち、国家的利益と国民個人の利益の間に介在する集団や組織、そしてその共同関係が否定された。この中間的組織の拒否という伝統は、紆余曲折がありながらも戦後においてなお引き継がれ、むしろ国が中央集権的性格を強めるうえではプラスに作用した[24]。なぜなら、それにより、分散的な国民間に生じる争いを規制と介入によって仲裁するという国の役割が高まったからである。

　こうして国と個人の間における中間的組織や水平的なつながりを拒絶しつつ、トップダウン的に進められたフランスの政策では、企業規模や産業分野が決定的な意味を持った。換言すれば、企業規模や分野ごとに分断され、異なる企業規模間の関係や産業分野を超えた連携の価値が、政策議論の俎上に乗ることはなかった。

　企業区分についてみると、ドイツのミッテルシュタントが社会的要素、それゆえに質的基準を含めて定義され、かつ州独自の基準によって規定されてきたのに対して、フランスでは国レベルで設定される量的基準による大企業と中小企業の区別が重視された。すなわち、戦後しばらくのフランスでは、政府や国の

経済計画と密接なつながりを持つ大企業の役割に焦点が当てられる一方で、小規模性と分散性を特徴として伝統産業や既存産業に広く分布する小規模企業の役割は、長らく積極的に評価されることはなかった。このいわば規模という量的基準による企業の分断は、フランスにおける企業の成長過程全体を見据えた政策や施策の不在、および中間規模層の薄さを説明する有力な理由の1つである。

次に、産業分野を超えた連携についていえば、ドイツの連邦制の下では、州単位における企業間連携や産業の補完性が重んじられ、したがって、そこでは開発から生産、そして顧客サービスに至る一連のサプライ・チェーンが競争優位の発揮に向けて調整された。これに対して、フランスでは、地理的範囲というよりはむしろ、国の戦略上の位置づけや企業規模に基づいて企業が区別されたがゆえに、業種や産業間の溝は深くなった。そして、これは産業の垣根を超えたシナジーの獲得機会を奪うとともに、国土の一部にしか大企業が存在しないという、その後の国土開発上の問題にもつながった[25]。

このように、報告書は、中間規模層の薄さと、そのエコシステムの不在という現代フランスの弱みを理解するうえで、仏独両国の成り立ちにまで言及するのである。

V. おわりに

以上、フランス政策サイドにおけるドイツのミッテルシュタント像を明らかにすべく考察を行った。フランスにおける中堅企業論の高まりは、両国経済の不均衡という状況に刺激されたものであり、ここでミッテルシュタントは、いわば模範とすべき企業として扱われている。

しかしながら、本章の考察で明らかになったように、ミッテルシュタントは本来、ドイツ固有の政治・経済・社会あるいは文化を背負った概念である。より具体的にいえば、それは歴史を通じて形成された地方政府と連邦政府の関係、教育制度のあり方や社会的規制の範囲、金融システムといった社会を構成する様々なサブシステムとそれらの相互作用のうちに、はじめて理解されるものである。このため「フランス版ミッテルシュタント」の創出と振興という命題は、単なる企業政策や生産システムの模倣や移転といった次元を超えた、広義の社

会構造改革論を代弁していたと言える。

われわれは、こうしたいわば国の歴史的経緯や文化、そしてそれに規定された諸制度の改革論に踏み込まざるを得ないところに、フランスにおける中堅企業論の本質をみる。中堅企業論は当時グローバル化の進展や欧州統合の深化のなかで、大きな変革を迫られるフランス社会のジレンマそれ自体を象徴していたのである。

注――――

1) フランス中堅企業論の背景としての仏独経済の状況については、山口隆之 (2013b)、180-183 頁を参照されたい。また、労働政策と社会福祉政策を連携させ給付制度の見直しによって雇用促進をはかった、いわゆる「アジェンダ21」については、川田知子 (2009)、労働政策研究・研修機構 (2006) を参照。
2) 1957 年に設立されたドイツ最初のミッテルシュタント研究所。連邦政府の出資に基づき運営される。
3) 以下の歴史的側面の内容については、Kohler, D. et Weisz, J. - D. (2012), pp. 17-19 を参照。
4) Stoffaës, C. (2008), 序文より。
5) 今日のミッテルシュタントの社会的位置づけや特徴を理解するうえでは、戦後ドイツの政策に影響を与えた理念や指導原理の影響を軽視できない。特に「フライブルグ学派」、あるいは彼らが創刊した年報のタイトルにちなんで、その後「オルド自由主義 (Ordoliberalismus)」と呼ばれるに至った思想は、戦後ドイツが目指した「社会的市場経済」実現のうえで大きな影響を与えたといわれる。「社会的市場経済」で目指すべくは、自由主義に基づく「経済の秩序」というべき理想状態である。しかし、経済を自由放任主義に任せていては、独占やカルテル、あるいは一部の私的経済権力の出現を招く。このため、健全な競争環境を維持するという目的の限りにおいて、国は市場に介入することが許される。こうした「社会的市場経済」の基底をなす思想や学派の動向、具体的政策については、井上孝 (1992)、黒川洋行 (2012) で詳細な考察がなされている。
6) 当該報告書では、こうした地域と企業が密接な関係にある典型例として、シュトゥットガルト (Stuttgart) のメルセデス (Mercedes) やミュンヘン (München) のシーメンス (Siemens) を挙げている。
7) 以下の内容については、Kohler, D. et Weisz, J. - D. (2012), pp. 41-60 を参照。
8) ここでは、併せてドイツ企業が、長期的視点から次世代への事業承継を前提とすることが多いのに対して、フランスの企業家は、自己の利益のために企業転売を好む傾向にあると指摘している。
9) ドイツの共同決定法については、多くの研究が存在し、その分析視点や問題意識も多様であ

るが、たとえば労働運動や労働組合との関係に触れたものとして、平澤克彦（2006）、思想や構造的側面を中心とした分析として村田和彦（1987）、ドイツ社会や文化との関係を踏まえたものとして岸田尚友（1978）がある。

10) Bourgeois, I. et Reisach, U.（2007）, p. 23.

11) 当時のドイツでは、従業員規模でいえば50人および250人という2つの境界を基準として、段階的に売上高、貸借対照表、損益計算書、付表や活動報告書等の開示義務とその内容が緩和されていた。

12) 以上の内容に加えて、当該報告書では、グローバル・ニッチ企業に着目したハーマン・サイモン（Simon, H.）の分析をミッテルシュタントの特性把握に際して参考にしている。ドイツに典型的にみられるグローバル・ニッチ企業は「隠れたチャンピオン企業（hidden champions）」ともいうべき存在であり、その特徴は、規模的には大企業に及ばないものの、特定の隙間市場において世界的に圧倒的なシェアを誇り、多くは目立たない製品に特化しつつ高い成長性を有していることにある。その戦略上や行動上の特徴は以下の通りである。企業目標が長期的であること、市場分野の絞り込み（コア市場への集中）を行いつつ、そこでの支配的地位の獲得を目指していること、高度な専門性を追求し、それによって価格競争の回避と高い収益性を可能にしていること、顧客との距離が近いこと（緊密性と継続性）、市場の地理的拡大に積極的で直接販売志向を持つこと、高いイノベーション思考や製品品質へのこだわりを持つこと、従業員能力が高いこと、本社が地方立地のケースが多く、同族的経営を特徴としていること。これらの詳細については、Simon, H.（2009）を参照されたい。また、わが国でも、たとえば、経済産業省編（2013）、130-149頁でドイツのミッテルシュタントにつき詳細な分析が行われている。

13) 以下の内容については、Kohler, D. et Weisz, J. - D.（2012）, pp. 63-72 を参照。

14) 以下の内容については、Kohler, D. et Weisz, J. - D.（2012）, pp. 72-73 を参照。

15) ドイツの中小企業政策や下請については、三菱総合研究所（2011）、207-249頁が詳しい。

16) 以下の内容については、Kohler, D. et Weisz, J. - D.（2012）, pp. 73-76 を参照。

17) 「フラウンホーファー研究機構」は2024年現在ドイツで76の研究所と研究施設を運営し、約3万2000人（そのほとんどが自然科学や工学のバックグラウンドを持つ）を雇用する。https://www.fraunhofer.de/de/ueber-fraunhofer.html「フラウンホーファー研究機構」HP（閲覧2024年9月6日）。また、「マックスプランク協会」はドイツ以外にも研究所を持ち、生命科学、自然科学、社会科学、人文科学分野の基礎研究を行っている。https://www.mpg.de/institutes「マックスプランク協会」HP（閲覧2024年9月6日）。

18) 以下の内容については、Kohler, D. et Weisz, J. - D.（2012）, pp. 63-66, pp. 76-79 参照。

19) 連邦政府と地方政府の中小企業振興については、平澤克彦（2002）が詳しい。

20) そのうえドイツでは、州をはじめとする地方自治体の地位は高く、その権限は強い。また、ここでは当時の状況に基づいて、フランスにはおよそ3万6000以上の最小行政単位であるコミューン（commne）が存在するのに対して、フランスより約30％人口が多いドイツの最小行政単位は約1万1200と顕著な違いがあることが指摘されている。

21) 以下の内容については、Kohler, D. et Weisz, J. - D.（2012）, pp. 80-92 を参照。

22) 当該報告書では、以上のミッテルシュタントの特徴や環境に加えて、非公開性と組織的柔軟性の面でメリットの大きい有限会社（GmbH：Gesellschaft mit beschränkter Haftung）が広く普及していること、税制面での恩恵が受けやすく、かつ事業承継や相続に有利な財団の利用が進んでいること等を挙げている。

23) 以下の内容については、Kohler, D. et Weisz, J. - D.（2012）, pp. 17-25, pp. 54-56, pp. 63-66, pp. 76-77, pp. 90-92 を参照。

24) この点について、フランスでは19世紀から20世紀前半にかけて様々な社会問題をいわゆるコーポラティスム (corporatisme) と結びつけて解決しようとする動きが何度かみられたが、第二次大戦中にヴィシー政権がコーポラティスムを政治秩序として掲げたことにより、フランスにおける不信と拒絶が決定的になったとする見解がある。詳細については、鹿住大助 (2006) を参照されたい。

25) ただし当該報告書では、ドイツのミッテルシュタントが抱える現代的課題のいくつか (専門的人材の確保、事業承継を迎える企業の増加など) についても言及している。これらについては、Kohler, D. et Weisz, J.‐D. (2012), pp. 95-107 を参照されたい。

参考文献

Beffa, J. L. (2005), *Pour une nouvelle politique industrielle*, La Documentation Française［水上萬里夫・平尾光司訳 (2007)「フランスの新たなイノベーション政策に向けて」『専修大学都市政策研究センター論文集』第3号、119-166頁］.

Betbeze, J. P. et Saint-Étienne, C. (2006), *Une stratégie PME pour la France*, La Documentation française.

Bergeron, L. et Bourdelais, P. (sur la direction de) (1998), *La France n'est-elle pas douée pour l'industrie?*, Belin.

Bourgeois, I. (2007), "Entreprises familiales: un rôle clef outre-Rhin," *Regards sur l'économie allemande*, n° 82, pp. 31-34.

Bourgeois, I. et Reisach, U. (2007), "Culture d'entreprise: «Le piège de l'américanisation»", *Regards sur l'économie allemande*, n° 84, pp. 21-28.

Bourgeois, I. (2008), "Succession: comment assurer la transmission de l'entreprise?," *Regards sur l'économie allemande*, n° 85, pp. 27-30.

Bourgeois, I. et Lasserre, R. (2010), "Les PME allemandes: une compétitivité à dimension sociale et humaine," dans OSEO, *PME 2010: Rapport sur l'évolution des PME*, La Documentation française, pp. 181-197.

CNIS (2008), Rapport du groupe de travail sur la définition des catégories d'entreprises. https://www.cnis.fr/wp-content/uploads/2017/10/RAP_2009_113_-definition_categories_entreprises.pdf (閲覧2024年9月23日)

Coe-Rexecode (2011), *Mettre un terme à la divergence de compétitivité entre la France et l'Allemagne* (Etude réalisée pour le ministère de l'economie, des finances et de l'industrie), Coe-Rexecode.
https://www.vie-publique.fr/files/rapport/pdf/114000040.pdf (閲覧2024年9月23日)

DATAR (2004), *La France, puissance industrielle: une nouvelle politique industrielle par les territoires: réseaux d'entreprises, vallées technologiques, pôles de compétitivité*, La Documentation française.

Gallois, L.（2012）, *Pacte pour la compétitivité de l'industrie française*, La Documentation française.
Gattaz, Y.（2010）, *Les ETI: Champions cachés de notre économie: 30 histoires d'entreprises de taille intermédiaire*, François Bourin.
Kohler, D. et Weisz, J.‐D.（2012）, *Pour un nouveau regard sur le Mittelstand*, La Documentation française.
Lang, G. et Pichet, E.（2012）, "La compétitivité fiscale du Mittelstand allemand: une leçon pour la France," *Revue de droit fiscal*, n°14, pp. 46-55.
Mellerio, O.（2009）, *Transmission de l'entreprise familiale*, La Documentation française.
https://www.vie-publique.fr/files/rapport/pdf/094000584.pdf（閲覧2024年9月23日）
MESR DGESIP/DGRI SIES, Dhont, P.E., Centre d'analyse stratégique et Pfister, E. Autorité de la concurrence（2009）, *R&D: Le potentiel des entreprises de taille intermédiaire*, Ministére de l'Enseignement supérieur et de la Recherche.
https://www.enseignementsup-recherche.gouv.fr/sites/default/files/content_migration/document/NI0927_129321.pdf（閲覧2024年9月23日）
OSEO（2010）, *PME 2010: Rapport sur l'évolution des PME*, La Documentation française.
Picart, C.（2004）"Le tissu productif: renouvellement à la base et stabilité au sommet", *Économie et Statistique*, n°371, pp. 89-108.
Picart, C.（2006）"Les gazelles en France", dans Betbeze, J.P. et Saint-Étienne, C., *Une stratégie PME pour la France*, La Documentation française., pp. 77-115.
Retailleau, B., Kirsch, A.‐R., Faucheux, M., Magne, Y.（2010）, *Les entreprises de taille intermédiaire au coeur d'une nouvelle dynamique de croissance*, La Documentation française.
Simon, H.（2009）, *Hidden Champions of the 21st Century: Success Strategies of Unknown World Market Leaders*, Springer［上田隆穂監訳・渡部典子訳（2012）『グローバルビジネスの隠れたチャンピオン企業――あの中堅企業はなぜ成功しているのか』中央経済社］.
Stoffaës, C.（2008）, *Mittelstand: notre chaînon manquant*, Conseil d'analyse économique franco-allemand.
http://famillesenaffaires.fr/resources/Mittelstand+notre+cha$C3$AEnon+manquant.pdf（閲覧2024年9月23日）
Venohr, B., Meyer, K.（2007）, "The German Miracle Keeps Running: How Germany's Hidden Champions Stay Ahead in the Global Economy," *Working Papers of the Institute of Management Berlin at the Berlin School of Economics and Law*, No. 30.
https://www.econstor.eu/bitstream/10419/74371/1/745847609.pdf（閲覧2024年9月23日）
Vilain, F.（2008）, *Le développement des entreprises de taille intermédiaire*, Conseil économique, social et environnemental.
https://www.lecese.fr/sites/default/files/pdf/Avis/2008/2008_29_francoise_vilain.pdf（閲覧2024年9月23日）
Zugehör, R.（2003）, *Die Zukunft des rheinischen Kapitalismus: Unternehmen zwischen Kapitalmarkt und Mitbestimmung*, Leske+Budrich［風間信隆監訳・風間信隆・松田健・清水一之訳（2008）『ライン型資本主義の将来――資本市場・共同決定・企業統治』文眞堂］.
伊藤白（2012）「ドイツの対外経済政策――中小企業の国際展開を中心に」『総合調査「技術と文化による日本の再生」』国立国会図書館、201-214頁.

井上孝（1992）「社会的市場経済」大西健夫編『ドイツの経済——社会的市場経済の構造』早稲田大学出版部、11-29 頁。
岩橋誠一（1986）「『Mittelstand 中間身分』について（1）—— 19 世紀前半のドイツ手工業者層の把握のために」『神戸学院経済学論集』第 18 巻第 2 号、147-170 頁。
岩橋誠一（1986）「『Mittelstand 中間身分』について（2）—— 19 世紀前半のドイツ手工業者層の把握のために」『神戸学院経済学論集』第 18 巻第 3 号、77-95 頁。
遠藤輝明編（1982）『国家と経済 フランス・ディリジスムの研究』東京大学出版会。
大塚忠（2010）『ドイツの社会経済的産業基盤』関西大学出版部。
小田中直樹（2005）『フランス 7 つの謎』文春新書。
鹿住大助（2006）「フランスにおけるコルポラティスムの歴史」『公共研究』第 3 巻第 3 号、248-262 頁。
鹿住大助（2007）「18 世紀前半のフランスにおけるギルドと王権の経済政策——リヨン絹織物業ギルドの規約改定をめぐる国家の積極的介入について」『公共研究』第 4 巻第 3 号、115-143 頁。
岸田尚友（1978）『経営参加の社会構造——西ドイツの労使関係』広文社。
川田知子（2009）「ドイツ労働者派遣法における均等待遇原則の憲法適合性」『亜細亜法學』第 44 巻第 1 号、191-212 頁。
黒川洋行（2012）『ドイツ社会的市場経済の理論と政策——オルド自由主義の系譜』関東学院大学出版会。
経済産業省編（2013）『通商白書（2013 年版）』。
齋藤純子（2008）「ドイツの格差問題と最低賃金制度の再構築」『外国の立法』第 236 号、75-101 頁。
田渕進・Bebenroth, R.（2007a）「メザニン資本とドイツ中小企業金融」『大阪経大論集』第 57 巻第 5 号、125-140 頁。
田渕進・Bebenroth, R.（2007b）「バーゼルⅡとドイツ中小企業金融」『大阪経大論集』第 58 巻第 1 号、83-97 頁。
中村秀一郎（1964）『中堅企業論』東洋経済新報社。
中村秀一郎（1990）『新中堅企業論』東洋経済新報社。
橋本陽子（2005）「第 2 次シュレーダー政権の労働法・社会保険法改革の動向：ハルツ立法、改正解雇制限法、および集団的労働法の最近の展開」『学習院大学法学会雑誌』第 40 巻第 2 号、173-318 頁。
羽森直子（2012）「ドイツの銀行構造について」『流通科学大学論集——経済・情報・政策編』第 20 巻第 2 号、131-146 頁。
原輝史（1986）『フランス資本主義——成立と展開』日本経済評論社。
原輝史（1993）『フランスの経済——転機に立つ混合経済体制』早稲田大学出版部。
平澤克彦（2002）「ドイツにおける中小企業政策」『経済科学研究所紀要』（日本大学経済学部）第 32 号、281-291 頁。
平澤克彦（2006）『企業共同決定制の成立史』千倉書房。
藤本光太（1993）「混合経済体制の確立と展開」原輝史編『フランスの経済——転機に立つ混合経済体制』早稲田大学出版部、29-51 頁。
三井逸友（2011）『中小企業政策と「中小企業憲章」——日欧比較の 21 世紀』花伝社。
三菱総合研究所（2011）『平成 22 年度海外の中小企業・中小企業政策調査に関する委託事業報告書〈施策編〉』
　　　https://dl.ndl.go.jp/pid/11241263（閲覧 2025 年 1 月 10 日）

三田村智（2012）「ドイツ保証銀行の中小企業金融における役割と問題点」『千葉商大論叢』第 49 巻第 2 号、193-216 頁。

村上義昭（2004）「フランスの創業支援――雇用政策の要としての創業支援策」『国民生活金融公庫調査月報』第 517 号、4-15 頁。

村田和彦（1987）『労使共同決定の経営学（増補版）』千倉書房。

山口隆之（2009）『中小企業の理論と政策――フランスにみる潮流と課題』森山書店。

山口隆之（2013a）「中堅企業の現状と政策期待――フランス中堅企業論の展開」『商学論究』第 60 巻第 1・2 号、127-144 頁。

山口隆之（2013b）「中堅企業の役割と経済発展――近年フランスにおける政策論を中心として」『同志社商学』第 64 巻第 6 号、177-194 頁。

吉森賢（2011）「ドイツ同族大企業の公益財団と統治機構――ボッシュ公益財団とクルップ公益財団」『政経研究』（日本大学）第 48 巻第 2 号、85-123 頁。

労働政策研究・研修機構（2006）「ドイツにおける労働市場改革――その評価と展望」『労働政策研究報告書』No. 69、5-48 頁。

第6章

中堅企業の類型と支援

I. はじめに

　第4章および第5章では、2008年の経済近代化法による中堅企業カテゴリーの創設と相前後して活発化した中堅企業論について考察し、特にそこでモデルとされるドイツのミッテルシュタントとそのエコシステムについて考察した。本章では、その後の具体的な政策展開に至るまでの経緯を取り扱う。
　すでに明らかなように、フランスにおける中堅企業論には大きく2つの流れがあった。1つは、主にマクロ指標に依拠して、中堅企業が国民経済に及ぼす影響や重要性を確認したうえで、フランスの国際競争力強化という観点から、あるべき支援体制について論じるものである。そして、今一つが、よりミクロな視点、たとえば地域との密着性や同族性といった中堅企業の経営特性に着目し、それらをもって大企業や中小企業に比した当該企業のパフォーマンスの高さを主張するものである。
　これら2つの方向性は互いに影響を与えつつ、中堅企業論の拡大と深耕につながったが、そもそも議論で前提とされる中堅企業は、いわば、理想としてのそれであったことは否めない。このため、政策当局として具体的な支援策の検討と準備を行うにあたっては、まず中堅企業の実態を正確に把握する必要があった。

そこで本稿では、経済近代化法による規定後に初めて本格的に行われた公的調査の資料に基づいて、当時のフランス中堅企業の実態を考察する。まず、当時政策当局として中心的役割を果たした「Bpiフランス（Bpifrance）」が、中堅企業をいかに評価していたのか、また、中堅企業支援のうえでいかなる課題を想定していたのかを確認し、調査結果をもとに示された中堅企業の5類型の内容、より具体的には、当時明らかにされた中堅企業の経営的志向性を確認する。以上の考察の後、2010年より国家戦略として打ち出された中堅企業政策の内容を示し、最後に本書の第二部全体を通じて明らかとなったフランス中堅企業論の問題性と意義を示したい。

Ⅱ．政策当局の問題意識：中堅企業の潜在能力と課題

「Bpiフランス」は、当時中堅企業支援に際して中心的な地位にあった公的機関である。設立は2013年であり、中小企業を総合的に支援する"OSEO"、「預金供託公庫（CDC：Caisse des dépôtset consignations）」の傘下で投資を主要業務としてきた「CDCエンタープライズ（CDC Entreprises）」、「戦略投資ファンド（FSI：Fonds stratégiqued'investissement）」の統合により設立された。

まず「Bpiフランス」は、支援対象としての中堅企業の特性について次のように説明している[1]。第一に、中堅企業はその人間的なサイズゆえに、現代企業に求められる機動性と柔軟性を有している。また、今日の企業の競争力は、生産技術、製品、市場、ノウハウ、顧客サービスといった要素をいかに組み合わせるかという調整能力に依存するが、この点においても、中堅企業は有利な規模にあるといえる。

第二に、中堅企業は、地域に密着した経営を行っていることが評価される。それは、経済的動機づけに従って比較的容易に立地の変更が可能な大企業とは異なり、地域の中小企業との連携関係を構築し、地域の顧客との関係も深い。また、ドイツのミッテルシュタントの例を引き合いに出すまでもなく、それは、世襲性や同族支配という特徴を持つことから、強いリーダーシップを発揮する地域の企業家の輩出にも貢献している。

第三に、製造業の比重が高い中堅企業は、雇用の維持と拡大に貢献することが期待される。実際に中堅企業は、フルタイム換算で300万人以上を雇用して

おり、これはフランスの雇用全体の24％に相当する。また、中堅企業の雇用創出力は、一貫してフランス企業全体の平均値を上回っており、むしろ大企業が削減した雇用を補填している。たとえば、「同族中企業——中堅企業協会（ASMEP-ETI：Association des moyennes entreprises patrimoniales-entreprises de taille intermédiaire）」の調査[2]によると、中堅企業は、国内新規雇用の30％を生み出し、2009年から2013年の間に約8万人の雇用増をみせたのに対して、大企業は同期間に約6万人を削減した。また、「管理職雇用協会（APEC：Association pour l'emploi des cadres）」の調べによれば[3]、高度人材の雇用という面でも決定的に重要な役割を果たしている。中堅企業は民間部門管理職の約30％を吸収しており、2012年の新規管理職の45％に相当する雇用を生み出した。

　第四に、中堅企業はいわゆるガロワ・レポート（Gallois report）[4]において指摘された事柄を克服する主体として期待される。つまり、目下フランスが抱えている製造業の国際競争力の低下、そこからくる貿易収支の悪化や雇用環境の悪化といった諸問題は、品質や顧客満足に鋭敏で、イノベーション志向性が強く、投資に積極的な中堅企業によって解決できる可能性がある。

　しかしながら「Bpiフランス」は、こうした期待の大きさに反して、中堅企業への公的支援はこれまで不十分であったとする。すなわち、中堅企業は事業拡大を目指すなかで実効性のある支援を必要としているにもかかわらず、現行制度の下では、中堅企業の負担がむしろ大企業や中小企業に比べて過大になっているという。また、特にフランス資本の中堅企業の先行きは明るいものではない。たとえば「国立統計経済研究所（INSEE）」では、フランス資本の中堅企業と外資の支配下にある中堅企業（全体の26％）を比較し、前者は後者に比べてより規模が小さく（前者の平均従業員764人に対して659人）、製造業の比重も低く（雇用ベースで前者平均51％に対して28％）、さらに輸出割合も低い（売上高ベースで前者平均28.8％に対して後者13.7％）ことを明らかにしている。しかも、フランス資本の製造中堅企業の多くは、今後成長が期待される分野というよりはむしろ伝統産業（農産物加工業、金属、繊維皮革等）に広く分布している[5]。

　加えて、経営者の年齢構成から向こう10年間で事業承継を迎える中堅企業が急増すること懸念される。「Bpiフランス」が行った調査では、60歳以上の経営者が全体に占める割合は34％、65歳以上では18％であった。以上を踏まえて「Bpiフランス」は、図表6-1のSWOT分析を示している。

図表6-1　フランス中堅企業のSWOT分析

強み(S)			弱み(W)
	製造業比率の高さ	ドイツに比した中堅企業の少なさと製造業の弱さ	
	大企業や中小企業に比した投資意欲の高さ	規模構造(従業員500人以下が多い)	
	高い適応能力を持つ国際的企業の存在	中小企業に近い規模層の厚さ	
	研究開発志向	海外資本に支配される企業の多さ	
	総じて健全な財務体質	中堅企業の倒産率	
	雇用に積極的	隠れたチャンピオン企業の少なさ	
	管理者雇用割合の高さ		
機会(O)	製造業における中堅企業の変革新市場の開拓	投資や成長を制約する利益水準	脅威(T)
	産業の統合	競争地位の低下	
	新技術の獲得	下請中堅企業の取引先依存体質	
	持続的イノベーションと破壊的イノベーションの促進	2012年以降の財務状況	
	自己資本による他社買収	事業承継に対する関心の低さ	
	大企業出身者の雇用	国内市場の不安定性	
	事業承継時における組織の刷新(第二創業)		

出所：Bpifrance (2014a), pp. 26-27を一部加筆・修正。

Ⅲ. 中堅企業の類型とその特徴

　上述の問題意識に基づいて、「Bpiフランス」は個別中堅企業を対象としたアンケート調査を行った。アンケートは2013年12月に4000社以上の中堅企業に送られ、800の回答があり、そのうち635回答が有効であった。

　当該調査の目的と方針は次のごとくである。第一に、企業の成長過程は多様であるという認識のもとに典型的な中堅企業類型を抽出すること。第二に、上記類型の抽出にあたって定量的な指標のみならず、定性的な指標も重視すること。そして第三に、中堅企業における経営者個人の影響力に鑑みて、経営者の理念やビジョンも分析することである。実際の質問は65項目に及び、**図表6-2**に

示す12の評価軸に沿って、5つの中堅企業類型が抽出された[6]。次に、各類型の特徴を確認する。

図表6-2　中堅企業の評価軸

- ニッチ市場においてリーダー的立場にある
- 消費財市場におけるリーダー的立場にある
- 売り上げの増加率（2011年から2013年）
- 黒字経営（2011年から2013年）
- フランス国内で新規事業所設立（直近3年間）
- 年5％以上の売上増（直近3年間）
- 新規事業の開始
- 教育訓練支出の増加（2011年から2013年）
- 売り上げに占める研究開発費5％以上
- 研究開発に携わる要員の増加（2011年から2013年）
- EU圏内での新規事業所設立
- 輸出状況

出所：Bpifrance（2014a），p. 39をもとに筆者作成。

1.「国内市場型 (hexagonales optimistes)[7]」

　有効回答のうち20％を占めていたのは、国内市場を対象とする活動に集中している中堅企業であった。その72％は世襲経営、65％が同族経営であり、約6割は10年前にはまだ中小企業の規模にあった。活動の中心は国内市場であるため、国際競争環境の変化による経営への影響は限定的である。

　「国内市場型」のおよそ4分の3は、2011年以降に売り上げを伸ばしており、過去5年のうちに新規の国内事業所を立ち上げたとしていたが、この間に黒字であった企業は46％の水準にとどまる。当該類型全体の売上高は193億ユーロ（有効回答企業全体の売り上げの19％）であり、1社あたりの平均売上高は1億5400万

ユーロであった。

　「Bpiフランス」によれば、「国内市場型」の第一の特徴は、国際化に消極的なことであり、その意味で典型的なフランス企業である。生産の95％は国内市場に向けたものであり、輸出力は弱い。また、過去5年のうちにフランスを除くEU圏内に事業所を設立した企業は11％であり、その他の国外に事業所を設立したとする企業の割合も9％と低位にとどまる。

　産業ごとの分布をみてみると、売り上げベースで商業部門が全体の約半分を占めており、製造業のプレゼンスが低いことが第二の特徴として浮かび上がる。製造業の売り上げシェアは、当該類型全体の14％程度であり、しかもこのなかで最も多いのは、農産物加工業である。また、商業部門の比重の高さを反映して、半数以上がB to C企業で占められ、日用品部門において市場のリーダーである企業は、当該カテゴリーの35％、いわゆるニッチ市場のそれは、44％である。

　「国内市場型」の第三の特徴は、地道な改善活動、具体的には、品質管理システムの導入や輸送手段の最適化、顧客サービスの改善といった活動に注力していることである。このように既存分野での継続的な努力を成長手段として重んじる企業が、およそ7割を占め、製品開発に代表されるイノベーション活動を重んじる企業は、むしろ少数である。特許を所有する企業も少なく、研究開発投資は、平均して売上高の3％程度にとどまる。また、およそ3分の2の企業は、設備能力の向上や改善のために行った直近の投資から5年以上経過している、と回答していることから、投資意欲が高いとはいえない。ただし、総じて人的資源への投資には積極的である。81％が教育訓練への支出を増やしていると回答しており、特殊な訓練プログラムなどを用意し、社内ノウハウの安定的継承に配慮していると回答した企業も、全体の9割を占めた[8]。

2.「事業立て直し回復型 (resistantes en sursaut)」

　有効回答の24％を占めたのは、経営上何らかの困難を抱え、利益回復のために事業を立て直そうとしてる中堅企業である。過去10年間に中小企業の規模にあった企業は、3分の1以下であることから、当該類型に含まれるのは、いわば成熟した中堅企業である。

上述の国内市場型とは対照的に、世襲制や同族経営の企業はごく少数であるとともに、外資系企業が多くを占め、他類型と比べると相対的に経営者の年齢が若い。回答企業全体の売り上げに占める割合は、21％に相当する210億ユーロ、また1社あたりの平均売上高は、1億3700万ユーロであった。

ここでの第一の特徴は、製造業比率の高さである。72％は製造業に従事し、しかも、これらの多くが下請の地位にある。下請企業比率は43％と、他類型と比べ最も高い水準にあり、89％がB to Bの領域で活動している。58％はニッチ市場においてリーダーの地位にあるものの、特定のサプライチェーンのなかで活動する企業が多いことから、B to C比率は低い。

企業成長に対する態度では、外形的成長よりもむしろ、企業内部の課題克服を重んじていることが特徴として挙げられる。具体的には、事業の再編や新しい生産管理方式の導入による生産コスト削減、増産と信頼性の向上を目的とした設備投資やISO規格をはじめとする管理能力の向上に力を入れている。ただし、継続的に売り上げを伸ばしている企業は3割程度にとどまり、約半数の企業は資金繰りに苦慮し、借入能力の限界を感じている[9]。

3.「グローバル・リーダー型 (leaders moudialisés)」

「グローバル・リーダー型」は、高度に国際化を進め、高い成長を遂げている中堅企業である。多くはB to Bのグローバル・ニッチ市場でリーダー的地位にあり、いわゆるドイツのミッテルシュタントとしてフランスで高く評価されている企業のイメージと重なるものである[10]。

「グローバル・リーダー型」は回答企業の18％を占める。売上規模の大きさが際立っており、合計売上高は280億ユーロ、1社あたり平均のそれは2億4400万ユーロと、他類型のそれを大きく引き離す。先の国内市場型とは対照的に、およそ7割は製造業に属し、商業部門の比率は14％程度と低い。

「グローバル・リーダー型」の第一の特徴は、好業績である。2011年から2013年において黒字を維持した企業は、およそ6割であり、売り上げを伸ばした企業も64％であった。しかも9割近くの企業が、向こう3年間で少なくとも5％以上の売上増を予測している。

第二の特徴は、海外進出に積極的なことである。過去5年内にEU圏外に事業

所を設立した企業は73％であり、EU圏内に事業所を設立した企業も約半数にのぼる。主な輸出先は、西ヨーロッパ、北米、アジアであり、今後重視する地域として、アジア（62％）、東ヨーロッパ（51％）、西ヨーロッパ（42％）、北米およびラテンアメリカ（39％）、そしてアフリカ（23％）などを挙げ、今後さらに国際的事業を拡大する、と回答した企業も約9割を占めた。

「グローバル・リーダー型」の第三の特徴は、研究開発に積極的なことである。イノベーション能力の向上が競争力の基盤であると認識している企業は44％であり、26％の企業が売り上げの5％以上を研究開発に投じている。知財の管理や取得にも積極的であり、75％の企業が特許をはじめとする関連制度を利用していると回答した。

第四に、他企業との連携に力を入れていることも「グローバル・リーダー型」の特徴である。他社との提携やジョイント・ベンチャーを行っている、と回答した企業は52％、他のフランス企業との連携を進めていると回答した企業は60％、EU圏外の企業との連携を進めている、と回答した企業も50％であった。さらに本書の第三部で扱う「競争力クラスター（pôles de compétitivité）」に参加する企業も47％存在し、この割合は他類型と比べ最も高い。

第五の特徴は、生産工程の改善や改良に積極的なことである。3分の2以上が生産工程において他社との差別化をはかっている、と回答しており、生産工程の改善に積極的に取り組んでいると回答した企業は、ほぼ100％であった。

最後に、当該類型の企業は、人材開発にも積極的といえる。人材開発の重要性を認識しているとする企業は97％にのぼり、76％は人材配置の適正化をはかるために、雇用・職務能力予測管理（GPEC：gestion prévisionnelledes emplois et des compétences）[11]を採用していると回答した。また、従業員の能力維持に向けた何らかの措置を講じている、と回答した企業も63％であった[12]。

4.「イノベーション型 (serial innovantes)」

「イノベーション型」とは、製品やサービスの革新活動に注力している中堅企業であり、有効回答に占める割合は13％と少数派であるが、世襲経営および同族経営の企業割合は他類型に比べ最も高い（87％）。売上高は、回答企業全体の10％にあたる100億ユーロ、1社あたりの売上高は、他類型との比較で最も低位

となる平均1億2100万ユーロである。58％の企業が製造業（機械設備12％、農産物加工業9％、ゴム・プラスチック加工業8％、金属加工業7％）であり、その産業構成は、「グローバル・リーダー型」と類似している。

　市場との関係でいえば、「グローバル・リーダー型」と同じく、ニッチ市場のリーダー企業が多いこと（89％）が「イノベーション型」の特徴である。これらのうち73％は、B to Bの領域で活動している。また、向こう3年間のうちに年次5％以上の売上増を見込んでいるとする企業の割合は、93％と非常に高い。

　既述のように「イノベーション型」の第一の特徴は、製品やサービスの研究開発に積極的なことである。過去5年間の成長要因を製品やサービスの刷新に求めた企業は91％である。今後の業績向上に向けた取り組みとして、研究開発を重視していると回答した企業が78％、売り上げの5％以上を研究開発に投じているとする企業も61％と高水準であった。加えて、特許申請を視野に入れた研究開発を行っているとする企業は63％、新製品投入に向けた活動を行っている、とした企業は85％であった。この反面、生産工程の改善や物流網の改善といった地道な取り組みについては、他類型の企業に比べて積極的とはいえない。

　第二に、多くの企業が研究開発拠点をフランス国内に求めていることも特徴である。国外に研究開発拠点を有している企業は38％であったが、これら企業の81％は、フランス国内を研究開発の拠点と位置づけている。ただし、「イノベーション型」の研究開発活動は、本質的に「受注対応型のイノベーション（innovation commandée）」であることが懸念される。これは当該類型の企業の多くが、軍事部門や輸送部門に関わる発注大企業に大きく依存していることに起因する。したがって、「イノベーション型」の研究開発活動環境は、不断の競争にさらされている他類型のそれと一線を画すものであることに留意する必要がある[13]。

5.「保守的な意思決定型（routiuières l'heureduchoix）」

　「保守的な意思決定型」とは、一言で表現すれば、現状維持志向の中堅企業である。ある程度の成長を実現しているものの、革新的な取り組みはほとんど行っていない。有効回答全体に占める割合は24％であり、売上高でいえば210億ユーロで全体の21％、1社あたりの売上高平均は1億3600万ユーロである。

産業分布でいえば、すでにみた「国内市場型」と酷似しており、およそ半数は商業部門に属する。製造業比率は18％と低く、しかもこれらのなかでは、農産物加工業に従事する企業が3分の1を占める。特定市場でリーダーである企業はほとんどなく、成長性という軸によってその特徴を把握することは難しい。

「保守的な意思決定型」は、売り上げや利益の確保において相応の結果を出している。しかしながら、他類型と決定的に異なるのは、国際化の推進や研究開発、あるいは、生産工程の改善といった活動のいずれの項目に対しても消極的なことである。事業の国際化を進める必要があると回答した企業は35％にとどまり、積極的な研究開発投資の必要性を感じている、とする企業も全体の5分の1程度であった。また、経営能力の向上のため、優秀な若年層へのアピール力を強化する必要がある、と考えている企業の割合は全類型のなかで最も低い。向こう3年間において5％以上の売上増を見込んでいる企業は、54％であり、これも全類型中最下位である。

「保守的な意思決定型」は、それが提供する製品やサービスのほとんどが、フランス国内市場向けであるために、製品やサービスの開発よりも、むしろサプライヤーのコスト競争力を重視している。戦略上、製品やサービスの魅力向上を優先する、と回答した企業は48％、昨年新製品を開発したとする企業は62％であり、これらの比率は全類型中最下位である。研究開発に対しても積極的とはいえず、9割が売り上げの3％以下しか研究開発に投じていない[14]。

VI. 支援上の課題

1. 企業成長に向けた課題

「Bpiフランス」は、上述の内容を踏まえて過去3年間の売上伸長、黒字経営、年次5％以上の売上増という基準により、成長性の高い企業を抽出し、これをフランス経済にとって期待すべき「チャンピオン企業（champion）」と位置づけている（図表6-3参照）。そして、特に企業成長という視点から各類型が抱える課題を次のように整理している。

「国内市場型」の懸念材料としては、成長スピードの遅さ、対象とする市場の硬直性、価格競争の激化による利益の圧迫といった事柄が指摘される。成長手

figure表6-3 各類型における「チャンピオン企業」の割合

類型	チャンピオン企業数	類型内に占める割合
国内市場型	17	13%
事業立て直し回復型	13	8%
グローバル・リーダー型	29	25%
イノベーション型	26	31%
保守的な意思決定型	8	5%

出所：Bpifrance（2014a），p. 69 を一部加筆・修正。

段として第一に考えられるのは、国内外における競合他社の買収やEU周辺国を中心とする国際化の推進であり、この方向での支援が必要である。

商業・サービス部門においては、顧客サービスの向上をはかり利益を圧迫しない範囲で積極的に販売戦略を強化すること、そして製造業においては、継続的な改善活動や品質向上に向けた取り組みが重要であるという。いずれにせよ、これら「国内市場型企業」においては、新たな生き残りの場を見出す戦略、すなわち、ニッチ市場の開拓が経営の安定につながる。

「事業立て直し回復型」の企業は、研究開発に力を入れていることが評価される。競合他社よりも多くの研究開発費を投じていると認識している企業は82％であり、売上高の3％から5％程度を研究開発に投じている企業も30％であった。また、65％が2011年から2013年にかけて研究開発要員を増やし、56％は国外にも研究開発拠点を有し、この割合は他の類型と比べ最も高い。

課題は、下請の地位にとどまることによる企業としての独立性の喪失である。実際、このカテゴリーに属する企業の多くは、ノウハウの流出によるリスクを強く認識しており、発注大企業と交渉力において課題を抱えていることがうかがえる。また、フランス資本の企業に限れば、輸出力が高いとは必ずしもいえず、国際化にも消極的である。

「イノベーション型」は、国際的事業展開のまさに入口にあり、この側面において支援を必要としている。8割が国際的な事業展開を進めるうえで規模的拡大が必要と認識しており、このうち75％が、今後の成長可能性をEU圏外に求

図表6-4　各類型の成長機会と課題

類型	特徴	成長機会	課題
国内市場型	国内市場での高い成長性	・外部的成長 ・ヨーロッパへの国際化 ・オペレーション ・プロセスの改善	・成長鈍化 ・競争領域の不変性 ・価格競争および利益率低下
事業立て直し回復型	課題を抱え、ビジネス変革を模索中	・イノベーション活動 ・革新的な計画 ・国際化	・下請企業としての地位 ・独立性の喪失
グローバル・リーダー型	高い成長と高度な国際化	・国際化 ・イノベーション活動 ・他社との連携	・経営資源や組織状況に照らして速すぎる成長
イノベーション型	製品やサービスのイノベーション活動への特化、比較的小規模	・国際化の推進 ・イノベーション活動の実現 ・生産プロセスの安定化	・製品市場の動向に合わせたイノベーション活動変更の困難性 ・国際化能力の不足 ・研究開発における管理主体の不在
保守的な意思決定型	現状維持志向	・企業業績上の課題の抽出 ・競争上の地位改善	・競争的地位の漸次的低下

出所：Bpifrance（2014a），pp. 38-65をもとに筆者作成。

めている。今後重視する地域はアジア（43%）、そして北米（42%）、ラテンアメリカ（30%）と続くが、実際には国際化に伴うリスクの高さに不安を感じている企業が多い。特に資金調達上の困難を感じている企業は多く、79%であった。

「保守的な意思決定型」は、他類型と比較して業績評価項目全体のレベルが低いことが問題である。フランス国外に向けた事業拡大を望んでいる企業は一部にとどまり、国際志向は極めて弱く、まずは、企業業績向上に向けた課題抽出が必要である[15]。

これら各類型の成長機会と課題は、図表6-4のようにまとめられる。これまで考察してきた中堅企業論の内容に照らして、実際の中堅企業の態様はより多様であり、かつ動的であることがわかる。

2. その後の政策展開

　中堅企業が法的に認められ、その実態が把握されたものの、国が本格的な支援を開始するのは2020年以降である。この時期フランスでは、本書の第一部で考察した個人事業主制度改革やフレンチテックの効果が顕在化してきたこともあって、欧州で最も起業が盛んな国とまで評せられるようになっていた。そこで、こうした起業のパイ拡充後の課題として、個人事業主から中小企業へ、中小企業から中堅企業へ、さらには中堅企業から大企業へという企業成長の一連の流れを形成し、経済成長や拡大につなげていくことの重要性が一層高まったといえる。

　2020年1月21日、マクロン大統領は中堅企業500社を集めたスピーチにおいて、「中堅企業国家戦略（Stratégie Nation ETI）」を発表した。そのスローガンは「フランスで働き、フランスで生産し、フランスにコミットする（travailler en France, produire en France, s'engager en France）」というものであり[16]、具体的には図表6-5に示す6つの目標とこれらに関係する15の施策が示された[17]。

　この「中堅企業国家戦略」は、中堅企業という政策ブランドの立ち上げとその認知度の向上、地域レベルにおける中堅企業の連携、国の主要統計資料における中堅企業データの反映、「企業総局」による中堅企業調査といった具体的成果に結びついた[18]。そして2022年1月には、上記「中堅企業国家戦略」を補完する支援策の第二段階として「エタンセル（ETIncelles）」が発表された。この目標は、5年間のうちに有望な中小企業500社を集中的に支援し、中堅企業に成長させるというものである。初年度の2023年には100社が選定されたが、その際の基準としては以下が用いられた。

— 過去2年間の成長実績（中堅企業になる可能性）
— 従業員数60人から220人程度
— 輸出実績もしくはその意欲の高さ
— 研究開発投資の実績

　こうして選考された中小企業は、主要な公的支援機関や行政組織[19]に配置された「エタンセル」担当者によって診断を受け、個別ニーズに応じた公的支援を受けることになった。なお、上記100社の平均従業員数は113人、平均売上高は2730万ユーロである[20]。「エタンセル」の目標は中堅企業の創出であるが、その内容は、結果として中小企業支援そのものになっていることが注目される。

図表6-5　「中堅企業国家戦略」の骨子

1. 中堅企業の知名度向上をはかる
① 2020年1月に中堅企業政策可視化のためのブランドを立ち上げ中堅企業を組織化
② 雇用対策や社会保障部門、および地方における中堅企業の地位の把握
③ 2020年に中堅企業の比重について詳細な分析
④ 2020年第1四半期に中堅企業の地理的分布とプロフィールを明確化
2. 政府内部で「中堅企業文化」を育む
⑤ 支援策の周知
⑥ 税制、社会保障面での支援確立
⑦ 省庁に中堅企業責任者のポスト設置
3. 成長を目指す経営者を支援する
⑧ アクセラレーター・プログラムの推進
⑨ 国際レベルでの中堅企業支援
⑩ 中堅企業の内部成長促進（イノベーション、デジタル化支援、新興企業とのマッチング促進）
4. 中堅企業の魅力向上と技能へのアクセスを改善する
⑪ GPECで定められた優先事項に沿った研究と資金調達の奨励
⑫ 中堅企業による無償株式割当制度の利用を促進するための措置
⑬ 雇用・職業訓練総代表部（Délégation générale à l'Emploi et à la Formation professionnelle）に中堅企業専門チームを立ち上げ中堅企業による技能訓練センターの設立を支援
5. 中堅企業の投資力を高める
⑭ 欧州の動向に沿ってエコロジーとエネルギー転換に取り組む中堅企業を支援
6. 中堅企業の事業承継を促進する
⑮ 事業譲渡促進諸施策について経営者に周知

出所："Lancement de la «stratégie Nation ETI»".
（https://www.elysee.fr/admin/upload/default/0001/07/90486f02c0f6941de010913bf00d1c6f438f34d6.pdf）をもとに筆者作成。

V. おわりに

　以上、本章では、公的機関として中堅企業の実態把握を行った「Bpiフランス」の調査内容を中心に考察し、後半においては、より最近の中堅企業支援に向けた取り組みを概観した。最後に本章および第二部の考察全体を通じて明らかとなった事柄を整理する。

　まず、フランス中堅企業論の問題点として指摘すべきは、量的規定と質的規定の同一視である。すなわち、すでにみたように経済近代化法、およびこれに対応するデクレによって中堅企業の範囲が規定されたが、当該量的規定を、ドイツ特有の歴史や文化と密接不可分なミッテルシュタントと結びつけ、一定の理想像のうちにその経営的特質や国民経済への貢献を論じることには無理がある。実際、本章で考察した調査によって明らかになったのは、中堅企業それ自体の多様性であったことは皮肉である。

　次に、上述の事柄に関連して、企業規模の決定論的な取り扱いも問題であろう。たしかにグローバル市場における競争力と企業規模には、ある種の相関があることを認めざるを得ないとしても、中間規模層の増加と輸出増や国際競争力といった事柄が直結するという論はやや乱暴に思われる。以上2つの問題性は、いずれもフランス中堅企業論が期待先行であったがゆえに露呈したものと思われる。

　しかしながら、われわれがフランスの中堅企業論から得られる知見は少なくない。まず、フランス中堅企業論で注目したいのは、中堅企業の評価軸である。これまでの考察で中堅企業の美点として再三確認されていた事柄の1つに、これら企業と地域の密着性があった。持続可能な社会を目指す欧州のみならず、地域の活性化や再生が課題とされる流れのなかでは、企業発展と地域発展を重ねるという発想が今後一層重要性を増すだろう。まして、人口減少、東京一極集中の問題や過疎化の問題を抱えるわが国においてはなおさらである。

　第二に、フランスのような中堅企業というカテゴリーの法制化は、企業の成長過程を1つのストーリーとして見据えた支援の可能性を開くものである。大企業と中小企業の二分法に囚われた視点からは、企業成長を時間軸や成長段階に合わせて支援するという発想は生まれにくい。この点、国の歴史や諸制度は相当異なるものの、最近わが国の経済産業省が2024年を「中堅企業元年」と位置づけたことは注目される。

最後に、本章で明らかとなったように中堅企業カテゴリーのなかにもさらに多様性が存在することに鑑みれば、中堅企業を大企業になる前段階の企業と捉える見方に加えて、それ自体を成熟した企業モデルとして捉える視点があってもよい。様々な環境変化とともに企業規模の優位性が相対的なものとなり、上述のように地域に果たす企業の貢献が問われるなかにあっては、中堅企業が中小企業と大企業の美点を兼ね備えた理想的企業モデルになる可能がある。

注

1) 以下、Bpifrance の政策視点や問題意識については、Bpifrance(2014a), pp. 10-27、Bpifrance (2014b), pp. 5-21 を参照。
2) ASMEP-ETI, Trendeo(2014).
3) APEC(2013).
4) ガロワ報告の内容については、Gallois, L. (2012) を参照。
5) Hecquet, V. (2014) による。
6) Bpifrance (2014a), pp. 32-33, 76-81.
7) 本来直訳すれば「6角形楽観主義型」であるが、これは「Bpi フランス」が中堅企業の特徴を6側面においてレーダーチャート形式で比較分析しているためである。本稿ではその特徴から"hexagonales optimistes"を「国内市場型」とする。
8) Bpifrance (2014a), pp. 38-43.
9) Bpifrance (2014a), pp. 44-49.
10) フランスにおけるドイツミッテルシュタントの評価については、本書第5章を参照されたい。
11) 雇用・職務能力予測管理(GPEC)とは、硬直的な雇用制度環境と高齢化を背景として国が導入を推奨する雇用人材配置予測管理である。導入にあたっては、専門家の助言や助成金を受けることができる。
12) Bpifrance(2014a), pp. 50-55.
13) Bpifrance(2014a), pp. 56-61.
14) Bpifrance(2014a), pp. 62-65.
15) Bpifrance(2014a), pp. 37-73.
16) *Discours du Président Emmanuel Macron devant 500 entreprises de taille intermédiaire* (ETI). https://www.elysee.fr/front/pdf/elysee-module-15046-fr.pdf（閲覧2024年9月23日）
17) Présidence de la République(2020)
18) Gouvernement(2022), p. 8.
19) たとえば、「貿易投資庁」、「管理職雇用促進協会（APEC：Association pour l'emploi des cadres)」「公共調達グループ連合会（UGAP：Union des groupements d'achats publics)」「国家購買局（DAE：Direction des achats de l'État)」がある。
20) Gouvernement(2023), pp. 4-11.

参考文献

APEC(2013), *Panorama de l'emploi cadre dans les ETI*, n° 85.
　　https://www.kuribay.fr/wp-content/uploads/2014/03/Panorama-de-lemploi-cadre-dans-les-ETI.pdf（閲覧 2024 年 9 月 20 日）

ASMEP-ETI, Trendeo(2013), *L'emploi et l'investissement des ETI dans la crise 2009-2013*.
　　http://www.asmep-eti.fr/wordpress/wp-content/uploads/2013/05/2013-2509-note_forum2013_publiable.pdf（閲覧 2016 年 9 月 20 日）

Bourgeois, I. (2008), "Succession: comment assurer la transmission de l'entreprise?," *Regards sur l'économie allemande*, n° 85, pp. 27-30.

Bourgeois, I. et Lasserre, R. (2010), "Les PME allemandes: une compétitivitéàdimension sociale et humaine," dans OSEO, *PME 2010: Rapport sur l'evolution des PME*, La Documentation française, pp. 181-197.

Bpifrance(2014a), *ETI 2020: Trajectoires de croissance*, Bpifrance.
　　https://m-eti.fr/wp-content/uploads/2019/06/Bpifrance_ETUDE-ETI-2020-Trajectoires-de-croissance-Juin-2014.pdf（閲覧 2024 年 9 月 12 日）

Bpifrance(2014b), *Ambition ETI 2020*, Bpifrance.
　　https://www.bpifrance.fr/nos-actualites/ambition-eti-2020-laction-de-bpifrance-en-faveur-des-eti（閲覧 2024 年 9 月 12 日）

DATAR(2002), *Les systèmes productifs locaux*, La Documentation française.

DATAR(2004), *La France, puissance industrielle: Une nouvelle politique industrielle par les territoires: réseaux d'entreprises, vallées technologiques, pôles de compétitivité*, La Documentation française.

European Commission(2021), "Updating the 2020 New Industrial Strategy: Building a stronger Single Market for Europe's recovery", COM (2021) 350 final.

European Commission(2022), *Transition Pathway for Proximity and Social Economy*.
　　https://coopseurope.coop/wp-content/uploads/2022/11/Transition-Pathway-Proximity-and-Social-Economy.pdf（閲覧 2024 年 9 月 20 日）

Gallois, L. (2012), *Pacte pour la compétitivité de l'industrie Française*, La Documentation française.

Gattaz, Y. (2010), *Les ETI: Champions cachésde notre économie: 30 histoires d'entreprises de taille intevrmédiaive*, François Bourin.

Gouvernement(2022), *Stratégie Nation ETI: mercredi 5 janvier 2022*.
　　https://www.economie.gouv.fr/files/2021-12/2022-0105-DP-strategie-nation-ETI.PDF
　　（閲覧 2024 年 9 月 23 日）

Gouvernement(2023), *ETIncelles: Lancement du dispositif* (Dossier de press 21/11/2023).
　　https://www.entreprises.gouv.fr/files/files/presse/2023/1363-dossier-de-presse-lancement-du-dispositif-etincelles.pdf（閲覧 2024 年 9 月 23 日）

Hecquet, V. (2014), "Les entreprises de taille intermédiaireen France-Très orientées vers l'industrie," *INSEE Focus*, n° 5.
　　https://www.insee.fr/fr/statistiques/1379703#documentation（閲覧 2024 年 9 月 23 日）

Kohler, D. et Weisz, J. - D. (2012), *Pour un nouveau regard sur le Mittelstand*, La Documentation française.

Lang, G. et Pichet, E. (2012), "La compétitivité fiscale du Mittelstand allemand: une leçon pour la France," *Revue de droit fiscal*, n° 14, pp. 46-55.

Nicolas J. et Daniel D.（2005）, *Les Pôles de compétitivité: Le modèle français*, La Documentation française.

OSEO（2010）, *PME 2010: Rapport sur l'évolution des PME*, La Documentation française.

Picart, C.（2006）"Les gazelles en France", dans Betbeze, J. P. et Saint-Étiene, C., *Une stratégie PME pour la France*, La Documentation française., pp. 77-115.

Piore, M. and Sabel, C.（1984）, *The Second Industrial Divide*, Basic Books［山之内靖・永易浩一・石田あつみ訳（1993）『第二の産業分水嶺』筑摩書房］．

Présidence de la République（2020）, *Lancement de la «stratégie Nation ETI»*
https://www.elysee.fr/admin/upload/default/0001/07/90486f02c0f6941de010913bf00d1c6f438f34d6.pdf（閲覧2024年9月23日）

Retailleau, B., Kirsch, A. - R., Faucheux, M., Magne, Y.（2010）, *Les entreprises de taille intevmédiaiveau coeur d'une nouvelle dynamique de croissance*, La Documentation française.

Simon, H.（2009）, *Hidden Champions of the 21st Century: Success Strategies of Unknown World Market Leaders*, Springer［上田隆穂監訳・渡部典子訳（2012）『グローバルビジネスの隠れたチャンピオン企業――あの中堅企業はなぜ成功しているのか』中央経済社］．

Stoffaës, C.（2008）, *Mittelstand: notre chaînon manquant*, Conseil d'analyse économique franco-allemand.
http://famillesenaffaires.fr/resources/Mittelstand+notre+cha$C3$AEnon+manquant.pdf（閲覧2024年9月20日）

Vilain, F.（2008）, *Le développement des entreprises de taille intermédiaire*, Conseil économique, social et environnemental.
https://www.lecese.fr/sites/default/files/pdf/Avis/2008/2008_29_francoise_vilain.pdf（閲覧2024年9月10日）

三井逸友（2011）『中小企業政策と「中小企業憲章」――日欧比較の21世紀』花伝社．

山口隆之（2009）『中小企業の理論と政策――フランスにみる潮流と課題』森山書店．

山口隆之（2010）「フランス産業クラスター政策と中小企業――第三者評価の内容を中心として」『中小企業季報』第154号、12-20頁．

山口隆之（2013a）「中堅企業の現状と政策期待――フランス中堅企業論の展開」『商学論究』第60巻第1・2号、127-144頁．

山口隆之（2013b）「中堅企業の役割と経済発展――近年フランスにおける政策論を中心として」『同志社商学』第64巻第6号、177-194頁．

山口隆之（2014）「模範としてのミッテルシュタント――近年フランスにおける中堅企業論を中心として」『商学論究』第61巻第4号、205-233頁．

山口隆之（2015）「近年のフランスにおける中堅企業を巡る議論――その特徴とわが国へのインプリケーション」『商工金融』第65巻第2号、4-20頁．

第三部

クラスター

第7章

EU政策とクラスター

I. はじめに

　本章では、第8章以降に考察するフランスのクラスター政策を理解する一助とすべく、EUレベルにおけるクラスターの政策的位置づけを確認したい。近年のEUやフランスにおける中小企業政策や産業政策の展開を理解するうえで、クラスターの概念およびこれに触発された、いわゆるクラスター政策の考察は不可欠である。わが国では、2000年代初頭に経済産業省と文部科学省がクラスター概念に基づくイニシアチブを展開し、その後、農林水産省が酪農や畜産分野での事業を展開したが、少なくとも国家戦略レベルでの大規模かつ継続的なクラスター政策の展開はみられない[1]。

　これに対して、EUでは1990年代以降、現在までクラスターの振興を欧州統合に向けた鍵と位置づけており、これは中小企業政策と軌を一にしている。すなわち、特に、2000年の「リスボン戦略（Lisbon Strategy）」に合わせて「欧州小企業憲章（European Charter for Small Enterprises）」を採択し、2008年に当該理念を具体的な各国の政策アクションに結びつけるべく「欧州小企業議定書（SBA：Small Business Act）」[2]を示して以降は、クラスターの振興によるスタートアップ支援、中小企業の研究開発活動やイノベーション活動の促進、またこうした活動の奨励による中小企業の成長機会の拡大という方向性を鮮明に打ち出して

いる。そしてより近年では、後述する地域主体の積極的な参画による結束政策の推進、グリーン化、デジタル化、レジリエンスの追求という戦略目標に向けてクラスターを積極的に活用する動向が確認される。

以降では、まずEUならびにフランスのクラスター政策に影響を与えた産業集積やクラスターの基礎概念と、EUのクラスター・マッピングに用いられた概念モデルを考察する。続いて、クラスターを巡るEUでの施策展開や制度環境を時系列に沿って考察する。以上の考察を通じて、欧州クラスター政策の特徴やその背景にある理念および期待を確認することが目的である。

II. 集積に関する理論

企業集積や産業集積には、ある種の経済性が存在することが古くから指摘されてきた。古典的なところでは、マーシャル(Marshall, A.)やウェーバー(Weber, A.)の研究が集積研究の端緒とされている。マーシャルは、『経済学原理』[3]において、外部経済性の存在を根拠として、特定産業が地理的に集中することによる効率性を説明せんとした。ここで外部経済性が生じる原因としては、市場や技術開発に関する情報収集の容易性、関連産業(原材料、中間財、物流)の立地が促進されることによる原材料や部品の調達の容易性、生産規模の拡大による高度に特殊的で高価な機械の利用可能性、熟練した労働者確保の容易性等が挙げられる。また、ウェーバーは『工業立地論』[4]において、生産物の生産から販売までの過程で必要となる主要な生産費用を分析し、費用最小化という観点、特に輸送費用や労働費用の節約という観点から特定の製造業が特定地域に立地する理由を説明した。

以上はいわば産業集積の古典的研究であるが、特に1980年代の後半以降、わが国や諸外国における産業集積に関する議論に拍車を掛け、さらに、EUおよびフランスにおけるクラスター政策の展開に少なからずの影響を与えたのは、ピオリとセーブル(Piore, M. and Sabel, C.)による分析、およびポーター(Porter, M. E.)によるクラスター論であった。

ピオリとセーブルは、イタリアの産地を代表とする産業集積の分析を通じて大量生産体制の危機と限界を指摘し、高い専門性を持つ小規模企業をはじめとする多様な参加主体の連携による生産、すなわち「柔軟な専門化(flexible specialization)」に特徴づけられるクラフト的生産体制への移行のうちに、今後の経済社会の成長と繁栄を展望するものであった。

　ここでいうクラフト的生産体制とは、イタリア中央部あるいは北西部に典型的にみられるような、高度な技術と柔軟性を備えた中小企業を中心とする生産ネットワークである。多くの場合、限られた地理的範囲に企業（特に小規模企業）や教育機関、第三セクター、サービス関連業者、業界団体、コーディネーター等が集中立地しており、研究開発からアフター・サービスに至る一連の活動が調整されている。これら集積の多くは、高度な専門性や独自のノウハウ、あるいはブランドにおいて国際的に高い評価を受けているだけでなく、イノベーション能力や環境変化への柔軟性も高い。

　このクラフト的生産体制が内包する「柔軟な専門化」は、①生産要素の再配置によって生産過程を絶えず変化させるという柔軟性と専門化の結合、②参加者制限を伴う明文化されないコミュニティーの存在、③イノベーションを促進する競争の奨励、④要素費用の引き下げにしかつながらないような競争の制限という4つのメカニズムによって維持・調整されているとされた[5]。

　以上に加えて、特にEUのクラスター政策の基礎的理論として最も頻繁に取り上げられ影響を与えたのは、ポーター（Porter, M. E.）が示した理論枠組みである。実際にこの枠組みは、後に述べる欧州におけるクラスター・マッピングに応用された。

　ポーターによれば、クラスターとは「特定分野における関連企業、専門性の高い供給業者、サービス提供者、関連業界に属する企業、関連機関（大学、規格団体、業界団体など）が地理的に集中し、競争しつつ同時に協力している状態」[6]である。クラスターを構成する要素としては、大きく分類して、①企業戦略と競争環境、②投資資源条件、③関連産業や支援産業、④需要条件の4つであり、これら諸要素の相互作用によって立地上の優位性が決定する。なお、これら4要素の関係とその発展における政策の役割は、図表7-1によって示される。

　ポーターによれば、クラスターの形成がもたらす効果は、第一にクラスターを構成する企業や産業の生産性向上、第二に企業のイノベーション能力や産業内でのイノベーションの促進、そして第三にイノベーションの促進による新企業の創出効果とそれによるクラスターそれ自体の拡大である[7]。

　EUでは2000年の「リスボン戦略」において、知識基盤型社会への移行を目標

として、特にニュー・エコノミーへの期待が高まっていたことからクラスターが注目された。またこれに加えて、加盟国の拡大により域内の格差拡大が懸念されたことから、いわゆる結束政策の観点、すなわち、中小企業の活躍を媒介として加盟各国の地域が独自の強みを生かすことによる経済的・社会的・地域的格差の是正という観点からもクラスターが注目された。フランスでは1980年代より地方分権の流れが続いていたことや、2000年前後より製造業の競争力低下が激しく雇用と失業問題が深刻化していたこと、また過去の公的機関や大企業を主体とする生産体制の構造的疲弊が明らかになっていたことから、特に国土開発やイノベーション促進、新企業による雇用創出効果、民間活力の利用という観点からクラスターが注目された。

図表7-1 ポーターによるクラスターの構成要素と政策の役割

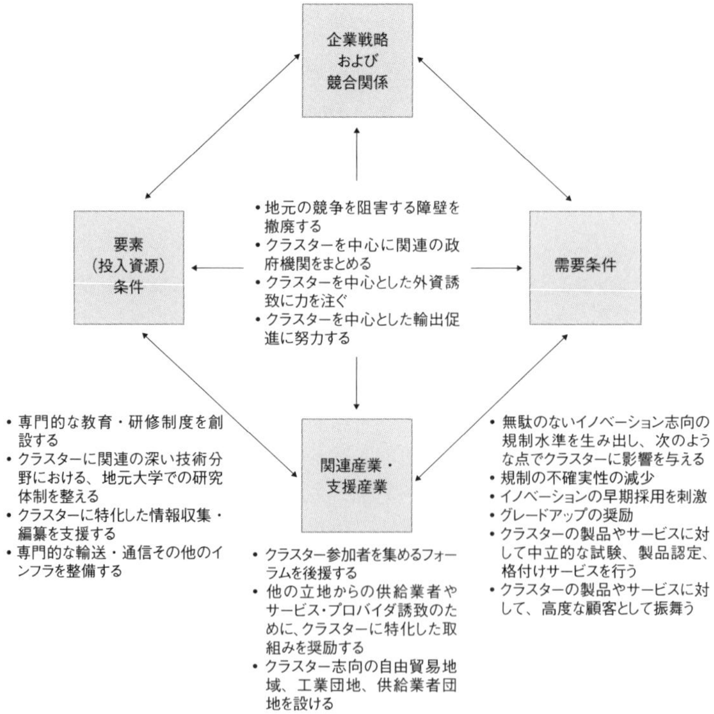

企業戦略および競合関係

- 地元の競争を阻害する障壁を撤廃する
- クラスターを中心に関連の政府機関をまとめる
- クラスターを中心とした外資誘致に力を注ぐ
- クラスターを中心とした輸出促進に努力する

要素（投入資源）条件

- 専門的な教育・研修制度を創設する
- クラスターに関連の深い技術分野における、地元大学での研究体制を整える
- クラスターに特化した情報収集・編纂を支援する
- 専門的な輸送・通信その他のインフラを整備する

需要条件

- 無駄のないイノベーション志向の規制水準を生み出し、次のような点でクラスターに影響を与える
- 規制の不確実性の減少
- イノベーションの早期採用を刺激
- グレードアップの奨励
- クラスターの製品やサービスに対して中立的な試験、製品認定、格付けサービスを行う
- クラスターの製品やサービスに対して、高度な顧客として振舞う

関連産業・支援産業

- クラスター参加者を集めるフォーラムを後援する
- 他の立地からの供給業者やサービス・プロバイダ誘致のために、クラスターに特化した取組みを奨励する
- クラスター志向の自由貿易地域、工業団地、供給業者団地を設ける

出所：Porter (1998), p. 325 (訳141頁)。

Ⅲ.「クラスター・イニシアチブ・パフォーマンスモデル
 (Cluster Initiative Performance Model　以下CIPM)」

　CIPMとは、上述のポーターの枠組みを応用し、欧州レベルでクラスターのマッピングと評価を行ったソルベル (Sölvell, Ö) らが示したクラスター・イニシアチブ (Cluster Initiative　以下CI) の概念モデルである。EUレベルでのクラスターの把握と、そのための政策や施策の成果を統一的基準によって把握するために開発された。

　ここでCIとは、クラスターの成長と競争力の向上を目指して、政府、企業、研究機関等の様々な関連主体が参加する政策的、計画的、かつ組織的な取り組みである。CIの射程は政策領域でみれば、地域政策、産業政策、中小企業政策、投資政策、科学技術・イノベーション政策といった広い範囲に及ぶ[8]。

　図表7-2はCIPMの概念図である。この図に示されるように、CIのパフォーマンス (成果) は、①環境、②目的、③プロセスの相互作用のうちに理解される。

　まず、CIの環境を構成するのは、ビジネス環境 (文化や伝統、立地、法律や制度環境、マクロ経済環境により構成等)、政策 (産業政策、地域政策、中小企業政策、イノ

図表7-2　CIPMモデル

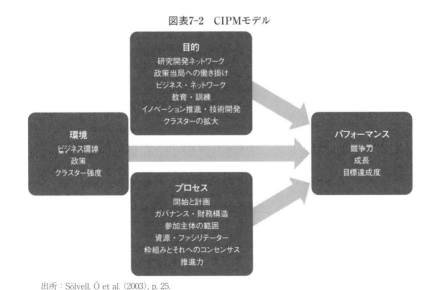

出所：Sölvell, Ö et al. (2003), p. 25.

ベーション政策等)、クラスター強度(クラスターの歴史、競争圧力のレベル、技術レベル、当該クラスターの国や地域における重要度等)である。

次にCIのパフォーマンスに影響を与える要素の2つ目として、目的を考慮する必要がある。ただし、目的には様々なものが存在する。ソルベルらは欧州各国の状況を観察することにより、代表的なものとして6つ、すなわちビジネス・ネットワークの形成、政策当局への働き掛け(policy action)、商業的協力関係の構築、教育・訓練、イノベーションと技術開発、クラスターの拡大があると指摘している。

そして3つ目として、CIのプロセスがある。これはCIがどのように生まれ、どのように発展していくかを予測するうえで必要な情報である。CIPMでは特に、活動開始の背景と計画、ガバナンスや資金調達のあり方、参加主体の範囲、物的・非物的環境(オフィス、ウェブサイト等)およびファシリテータの特徴、活動枠組みの起源とそれへのコンセンサス、推進力(momentum)の6つに着目する。

以上の3要素の相互作用のうちにCIのパフォーマンスが決定するとされるが、これは、国際競争力、成長度、そして目標達成度(期限の順守や参加主体によるCIとその活動に対する認知度)によって測定される[9]。

Ⅳ. EUにおけるクラスターへの注目

すでにみたように1980年代から1990年代にかけては、諸外国で産業集積の可能性や効率性に関する議論が活発化した時期である。EUに限らず欧州では1990年代を中心に、特にPorter(1990)のクラスター概念に触発された様々な取り組みや施策が各国や地域でみられるようになった。そして2000年代に入ると、EUレベルでクラスターの実態を把握する必要性が議論されるようになる。

EUレベルでクラスターを把握しようとする先駆的な試みとしては2002年に「欧州中小企業観測所(European Observatory for SMEs)」の報告書として公表された17か国に分布する地域クラスターの分析がある[10]。これは「欧州中小企業研究ネットワーク(ENSR：European Network for SMEs)」の情報に基づいて作成されたものであることから、共同体レベルのクラスター支援の起源は、中小企業政策や地域政策(結束政策)にあるといえる。

当該報告書では、先の「第三のイタリア」やポーターのクラスター概念を引き

合いに出しながら、クラスターが地域産業の発展に寄与し、地域開発をはかるうえで有効な手段と位置づけている。そのうえで共同体レベルでのクラスター推進に向けて、①既存クラスターならびに立ち上げ間もないクラスターの成長を支援すること、②既存クラスターに関するデータを集約し政策に生かすことの2つが必要であるとし、その中心に地域中小企業への配慮を置くべきとしている。当該報告書は、クラスターの価値を中小企業政策や地域基盤のイノベーション環境との関わりにおいて論じ、各国や地域に点在するクラスターのマッピングと分析の必要性を指摘するものとして、その後のEUレベルでの取り組みに影響を与えた。

次に、2003年に先のソルベルらが中心となって、「クラスター・イニシアチブ・グリーンブック (Cluster Initiative Greenbook)」[11]が作成されている。ここではすでにみたCIの概念やCIPMが示されるとともに、日本、欧州、北米、ニュージーランド、オーストラリアにおける500以上のクラスター関連主体へのアンケート調査等をもとに、クラスターの成功要因や今後の政策課題を抽出している。

欧州委員会 (European Commission) が主導した初めての本格的なクラスター・マッピングは、第5次EU拡大によって新規加盟した国々[12]を対象としたものであり、この作業に主導的な役割を果たしたソルベルらは、ポーターによる雇用データを中心とするクラスターの抽出手法を欧州向けにアレンジし適用した。当該マッピングは、2002年から2006年を対象とする「第6次研究開発フレームワーク・プログラム (FP6)」のもとで、欧州委員会が支援するイノベーション促進のための情報共有とネットワーク形成を目指す"Europe INNOVA"イニシアチブの一環として行われ、その結果が2006年にEU10か国のクラスター・マッピング[13]として公開された。

当該マッピングの目的は、本来、クラスター・マッピング指標を利用して計画経済から市場経済へ移行した、新規加盟国における経済の特徴や課題を明らかにすることにあったといえるが、報告資料からは当時のクラスターに対する欧州委員会の期待と基本的政策スタンスが読み取れる。

まず、すでに欧州諸国の政策立案者の多くがクラスターに注目していることを前提として、その理由の1つは、先の「リスボン戦略」で掲げられた生産性向上とイノベーションに関する一連の目標達成にあるとする。すなわち、クラスターは企業家がアイデアの創出から具体的な事業活動へと移行できるミクロ経

済的なビジネス環境とイノベーション環境を提供するものであり、科学技術の成果をビジネス・コンセプトや市場と効率的に結びつけることを可能にする。またクラスターは、地域が持つ独自資源の深耕を可能にすることから、グローバル化が進むなかにあって欧州の比較優位の発揮に貢献する。

以上を踏まえて、特に今後欧州委員会が対応すべき事柄としては、以下3点が指摘されている。第一に、競争力を備えたクラスターを発展させるために、主に新規加盟国が構造改革を進める際の障害を取り除き、さらに市場統合を進めることである。第二に、欧州域内に存在する各クラスター活動の質向上のためにデータを提供し施策を講ずることである。具体的には、精度の高いクラスターのマッピング・データベースの作成や定期的イベントやワークショップの開催を通じた実践的情報の共有、クラスター間連携を促す環境整備等がこれにあたる。そして第三に、大学や研究機関と民間企業の連携推進である。

当該報告書では、先のCIPMモデルがそうであったように、クラスターが地域政策、産業政策、中小企業政策、科学技術・イノベーション政策、競争政策といった領域を横断する包括的政策ツールであることを確認するとともに、それが本質的にボトムアップな活動に支えられている点にも注目している[14]。

V. クラスター支援の合意形成と政策基盤の確立

クラスターへの注目段階を経て、2007年以降は、共同体レベルでクラスターを継続的に支援するための合意形成が進められ、これと並行して組織体制が整えられていく。

まず組織体制として2007年には、各国の公的機関からなる「欧州クラスター連合（ECA：European Cluster Alliance）」が欧州委員会の支援によって組成され、実践的な施策開発のための情報交換が行われるようになった。また、同年には各国のクラスターに関する情報プラットフォームである「欧州クラスター観測所（European Cluster Obsevatory）」のWebサイトも立ち上げられた。

国を超えた合意形成の動きとしては、2008年1月に加盟国の地域および国レベルの公的機関（60機関以上）が「欧州クラスター・メモランダム（European Cluster Memorandum）」[15]に署名している。これは、欧州委員会の"Europe INNOVA"イニシアチブの下に設置された「クラスター高度アドバイザリー・グ

ループ (High Level Advisory Group on Clusters)」が、上述のクラスター・マッピングに関与したストックホルム・スクール・オブ・エコノミクス (Stockholm School of Economics) の「戦略・競争力センター (Center for Strategy and Competitiveness)」の協力を得て作成したものである。

まずメモランダムでは、クラスターが欧州におけるイノベーション推進と繁栄のための重要な推進力になること、またクラスターの成長には、さらなる市場統合の推進、国境を越えたクラスターやCI間の連携が必要不可欠であることを確認している。そしてクラスター政策の推進には、少なくとも3つのレベル、すなわち、政策実施レベル、政策策定レベル、欧州機関のレベルでの各取り組みが必要であるとし、それぞれについて今後の課題を確認している。

まず、国や地域レベルでクラスター政策を実施する際の課題としては、エビデンスに基づいたクラスター戦略の採用と評価、欧州・国・地域の各レベルで用意されている支援や施策を考慮したうえでの個別クラスター向けの活動方針や戦略の策定、国を超えた連携の構築などが挙げられている。また、各国の省庁や地域レベルでクラスター政策を策定する際の課題としては、クラスターの発展段階や参加主体のニーズを考慮した政策メニューの作成等が指摘される。そして最後に、欧州機関、特に欧州委員会や地域委員会 (Committee of the Regions)、欧州投資銀行 (EIB: European Investment Bank) の課題としては、国境を越えたクラスター間連携の推進、客観的な情報の提供、当該メモランダムのフォローアップとモニタリングのための機関の設置[16]が指摘された。

欧州戦略におけるクラスター重視の姿勢は、2008年の「EUにおける世界クラスのクラスターを目指して ("Towards world-class clusters in the European Union" COM (2008) 652 final)」[17]と題するコミュニケーションにおいても明確にされている。ここでは、競争力あるクラスターの存在が「リスボン戦略」の目標達成に不可欠であることを確認したうえで、選択的論理に基づいた支援、すなわち、卓越性 (exellence) を持つ強力なクラスターの出現を促すような支援の必要性と課題が確認されている。課題としては、大きく、クラスター政策の改善、国境を越えたクラスター連携の推進、クラスター組織[18]の管理能力向上、革新的な中小企業の動員が指摘されている。

まずクラスター政策の改善のためには、成功しているクラスター政策やイニシアチブの情報や成功事例を、加盟国間で共有する必要があるとし、クラス

ター政策が広く結束政策に通じていることを確認している。また、政策立案者に対し客観的な情報を提供するという観点からは、先の「欧州クラスター観測所」のさらなる充実が必要であるとする。

また、国境を越えたクラスター連携については、クラスターそれ自体だけでなく、補完性や相乗効果を考慮したうえでの施策や組織の連携を視野に入れること、そしてクラスター組織の質的向上の観点からは、「競争力・イノベーション・フレームワーク・プログラム（CIP：Competitiveness and Innovation Framework Program）」の下で研修プログラムを立ち上げることや、管理能力を証明する統一的な認証制度の導入といった具体的な対策が示された。そして革新的な中小企業の動員に関しては、それに特化した支援ツールの開発が課題とされた[19]。

なお、2008年には、世界クラスの競争力を備えたクラスター形成のための施策と国際協力のあり方を協議する有識者会議として、欧州委員会により「欧州クラスター政策グループ（ECPG：European Cluster Policy Group　以下ECPG）」[20]が組成された。

Ⅵ. 欧州戦略への積極的動員

2010年以降は、「リスボン戦略」を引き継ぐ「欧州2020（Europe 2020）」とクラスター政策の連動性が強められ、さらなる支援環境の整備が進んだ。制度面では、先のコミュニケーション（COM（2008）652 final）で指摘されたクラスター組織の管理能力向上に関して、2010年に「欧州クラスター分析局（ESCA：European Secretariat for Cluster Analysis）」[21]が立ち上げられ、政策および立案当局を対象とした助言が行われるようになり、管理体制のベンチマーク化も進められた。

リーマンショックによる金融・経済危機は、欧州経済にも深刻な危機をもたらしたが、こうしたなかでも欧州委員会は、2010年に「グローバル化時代の統合産業戦略――競争力と持続可能性を中心にして（"An Integrated Industrial Policy for the Globalisation Era：Putting Competitiveness and Sustainability at Centre Stage" COM（2010）614 final）」[22]と題されたコミュニケーションを発表し、あらためて中小企業政策の重要性とクラスターの役割を確認している。すなわち、グリーン化（脱炭素化）やデジタル化への対応といった中長期的課題があるなかで、経済成長と雇用を回復し、「欧州2020」戦略を実現するうえでは、「欧州小企

業議定書(SBA)」の"Think small first"の原則に沿って中小企業のビジネス環境を改善する必要があり、このためには産業分野の垣根を越えた協力関係を構築し、中小企業の創造力と革新力を引き出すクラスターの推進が必要とされた。そしてこのため、欧州全体で多様に展開されるクラスター政策を取りまとめ、地域クラスターの連携を加速させることを確認している。

具体的な政策アクションについては、上述の「欧州クラスター・メモランダム」やコミュニケーションの内容を受け、2020年に既述のECPGが欧州委員会と欧州議会に対して提言をおこなっている[23]。当該提言の原則は3つあり、第一に、EU戦略における研究とイノベーションに関するプログラムの実現に向けてクラスターを積極的に動員すること、第二に、競争原理に基づいて卓越性や成長性の高いクラスターへ傾斜的支援を行うこと、そして第三にクラスター関連諸施策の実施において欧州委員会と加盟国の役割分担を明確化するというものである。そしてこれら3原則に基づいて以下8つの具体的提案が行われた。

① 研究とイノベーションに関する予算の確保
② クラスターに関連する研究とイノベーション政策の推進
③ クラスターへの資金提供先の実態把握と分析
④ クラスター関連施策のベスト・プラクティスの抽出とガイドライン作成
⑤ クラスター関連諸施策の管理一元化(「企業産業総局(DG Enterprise and Industry)」への管理運営権集約)
⑥ クラスター関連諸施策の整合性確保
⑦ 安定的な情報管理のための予算と体制の確保
⑧ クラスターの国際連携の推進

以上の内容からは、それまで様々な部局にまたがり漸進的に進められてきたクラスターへの取り組みや管理を欧州組織レベルで一元化し、より安定的かつ体系的な支援を目指す方向性が確認される。

Ⅶ. 欧州戦略、中小企業政策、地域政策との統合深化

「欧州小企業議定書(SBA)」の改正が行われたこともあり、2010年以降には、首尾一貫性を持つ中小企業政策の下でクラスターの重要性が一層強調されるようになった。こうした中小企業政策とクラスターの関係性を理解するうえでの

キーワードは、新興産業（Emerging Industries）[24]、スマートな専門化（Smart Specialisation）、結束政策（Cohesion Policy）、そしてツイン・トランジション（Twin Transitions）である。

　まず、EUではクラスターへの取り組みから約10年が経過し、革新的な製品やサービスを生み出すような新興産業の振興に果たすクラスターの役割が注目されるようになった。たとえば、この動きを象徴するものとして2012年に編成された「欧州新興産業クラスター・フォーラム（EFCEI：European Forum for Clusters in Emerging Industries）」がある。これは、欧州委員会が「欧州クラスター観測所」を拡張する形で組成した有識者会議であり、新興産業の発展を促すために、クラスター政策や施策がどのように有効であるかを検討するものであった[25]。

　そして欧州委員会は、2014年のコミュニケーション「欧州のルネッサンスのために（"For a European Industrial Renaissance" COM（2014）14 final）」[26]において、産業政策における優先事項を示したが、ここでも再度中小企業の振興とクラスターの関係性が確認されている。優先事項の1つとして中小企業と企業家活動の推進による製造業の生産性向上を掲げ、クラスターは分野横断的かつ国境横断的に強みを補完し合う中小企業ネットワークや、中小企業の成長を促すエコシステムの形成に寄与するものと評価されている。

　また、これと関連して、「欧州2020」の戦略目標を達成するために各国や地域が独自の競争優位性を生かす地域主導的なイノベーション活動＝「スマートな専門化」[27]の必要性が、2010年のコミュニケーション（"Regional Policy contributing to smart Growth in Europe 2020" COM（2010）553 final）[28]によって確認され、クラスターの振興が「スマートな専門化」推進の要となること、またそのためにEU内の地域間格差を是正する結束政策（地域政策）の枠組みのなかで構造基金を動員することを確認した。そして、当該コミュニケーションの内容を踏まえて2011年には、欧州委員会が加盟国や地域による「スマートな専門化」戦略の策定や実施を支援すべく、相互学習、データ収集、分析、ネットワーク構築を行う「スマートな専門化プラットフォーム（S3P：Smart Specialisation Platform）」が設立された。

　また、このようにクラスターを中小企業政策や結束政策、あるいは地域政策との関係において重視するスタンスは、2016年の欧州委員会の手による「クラ

スター政策スマートガイド」(*Smart Guide to Cluster Policy*)[29]において一層明確にされている。このガイドは、イノベーション政策や「スマートな専門化」を通じて地域の構造変化を促進するための政策ツールとしてクラスターを活用する政策立案者、特に欧州構造投資基金の管理当局を対象としたものであり、構造基金の立場から中小企業政策を支援するためのガイドブック・シリーズの1つとして発行されたものである。ここでは、クラスターがイノベーションを通じて結束政策や地域政策の実現に貢献することを再確認している。

　2016年には欧州委員会が「欧州の次のリーダー：スタートアップ・スケールアップ・イニシアチブ("Europe's next leaders：Start-up and Scale-up Initiative" COM（2016）733 final）[30]」を示し、中小企業のなかでも特にスタートアップ企業や成長企業支援のうえで、クラスターによる企業環境の改善（投資家、取引先、大学、研究センター等との連携環境）に期待を寄せている。さらに2017年のコミュニケーション「欧州の地域におけるイノベーションの強化：レジリエントかつインクルーシブ（社会包摂的）で持続可能な成長のための戦略("Strengthening Innovation in Europe's Regions: Strategies for Resilient, Inclusive and Sustainable Growth" COM（2017）376 final」[31]では、「スマートな専門化」の推進におけるクラスターの役割が再び確認された。

　特に2020年以降の欧州戦略においては、それまでの中長期的課題を継承しツイン・トランジション、すなわち、グリーンかつデジタルな社会を目指すことが重要な柱とされている。この方向性が打ち出された新産業戦略「欧州の新産業戦略("A new Industrial Strategy for Europe" COM（2020）102 final）」[32]では、中小企業重視を確認しつつ、各地域がその特性や強み、あるいは専門性を生かした地域基盤のイノベーションを奨励するとしており、先述の「スマートな専門化」の理念が継承されていることが確認される。当該コミュニケーションにクラスターについての直接的言及はみられないが、ここでは、新産業戦略が産業生態系（Industrial Ecosystems）に新たに焦点を当てた支援によって実現されることを確認し、各サプライ・チェーンや企業成長のエコシステムを形成する主体のニーズや活動をより効率的に調整する必要性を論じていることから、クラスターの機能を前提としていることは明らかである。

　なお、欧州委員会は同年に、2016年に発行した先の「クラスター政策スマートガイド」を補完するものとして、「クラスター政策のモニタリングと評価のため

のスマートガイド(Smart Guide to Cluster Policy Monitoring and Evaluation)」[33]を発行している。これは、加盟各国の政策立案者やクラスター管理者向けに用意されたものであり、クラスター政策や各種プログラムの開発、実施、評価のヒントとなる事例を紹介している。

ところで、上記新産業戦略の発表の直後にはCOVID-19の感染拡大が深刻となり、欧州の社会環境も急激に変化した。このため翌年の2021年には、上記新産業戦略のアップデートが行われた。これを示した「2020新産業戦略の更新——欧州の復興に向けたより強固な単一市場の構築("Updating the 2020 New Industrial Strategy: Building a Stronger Single Market for Europe's recovery" COM (2021) 350 final)[34]」と題するコミュニ―ションのなかでは、今回の危機から欧州が学んだ教訓として、危機下においても単一市場における人、モノ、サービス、資本の自由な移動を維持することの重要性、国や地域を超えた協力の必要性、グローバルなサプライ・チェーンの混乱による特定の必需品や原材料の調達困難というリスク、そしてグリーン化とデジタル化に対応するビジネス・モデルの重要性を指摘している。さらに先に示されたツイン・トランジションに加えて、レジリエント(Resilient)な経済社会モデルへの移行という目標を掲げた。

この、グリーンで、よりデジタルで、よりレジリエントな社会の実現に向けたクラスターの価値と役割については、「域内市場・産業・起業家精神・中小企業総局(DG GROW)」内に設置された「欧州クラスター専門家グループ(European Expert Group on Clusters)」が欧州委員会に対し提言[35]を行っている。**図表7-3**は、この内容をまとめたものである。

この提言で注目すべきは、従来の中小企業政策や結束政策、あるいは研究開発やイノベーションへの貢献という側面に加え、クラスターが人材開発や労働者のスキル形成に果たす役割、および社会問題の解決に果たす役割が指摘されていることである。特に後者についてはクラスターが多様なコミュニティーや価値を結びつける「社会的接着剤(Social Glue)」になり得るとして期待を寄せている。

図表7-3　欧州クラスター専門家グループの提言

グリーン	グリーン・トランジションへの原動力としてのクラスターの活用
	クラスターの利用による循環型経済の戦略と行動計画の策定・実施
	クラスターによるグリーン経済に関連する主体の動員と持続可能な開発の実現
	クラスターを通じた企業のグリーン・トランジションへの理解促進と能力開発
	クラスターを通じた中小企業への専門知識と資金獲得機会の提供
デジタル	デジタルおよびグリーン・スキル関連イニシアチブへのクラスターの動員
	クラスター能力の向上による高度なビジネスサービスの提供
	デジタル化推進イニシアチブへのクラスターの動員
	クラスターを利用した既存官民連携の強化および新たな官民連携の推進
	クラスターを活用したデジタル化戦略やイニシアチブの実施
レジリエンス	クラスターを活用したバリューチェーンやサプライチェーンの強化と柔軟性確保
	クラスターにおける再教育や技能向上機会の提供
	クラスターを利用したコミュニティレベルでの社会的課題の特定と解決

出所：European Expert Group on Clusters (2021), p. 27をもとに一部加筆・修正。

Ⅷ．おわりに

　以上、クラスターに関するEU施策や制度環境を中心に考察してきた。2000年代初頭までの動向からは、当初よりクラスターが地域政策、中小企業政策、科学・イノベーション政策、競争政策、産業政策等を横断する包括的な政策ツールと見なされていたこと、そしてこのなかでも特に重視されてきたのは、中小企業政策（結束政策）および研究・イノベーション政策との関係であることが確認された。

　すでにみたように2010年以降は、欧州戦略とクラスターの関係性が一層重視されるなかで、各国のクラスターを安定的かつ継続的に支援するべく欧州レベルでの管理体制の充実がはかられ、さらにより近年では、クラスターに対して持続可能な発展に寄与する「社会的接着剤」としての役割が期待されている。

こうした欧州レベルの政策動向に一貫している1つの軸は、基本的にクラスターを地域の参加主体によるボトムアップ的なプロセスと見なすというものである。この意味でクラスターは、欧州統合の開始当初からの理念である補完性原則そして結束政策、あるいはすでにみた近年の「スマートな専門化」の趣旨に沿ったものである。

　ところで、このボトムアップ重視という軸は今後EUとしての統合度がさらに深まるなかにあっても保持されるのであろうか。この問題はクラスター政策のみならず、欧州政策全般が本質的に抱えるジレンマにも通じるものであり、後のフランスの事例にも関係することから、最後に若干の考察を加えておきたい。

　欧州におけるCIの観察に基づいて先のソルベルらは、彼らが「ポーター・パラドクス（Porter Paradox）」と呼ぶ現象、および公的資金による影響という観点から、関係主体の自律的あるいは自発的な活動に与える負の側面を指摘している。

　欧州のクラスター政策がポーターのクラスター論に少なからず影響を受けたことはすでにみた通りであるが、ソルベルらは、本来ポーターが示したクラスター概念と、その政策実践である欧州を中心とするCIの間には2つの点で大きな隔たりがあるとして、これを「ポーター・パラドクス」と呼んでいる。まず第一に、ポーターの理論枠組みにおいては、クラスターにおける参加主体間の競争関係と協調関係が同時並存することの重要性が指摘されていたのに対して、実践としてのCIの多くは、政策立案段階から参加主体の協調関係の重要性を強調し過ぎる傾向にあり、このことにより、クラスターが本来持つ可能性が制約されるという。そして第二に、クラスターの内発的あるいは自律的な進化と市場メカニズムの作用を中心に展開されるポーター論に対して、政策実践としてのCIでは計画性の側面が強調され、クラスターの活動が、たとえばイノベーションの促進や輸出促進といった政策当局が意図する特定の活動に閉じ込められてしまうという[36]。

　また同じくソルベルらは、2013年の報告書[37]のなかで、10年前当時は企業家活動に基づく自然発生的クラスター（ボトムアップ型）と政策主導で形成されるクラスター（トップダウン型）が混在していたが、すでに後者が主流となってきていることを指摘している。そしてクラスター活動の自立化が進んだとしても、多くのケースにおいて特定目的に紐づく公的資金の割合は高い水準を維持し続けていることから、やはりクラスター参加主体の自発性や内発的な活動を

第 7 章　EU 政策とクラスター　　171

制約しかねないと警鐘を鳴らしている。
　このように本来クラスターの振興という政策課題は、内発的かつ自律的な進化力を引き出すボトムアップ的アプローチと、計画や政策枠組みの重視、その意味でトップダウン的なアプローチの間の緊張関係を含むものであり、これら両者をどうバランスさせるかという問題は、非常に高度な判断を必要とするものといえる。

注

1)　わが国では経済産業省が 2001 年度より「産業クラスター計画」を開始し、文部科学省でも 2002 年度より「知的クラスター創生事業」を行った。また 2015 年からは農林水産省が「食料産業クラスター推進事業」を展開した。
2)　「欧州小企業憲章」と「欧州小企業議定書（SBA）」については、European Commission (2008a) および三井逸友 (2010) 参照。
3)　Marshall, A. (1920), pp. 221-227（訳 193-204 頁）。
4)　Weber, A. (1922)。
5)　Piore, M. and Sabel, C. (1984), pp. 16-17, pp. 268-272（訳 23、343-347 頁）。
6)　Porter, M. E. (1998), pp. 197-198（訳 67 頁）。
7)　Porter, M. E. (1998), p. 213（訳 86 頁）。
8)　Sölvell, Ö. et al. (2003), pp. 15-24.
9)　Sölvell, Ö. et al. (2003), pp. 25-30.
10)　European Communities (2002).
11)　Sölvell, Ö. et al. (2003).
12)　キプロス、チェコ、エストニア、ハンガリー、ラトビア、リトアニア、マルタ、ポーランド、スロバキア、スロベニアの 10 か国。
13)　Ketels, C., Sölvell, Ö. (2006).
14)　Ketels, C., Sölvell, Ö., (2006). pp. 11-28.
15)　High Level Advisory Group on Clusters, (2005).
16)　これに関して 2008 年 10 月 22 日の欧州委員会決定により、欧州全体のクラスター・プログラムの質を向上させるための組織として欧州クラスター政策グループ（ECPG：European Cluster Policy Groupe）が設置されている。
17)　European Commission (2008b).
18)　クラスター組織とは、クラスターの施設、設備、活動への参加やアクセスを管理する組織とされる。多くの場合、特に中小企業に対して専門的個別的なビジネス支援サービスの提供やその仲介、クラスター構想全体の管理を行っている。

19) なお、当該コミュニケーションには、"Appendix"として作業文書が存在する。これには用語集も含まれており、欧州委員会で使用されるクラスター関連の基礎概念を確認するうえで有用である。作業文書の構成は、「クラスターの概念と主な定義」（第1章）、「クラスターが競争力とイノベーションに与える経済効果」（第2章）、「欧州におけるクラスター政策：その概念と特徴」（第3章）、「欧州におけるクラスター・イニシアチブとクラスター組織」（第4章）、「クラスター支援における地域、国、欧州の取り組みの相互補完性向上に向けた主な課題」（第5章）となっている。なお、当該作業文書は European Commission, Directorate-General for Enterprise and Industry（2008）としても公開されている。
20) 「欧州クラスター政策グループ（ECPG）」は2008年10月22日の欧州委員会の決定により設置されたものであり、EU加盟国における世界レベルのクラスター創出支のための情報を共有目的とした。
21) クラスター組織の管理能力向上を目的としたベンチマーキングと品質表示、クラスター発展のアドバイス提供、クラスター政策立案当局や計画策定機関に助言などを行う。
22) European Commission（2010b）.
23) European Cluster Policy Group（2010）.
24) 後にみる「欧州新興産業クラスター・フォーラム」は、「新興産業（emerging industry）」について一般にコンセンサスが得られた統一的定義は存在しないとしたうえで次のように説明している。「新興産業とは、新しい産業分野、あるいは新しい産業へと進化・融合しつつある既存の産業分野のことである。新興産業は多くの場合、ニーズ、重要な実現技術、革新的なサービスコンセプトといった新しいビジネスモデル、そして産業が生き残るために取り組むべき社会的課題によって推進されることが多い。（中略）ほぼすべての新興産業に共通するのは、既存の産業から発展し、伝統的に定義されてきた様々な分野を横断しているという事実である。それは多くの場合、高い成長率と大きな市場ポテンシャルを特徴としており、将来の競争力と繁栄への鍵を握っている。」（European Forum for Clusters in Emerging Industries（2013）, p. 9.）
25) なお、「欧州新興産業クラスター・フォーラム」は新興産業の振興に向けた政策ロードマップの提案（European Forum for Clusters in Emerging Industries（2013））において、クラスターを地域の社会的問題を解決するためのサプライ・チェーンや連携の構築のための鍵概念と位置づけている。
26) European Commission（2014）.
27) EU規則によれば、スマートな専門化戦略（smart specialization strategy）とは、「研究とイノベーションの独自の強みを発展させ、ビジネスニーズに適合させることで競争優位性を構築するために、優先順位を決定する国または地域のイノベーション戦略であり、取り組みの重複や断片化を避けながら、新たな機会と市場の発展を一貫した方法で実現するもの」である（Regulation（EU）No 1303/2013 of the European Parliament and of the Council）.
28) European Commission（2010a）.
29) European Commission, Directorate-General for Internal Market, Industry, Entrepreneurship and SMES et al.（2016）.
30) European Commission（2016）.
31) European Commission（2017）.
32) European Commission（2020）.
33) European Commission et al.（2020）.
34) European Commission（2021）, *Updating the 2020 New Industrial Strategy: Building a Stronger Single Market for Europe's recovery*", COM（2021）350 final.

35) European Expert Group on Clusters (2021).
36) Sölvell, Ö. (2008).
37) Lindqvist, G., and Ketels, C., Sölvell, Ö. (2013).

参考文献

European Cluster Policy Group(2010), *Final Recommendations - A Call for Policy Action*.
　　https://wbc-rti.info/object/document/7861/attach/ECPG_Final_Report_web-low1.pdf
　　（閲覧 2024 年 9 月 18 日）
European Commission(2008a), ""Think Small First" - A "Small Business Act" for Europe", COM (2008) 394 final.
European Commission(2008b), "Towards world-class clusters in the European Union: Implementing the broad-based innovation strategy", COM (2008) 652 final/2.
European Commission(2010a), "Regional Policy contributing to smart growth in Europe 2020", COM (2010) 553 final.
European Commission(2010b), "An Integrated Industrial Policy for the Globalisation Era: Putting Competitiveness and Sustainability at Centre Stage", COM (2010) 614 final.
European Commission(2014), "For a European Industrial Renaissance", COM (2014) 14 final.
European Commission(2016), "Europe's next leaders: the Start-up and Scale-up Initiative", COM (2016) 733 final.
European Commission(2017), "Strengthening Innovation in Europe's regions: Strategies for resilient, inclusive and sustainable growth", COM (2017) 376 final.
European Commission(2020), "A new Industrial Strategy for Europe", COM (2020) 102 final.
European Commission, Directorate-General for Enterprise and Industry (2008), *The Concept of Clusters and Cluster Policies and their Role for Competitiveness and Innovation: Main Statistical Results and Lessons Learned*(Europe INNOVA/PRO INNO Europe Paper, No. 9), Publications Office of the European Union.
European Commission, Directorate-General for Internal Market, Industry, Entrepreneurship and SMEs, Izsak, K., Meier zu Köcker, G., Ketels, C. et al. (2016), *Smart Guide to Cluster Policy*, Publications Office of the European Union.
　　https://www.cluster-analysis.org/downloads/smart-guide-to-cluster-policy（閲覧2024年 9 月 18 日）
European Commission, Executive Agency for Small and Medium-sized Enterprises, Wintjes, R., Spinoglio, M., Pellegrin, J. et al. (2020), *Smart Guide to cluster policy monitoring and evaluation*, Publications Office of the European Union.
　　https://data.europa.eu/doi/10.2826/519400（閲覧 2024 年 9 月 18 日）
European Commission, Executive Agency for Small and Medium-sized Enterprises, Notten, A., Delponte, L., Wintjes, R. et al. (2019), *Cluster programmes in Europe and beyond*,

Publications Office of the European Union.
European Communities(2002), *Regional Clusters in Europe: Observatory of European SMEs 2002*, No. 3［中小企業総合研究機構訳編『ヨーロッパ中小企業白書第 7 次年次報告』同友館、第 3 部］.
European Expert Group on Clusters(2021), *Recommendation Report*, Publications Office of the European Union.
https://www.clustercollaboration.eu/sites/default/files/news_attachment/European％20Expert％20Group％20on％20Clusters％20-％20Recommendation％20Report.pdf（閲覧 2024 年 9 月 18 日）
European Forum for Clusters in Emerging Industries(2013), *Extension of the European Cluster Observatory: Promoting better policies to develop world-class clusters in Europe*.
https://irp-cdn.multiscreensite.com/bcb8bbe3/files/uploaded/doc_2870.pdf（閲覧 2024 年 9 月 18 日）
High Level Advisory Group on Clusters, (2005), *The European Cluster Memorandum: Promoting European Innovation through Clusters: An Agenda for Policy Action*, European Commission.
Ketels, C., Sölvell, Ö., (2006), *Innovation Clusters in the 10 new Member States of the European Union*. Europe INNOVA paper n° 1.
Lindqvist, G., and Ketels, C., Sölvell, Ö. (2013), *The Cluster Initiative Greenbook 2.0*, Ivory Tower Publishers.
Marshall, A. (1920), *Principles of Economics, 8th ed.* London: Macmillan［永澤越郎訳 (1985)『経済学原理』(四分冊) 岩波ブックセンター信山社］.
Piore, M. and Sabel, C (1984), *The Second Industrial Divide*, Basic Books［山之内靖・永易浩一・石田あつみ訳 (1993)『第二の産業分水嶺』筑摩書房］.
Porter, M. E. (1998), *On Competition*, Harvard Business School Press, 1998［竹内弘高訳 (1999)『競争戦略論Ⅱ』ダイヤモンド社］.
Sölvell, Ö., Lindqvist, G., and Ketels, C. (2003), *The Cluster Initiative Greenbook*, Bromma tryck AB.
Sölvell, Ö. (2008), *Clusters: Balancing Evolutionary and Constructive Forces*, First edition, Ivory Tower Publishers.
Sölvell, Ö. (2009), *Clusters: Balancing Evolutionary and Constructive Forces*, Second edition, Ivory Tower Publishers.
Weber, A. (1922), *Ueber den Standort der Industrien: Reine Theorie des Standorts*, Tubingen, Verlag von J. C. B. Mohr［篠原泰三訳 (1986)『工業立地論』大明堂］.
高橋賢 (2013)「食料産業クラスター政策の問題点」『横浜経営研究』第 34 巻第 2・3 号、35-47 頁。
三井逸友 (2010)「EU 中小企業政策の展開と意義――『欧州小企業憲章』と『SBA 小企業議定書』」『商工金融』第 60 巻第 8 号、15-35 頁。
山口隆之 (2009)『中小企業の理論と政策――フランスにみる潮流と課題』森山書店。

第 8 章

クラスター政策の源流と第1フェーズ

I. はじめに

　第7章でみたように、EUでは、中小企業の振興を目的として1990年代よりクラスターへの取り組みを開始し、共同体レベルの政策に向けた合意形成、安定的で継続的な支援環境の整備という段階を経て、2000年代以降は欧州戦略およびそれに関連した中小企業政策や地域政策の目標実現に向けて、クラスターをより積極的に活用する動きがみられる。

　以下でみるように、フランスでも後に中小企業政策の観点から、2004年より本格的にクラスターの政策を開始しており、その後20年以上にわたり様々な政策ツールを開発し今日に至っている。EUにおけるクラスターの振興や施策の目的およびその規模は様々であるが、フランスは国家レベルでクラスター政策を長期にわたり展開してきたことから、特にEU戦略とその影響を受けた一国の政策動向を観察するに最適な国の1つといえる。

　結論を先に述べるならば、フランスのクラスター政策は、より近年になる程EU戦略との連動性を強めている。しかしながら、数十年にわたってフランスがクラスター政策に取り組んできた背景には、EUの動向に加えてフランス固有の歴史依存的な要素があったこともまた看過できない。そこで、以下では、フランスにおけるクラスター政策の内容と経緯を明らかにするだけでなく、政策の

各段階において政策当局でいかなる議論や評価があったのかを確認することによって、当該政策の位置づけをより正確に把握したい。まずは、本章で政策展開の全体像を概観する。ここでは、政策の開始から2024年現在で5つに分けられる政策フェーズの特徴を明らかにしたい。次いで、クラスター政策の源流にあたる政策の内容を確認したうえで、その後の政策枠組みの基礎となった第1フェーズの内容とその背景に焦点を当てる。なお、第2フェーズ以降の政策動向や議論あるいは評価については、次章以降の考察対象とする。

II. 各政策フェーズの特徴

2004年の準備期間を経て、2005年の公募により本格的に支援がスタートしたフランスのクラスター政策は「競争力クラスター（pôles de compétitivité）」と呼ばれ[1]、最初に70件程度が認定された。これ以降、政府は4年から6年ごとに認定の見直しと施策面での変更を行ってきた。各政策フェーズの対象期間は以下の通りであり、2024年現在において、政策はなお継続中である。

第1フェーズ（2005年から2008年）
第2フェーズ（2009年から2012年）
第3フェーズ（2013年から2018年）
第4フェーズ（2019年から2022年）
第5フェーズ（2023年から2026年）

各フェーズの詳細、およびそれらを巡る議論については後に考察するが、ここではまず政策の全体像を把握するために各フェーズの特徴を概観しておく。

まず「競争力クラスター」政策の源流は、中小企業政策、地域政策、雇用政策としての性格を持つ「地域生産システム（SPL：système productif local）」の振興政策にあり、この性質はその後の「競争力クラスター」にも受け継がれている。第1フェーズは、その後の支援に関わる仕組みや制度環境が整えられた時期である。この初期段階では、支援対象の認定にあたって各クラスターの計画内容が重視された。すなわち、具体的には計画に盛り込まれた市場の成長可能性や、クラスターが有する技術の競争優位性、形成を目指す連携の内容や範囲、運営構造等が評価対象とされた。

「競争力クラスター」の認定に先立っては、「計画募集要項（cahier de charge）」

に基づいて公募という方法がとられ、その後もこの形態が踏襲されている。当初の選考に際しては、各省庁の専門スタッフの審査に先立って、集積が立地している地域圏が意見を求められた。ここからはボトムアップ的な活動を支援するという政策スタンスが確認できるのであり、実際、後に確認されるように、後年になるほど「競争力クラスター」政策における地域圏の権限は強化されていく。

　また、当初政策推進にあたって主導的な役割を果たしたのは、「国土整備地方開発局（DATAR：Délégation interministérielle à l'aménagement du territoire et à l'attractivité régionale）」の提案に基づいて設置された「国土整備関係省連絡会議（CIADT：Comité interministériel d'aménagement et de développement du territoire）」であったことから、「競争力クラスター」政策の狙いの1つとして、国土開発や地域開発が想定されていたことがわかる。

　最初に認定された70程度の「競争力クラスター」は、数的には多いという批判もあったが、これらはその性質に応じて3つ（「世界的クラスター（pôles mondiaux）」、「世界的クラスター候補（pôles à vocation mondiale）」、「国内型クラスター（pôles nationaux）」）に分類されたことから、政策当初においてクラスターの特徴や発展段階に配慮した支援の必要性が認識されていたことがわかる[2]。

　予算運営面でも1つの特徴があった。特に初期段階から中期段階までの政策予算として大きな比重を占めたのは、「省庁間統合基金（FUI：fonds unique interministériel　以下FUI）」であり、これは産業、研究、地域政策、運輸、防衛、インフラ、農業、保健、サービスに関係する各省庁を横断する基金であった。このことから「競争力クラスター」政策は、単に産業政策や経済政策という枠を超えて、広く国全体に関わる課題を解決する手段として期待されていたことがわかる。

　以上のように第1フェーズは、計画中心のクラスター評価と支援基盤の確立に重点が置かれた時期であったのに対して、第2フェーズでは、数値目標に沿った各クラスターの評価が行われ、エコシステム（écosystème）概念に基づいた研究開発活動が重視された。まず数値目標による評価は、認定の取り消しを視野に入れたものであり、この政策ツールとして「パフォーマンス契約（contrats de performance）」が活用された。「パフォーマンス契約」については後に詳述するが、これにより各クラスターの運営資金の安定的な確保と、国や地方自治体による集積活動のモニタリングが確実に行えるようになった。

また、エコシステムとは、企業、研究機関、教育機関といった参加主体が中心となって形成する企業成長や、イノベーションを促す広義の地域的かつ制度的環境であり、前章の「スマートな専門化(smart specialisation)」の概念に通じるものである。第2フェーズでは、エコシステム重視の観点から、当初研究開発計画の立ち上げや活動に限定されていたFUIの適用範囲が、クラスターの管理運営やその効率性向上に関わる活動にまで拡大された。

次に、第3フェーズ以降では、市場性を重視したクラスターの評価と地域への運営権限委譲が進められるようになる。フランスでは、2012年に中小企業振興とイノベーション活動の推進を重点項目とする「成長・競争力・雇用のための国民協定(Pacte national pour la croissance, la compétitivité et l'emploi)」[3]が発表されたこともあり、「競争力クラスター」には有望で革新的かつ具体的な製品やサービスを生み出す能力が求められるようになった。具体的には、募集の段階でその活動が具体的にどのような市場の拡大や市場開拓に結びつくのか、またその市場の有望性等について詳細な説明が求められるようになった。

運営面では、地方自治体による政策運営への関与を強化するため、それまで政府内で政策運営を行ってきた「省庁間作業部会(GTI：Groupe de travail interministériel)」の権限が、地域圏連合や地域圏代表を構成メンバーとする組織体に移管されることになった。この地域への政策運営権限の流れは、地方分権の推進という国全体の方針に沿ったものである。

そして、第4フェーズの柱は、EUの動向を見据えた政策運営と国家戦略との整合性強化である。EUレベルでもクラスターの振興が継続的に行われてきたのはすでにみた通りであるが、この段階では特に、EUの「研究とイノベーションのための欧州政策プログラム("Horizon 2020"のち"Horizon Europe")の枠組みで募集される研究開発計画と、「競争力クラスター」の活動の整合性が問われるようになった。この動向は、それまでのFUIを中心とする国家予算偏重の政策運営から欧州資金重視のそれへのシフトであり、以降は政策運営の権限を委譲された地方圏レベルでもEU政策や施策の動向が強く意識されるようになる。

また、フランスでは、2013年の「新産業フランス(NFI：nouvelle France industrielle)」[4]に代表されるように、かねてより国家戦略として優先すべき産業や技術領域を明確にしてきたが、この時期以降は当該優先領域の産業や技術開発のために「競争力クラスター」を積極的に動員する動きがより鮮明になる。

第5フェーズでは、第4フェーズでも確認された欧州戦略との連動性強化、特に研究とイノベーションのための政策プログラムとの連動性、結束政策（cohesion policy）基金や欧州地域開発基金（ERDF：European regional Development Fund）の活用、および「フランス2030（France 2030）」に代表される国家戦略との関係性が重視されるとともに、引き続き中小企業重視、地域基盤の連携関係重視の動向が確認される。具体的には、地域の優先課題に沿った連携や協力関係の構築によるエコシステムの形成、国境を越えた活動を行うクラスターを通じた中小企業の市場拡大とネットワーク化、「フランス2030」および地域のイノベーション政策において中心的役割を果たすことが、「競争力クラスター」として求められている。

図表8-1　「競争力クラスター」政策の変遷

フェーズ	対象期間(年)	政策の力点	主な支援ツールとキーワード
1	2005-2008	集積管理運営組織の構築	FUI
		共同研究開発計画の推進	
2	2009-2012	イノベーション・プラットホームへの支援	パフォーマンス契約(戦略的・技術的ロードマップ)
		数値目標の明確化	企業のイノベーションと成長のためのエコシステム
		中小企業の動員と支援	
3	2013-2018	製品やサービスの市場性	運営委員会・技術委員会
		地方自治体の関与	
4	2019-2022	EU政策、国家戦略との連動性確保	hiフランスラベル
		中小企業としての位置づけ明確化	Team France Export
		地方自治体の関与強化	INPI(特許庁)との連携
		雇用ニーズの先取り予測と教育訓練	雇用・技能計画
5	2023-2026	EU政策、国家戦略との連動性強化	フランス2030計画
		中小企業の競争力強化	

出所：筆者作成。

以上の第1フェーズから第5フェーズの特徴をまとめたものが、図表8-1である。以降ではこうした「競争力クラスター」政策の内容と変遷を政府内の諸議論とともにより詳細に考察する。

Ⅲ.「地域生産システム」の振興政策

1. 中小企業集積への注目

2004年の公募に始まる「競争力クラスター」政策の源流は、1990年代後半に展開された「地域生産システム」と呼ばれる集積の振興政策に求められる。当該政策の推進および後の「競争力クラスター」政策の初期段階に主導的な役割を果たした政府機関が「国土整備地方開発局」であったことからも明らかなように、集積の振興政策はもともと国土開発（地域開発）という目的を持つものであった。また、「地域生産システム」政策の理論モデルとして「国土整備地方開発局」が参考にしているのは、前章でも触れたピオリとセーブル（Piore, M. and Sabel, C.）が指摘するようなイタリアの産地である。

「地域生産システム」という言葉の起源は必ずしも明らかではないが、伝統的にフランスでは、主に小規模都市を中心として特定製品の生産活動に特化した中小製造業が集中立地している状態を指すものであった。なお、当該概念を政策に応用するにあたり、「国土整備地方開発局」では、次のように説明している。「『地域生産システム』は多面的性格を持つが、次の定義については研究者や地域主体の見解が一致している。すなわち、それは一般に、雇用が集まる地域に立地する特定形態の生産組織である。この組織は、仕事を分業する類似した、あるいは補完的な活動を行う生産主体（製造業やサービス業、研究所、研修機関、技術移転機関および管理センターなど）から構成される相互依存のネットワークとして機能する」[5]。

ここでは、すでにその後の「競争力クラスター」に通じる多様な主体の関与や雇用対策としての意義が指摘されていることが注目される。ただし、「地域生産システム」の基本的特徴として示される3つの内容、すなわち、①製造業、特に小規模生産者の地理的集中、②特定の生産工程あるいは製造物の生産への特化、③生産手段・生産用具・ノウハウの共有についての中小企業間協力、

からは、あくまで目的の中心が中小製造業による連携関係構築であったことがうかがえる。また、「国土整備地方開発局」は「地域生産システム」の成立・発展条件として「信頼（confiance）」、「協力（coopération）」、「コミュニケーション（communication）」、「創造性（créativité）」の4つを挙げている[6]ことから、構成主体間の競争関係よりも、むしろ協調関係を重視していることが明らかである。この参加主体の協調関係あるいは協力関係の重視という特徴は、その後の「競争力クラスター」政策の特徴として引き継がれるものであり、前章で確認したように、競争と協調の相互作用による効果を重んじるポーターのクラスター概念とは一線を画す部分である。

2.「地域生産システム」政策の背景[7]

19世紀には、フランスにおいて特定産業に特化した中小企業集積は隆盛を極めていたとされる。現代でも知られるリヨン（Lyon）の絹織物生産やリモージュ（Limoge）の磁器などはその代表であり、このほかにも金物、刃物、釘、時計など特定製品の生産や加工部門に特化した多様な集積がみられた。

しかしながら、一般にフランスで「黄金の30年間（trente glorieuse）」と呼ばれる高度経済成長期に、伝統的な「地域生産システム」の多くは消滅したとされる。その理由としては、計画経済や混合経済とも評される経済体制のもとに大企業中心の政策がとられ、中小企業の経営基盤や存在意義について充分な政策的配慮がなされなかったこと、大量生産体制の普及に伴って、少量生産を特徴とする職人依存的な生産過程の多くが衰退したことが挙げられる。

そして90年代後半には、「地域生産システム」の衰退が一層顕著になる。これは、EU統合の深化とグローバル化の進展によって、新興国の商品やサービスが大量に流入し、近隣先進国との直接・間接的な競争も激化したためである。こうしたなか、戦後のフランスでは雇用・失業問題がつねに政策当局の課題であったこともあり、地域雇用の重要な担い手としての中小製造業を支援する必要が高まった。また、こうした国内事情に加えて、この時期には、フランス同様に小規模企業が産業構造において厚い層をなす隣国イタリアが奇跡ともいわれる経済回復をみせ、そこにおける中小製造業を主体とするネットワークが、ひとつの経済発展モデルとして高く評価されていた。

以上の状況のもと、「国土整備地方開発局」と「フランス計画総庁（Commissariat général du plan）」は、1995から97年にかけて国内の「地域生産システム」の現状を把握すべく調査を行い、200余りの集積があることを確認した。そして1998年11月に公募（appel à projets）に基づいて潜在能力の高い60余りの集積を選定し、その振興のために「地域整備開発国家基金（FNADT：fonds national pour l'aménagement et le développement du territoire）」による予算210万ユーロを用意した[8]。認定数はその後追加認定があり最終的に99となったが、範囲は海産物、チーズ、菓子といった食料品分野、眼鏡、刺繍、陶磁器、籐細工、香水等といった伝統産業から、スポーツ・レジャーといった第3次産業、さらにはハイテク産業にまで及んでおり、非常に多様な集積が認定された[9]。

ギヨーム（Guillaume, R.）によれば[10]、「地域生産システム」は比較的人口の少ない地域に立地すること、地理範囲が狭いこと、生産活動の維持を主たる目的としていることをもって、経済成長の牽引役として位置づけられる後述の「競争力クラスター」とは区別されるという。また、予算規模でみても両者には相当な差異がある。

しかしながら、すでにみたように中小企業政策や地域政策、あるいは雇用政策としての意義を与えられていること、参加主体の協力関係と活動の多様性が認められている点では「競争力クラスター」と共通している。この意味で「地域生産システム」は、後の本格的なクラスター政策への布石として位置づけられる。

Ⅳ. 第1フェーズの背景と内容

2000年代に入ると、関連主体の協力関係の構築、一貫性を備えた企業活動支援の必要性といったように「地域生産システム」の政策実践で得られた教訓に基づいて、より大規模に集積の振興を行い、これを国のイノベーション政策の枠組みのなかで捉えようとする動きがみられるようになる。「競争力クラスター」政策の契機となったのは、2002年12月に開催された地域計画に携わる閣僚、産業界の代表者、研究者からなる「国土整備関係省連絡会議」であり、これは「国土整備地方開発局」の提案に基づいて開催されたものであった。ここでまず確認されたのは、国際競争力の向上、企業環境の改善とイノベーションの誘発、地方

分権の推進といったクラスターがもたらす効果であり、併せて民間部門と公的機関が戦略を共有すること、国が用意する他の支援体制と矛盾しないよう配慮すること、といった今後の課題も指摘された[11]。

この「競争力クラスター」政策推進の背景として重要なのは、大きく3つである。第一に、欧州統合の深化とグローバル化のさらなる進展に伴い、フランス経済の国際競争力が著しく低下していたことである。すでに大規模国家プロジェクトとそれに関連した一部の少数大企業に依存した経済発展モデルは時代遅れとなり、公的研究・教育機関の厚みという特徴を生かしながらも、民間活力をより積極的に動員する必要に迫られていた。

第二に、この時期、世界的に中小企業の重要性が再確認されたことである。象徴的な動きとして、2000年にEU理事会は「欧州小企業憲章（European Charter for Small Enterprises）」[12]を採択した。ここでは、小企業を欧州経済の背骨、雇用の主要な源泉、ビジネス・アイデアを産み育てる大地として評価し、小企業優先のための行動指針を示したうえで、加盟各国に戦略的な努力を払うよう勧告した。また、同年にはOECDに加盟する47か国の中小企業関係閣僚会議による「ボローニャ中小企業政策憲章（The Bologna Charter on SME Policies）」[13]も採択された。特にフランスでは、2000年前後を境として、工業部門のみならず、国内雇用全体が縮小傾向を強めていたために、雇用維持に影響力が大きい中小企業を振興する政策ツールとしてクラスターが注目された。

第三に、2000年に欧州理事会で採択された、いわゆる「リスボン戦略」[14]の影響である。「リスボン戦略」は、知識経済下におけるイノベーションの重要性を強調するものであったことから、イノベーション政策の枠組みにおいてクラスターを活用することの価値が注目された。この時期のフランスは特にハイテク部門における国際競争力の低さや民間部門の研究開発の遅れが顕著であったために、高度な研究成果をもとに新市場を開拓する企業を支援し、併せて民間企業の研究開発活動を刺激する必要があった。

V. 政策開始前後の議論

　ここでは「地域生産システム」から「競争力クラスター」への移行期の状況と政策立案の過程を確認するために、後の政策に直接的・間接的な影響を与えた代表的な報告書の内容を確認する。

1.「フランスの新たな産業政策に向けて（*Pour une nouvelle politique industrielle* 以下ベファ・レポート）」[15]

　当該報告者は、素材産業分野で世界的に知られるサンゴバン社（Saint-Gobain）の会長兼社長であったジャン・ルイ・ベファ（Beffa, J. L.）を中心とする特別委員会の手によるものである。「競争力クラスター」の具体的な施策については、後述の「国土整備地方開発局」の報告書がその骨子を示すことになったが、当該報告書の内容は、当時のフランス産業政策および国の組織体制に大きな影響を与えた。

　ベファ・レポートは、EUが「リスボン戦略」によって知識基盤型社会への移行を打ち出し、イノベーション政策の重要性が強まるなかで戦後フランスの経済発展を支えた構造の限界を指摘し、多角的視点から今後のフランス産業政策のあり方を示している。まず国際競争力という観点からフランス工業部門の強みと弱みを分析し、1992年以降の国内研究開発投資の対GNP比の傾向や1994年から2000年にかけての特許出願件数の増減率等を根拠として、特にハイテク部門の弱さを指摘する。

　すなわち、フランスは、化学、セメント、ガラスといった素材産業や、航空機、自動車といった分野では依然として国際競争力を維持しているが、戦後のフランスにおける最大の関心事である雇用への影響が大きく国民経済への波及効果の高い工業部門、なかでも、近い将来の国際競争力に結びつくような技術分門の競争力が弱い。

　この1つの理由は、戦後に形成されたフランス経済構造の制度的疲弊にある。過去フランス経済の成長を支えてきたのは、ミニテル、コンコルド、TGVにみられるように国が戦略的に主導する大型研究開発計画であったが、この推進の柱であった「公的研究機関─公企業（大企業）─公的需要」というトライアングル

関係の維持は限界にきている。その理由は、民営化によって公企業が産業に占めるウェイトが低下したこと、グローバル化の進展に伴って不公正な規制や補助金のあり方が問題視されるようになってきたこと、生産の国際分業が進むなかでは国内完結型の生産が非効率になってきたこと等が挙げられる。

ベファ・レポートでは、以上の状況にもかかわらず、フランスでは研究開発関連の公的資金の8割近くが、依然として防衛部門と大規模国家プロジェクトに集中的に向けられており、将来的な成長が期待される技術部門への支援は希薄であるとする。また、民間部門の研究開発支援も不十分であり、これら部門の研究開発能力を引き出すことができていない。

この民間活力の積極利用という視点は、ひとつの政策モデルと目されるアメリカの事例に影響を受けたものである。すなわち、ベファ・レポートの分析によれば、アメリカがIT部門やバイオ・テクノロジーといった先端部門で競争力を発揮しているのは、巨額の研究開発投資および、その成果を積極的に活用する民間部門の活躍によるところが大きい。アメリカでは、80年代初頭に公的部門の研究開発成果や技術上の成果を民間に移転し、ビジネス化を促すための法的整備が進められた。また、政府はIT部門や環境関連など、国家として優先すべき研究課題については学際的な研究計画を示し、これを強力に支援した。

以上のように、ベファ・レポートは、大規模研究開発計画に基づく過去の政策の反省の先に、今後成長が見込まれる分野における民間部門の活躍を展望し、そのために政府がとるべき対応を指摘するものであった[16]。この時点では、クラスターについての直接的言及はみられないが、民間部門の活力を利用するという観点からは、既存の資源である公的な研究機関や教育機関と民間企業との間にいかにして連携関係を構築するか、という問題意識が含まれており、その後のクラスター政策展開に影響を与えたといえる。

2.「発展する生態系の形成に向けて (Pour un écosystème de la croissance)」[17]

当該報告書は、エール・フランス社 (Air France) 社長の経歴を持ち、当時イブリーヌ県の下院議員であったクリスチャン・ブラン (Blanc, C.) を代表とする特別委員会が作成し政府へ提出したものである。知識基盤型社会の実現を目指し、イノベーションを重視する「リスボン戦略」を前提として、フランスの国際

競争力発揮に向けてクラスターの創出が必要であるとし、研究機関や高等教育機関、特に国における大学の位置づけに対して問題提起を行っている。

　ここでは、ポーターのクラスター概念を引用しながら教育・研究部門の卓越性と経済主体を結びつけるものとしてクラスターの重要性を指摘している。そして、クラスターの創出に際して国がとるべき措置として、大きく以下を指摘する。

　第一に、地方自治体の権限強化である。知識経済下における成長には地域レベルにおける企業・教育機関・研究機関の連携によるイノベーション能力の発揮が不可欠なのであり、この鍵を握るのは人のつながりである。したがって、全国的に統一された政策や均質化に執着しがちな国主導のスタンスから離れ、地域の自発性を尊重すべく地域の権限を拡大していくことが不可欠であるという。

　第二に、「競争力クラスター」の核となるのは、大学や研究機関と産業界の密接な関係である。しかしながら、高等教育の中核を担うフランスの多くの大学は、経済エリートの養成という面でグランゼコールに大きく引き離されている。地域に根差した大学の産業界への開放とその地位を向上させる必要がある。

　第三に、上記地域への権限委譲と大学の地位向上の先に、国は最終的に研究開発活動への資金提供と評価という役割に徹するべきである。

　第四に、クラスターの成功の鍵を握るのは、企業家である。このため、特に中小企業の経営者が他企業や公的研究機関と連携し協力関係を築くことの重要性を認識しなければならない。そこで当面における国の重要な役割は、経営者を取り巻く多様な組織やネットワークの深化と拡大を促し、併せて研究開発における資金調達環境を改善することである。

3.「工業大国フランス──地域主導による新しい産業政策：企業間ネットワーク、テクニカル・バレー、競争力クラスター (La France, puissance industrielle: une nouvelle politique industrielle par les territoires, réseaux d'entreprises, vallées technologiques, pôles de compétitivité)」[18]

　これは、現実的な「競争力クラスター」政策の骨子を示したものであり、政府レベルの「競争力クラスター」に関するワーキング・グループが行った議論の統括である。取りまとめは「国土整備地方開発局」が行ったことを反映して、特に

国土開発や地域開発、あるいは地方分権の文脈のなかで「競争力クラスター」を評価する傾向がみられる。

ここで「競争力クラスター」は、中小製造業の生存基盤の確保を目的とした「地域生産システム」の延長線上にある第二段階の取り組みであり、その目的は地方分権の推進と地域の競争力強化にあるとされる。政策実行に際して原則として示されたのは、以下の8項目である。

① 「競争力クラスター」の認定
- 地域の関連主体が自発的に立案した計画をもとにして、国、地域、大学や研究機関の専門的知識を動員して選定を行う。
- クラスターが追求する目的（国内的か国際的か等）に応じて多様な認定基準を用いる。
- 認定それ自体の効果を高めるために、各クラスターのブランド化（ロゴ等を通じた可視化の促進等）、Web情報プラットフォームの構築、国際的規模のイベントなどを行う。

② ネットワーク化と共同化の推進
- 協調と競争は相反するという一般的な考えを覆し、連携や共同関係の構築を優先する。
- 認定された「競争力クラスター」には特別な優遇措置を用意する。

③ 人的資源と能力開発活動の重視
- 今後成長が期待される部門の専門人材の確保に際しては、雇用者団体等と協力して職業訓練や採用活動を行う。
- 地域における共同研修や集団的な雇用管理を推奨する。

④ 産業界と研究機関、教育機関の連携強化
- 技術開発支援や投資支援制度の見直しを行う。
- 大学や公的研究機関の再編を検討する。

⑤ 新規事業および雇用拡大の推進
- 迅速な融資や前渡金制度の開発を行う。

⑥ 交通インフラとデジタル・インフラの整備

⑦ 欧州レベルでのネットワーク化の推進

⑧ 官民の緊密な連携による管理

VI. 政策の開始[19]

　上記報告書の提案内容を受けて2004年9月の「国土整備関係省連絡会議（CIADT）」では、以下の内容を含む政策実施体制が示された。

- 政府による「競争力クラスター」の認定に先立ち、主体性を重視するため地域主導で作成された発展計画を募集する。
- 評価作業は、「国土整備関係省連絡会議」、「国土整備地方開発局」および各省間連絡会議の協力のもとに編成された専門家グループが行う。
- 予算は、2005年度から2007年度にかけて7.5億ユーロとし、このうち、約半分（3.7億ユーロ）は国の一般会計から拠出し、残りは中小企業支援に関わる複数の公的機関[20]が負担する。
- 特別な財政支援や保障（公的資金、税金の免除および社会保障費の軽減等）を用意し、必要に応じてEUの基金も動員する。

　以上の基本枠組みに基づいて計画の公募が開始された。募集要綱では、地域発展計画の推進方法（関連主体の連携の具体的形式、主要推進団体、リーダーなど）、地域圏や欧州の戦略との関係、戦略内容、対象となる地理的範囲、参加企業や研究・教育機関名等が求められ、評価は当該計画内容に関わる各省の専門家グループ、産業界や研究機関、高等教育機関の独立的地位にある専門家、地域圏によって多段階的に行われることが決定した。

　2004年末に開始された公募は、3か月後の2005年2月28日に締め切られ、最終的に105件の申請の中から2005年7月12日付で67件（最終的には71件）の計画が「競争力クラスター」に認定され、この67件は3カテゴリー、すなわち「世界的クラスター」（6件）、「世界的クラスター候補」（9件）、「国内型クラスター」（52件）に分類された。また、認定された集積数が当初の予定を大きく上回ったこともあり、予算は3年間で15億ユーロ（各省庁からの予算4億ユーロ、預金供託金庫の8億ユーロ、税制優遇と社会保険料の減免措置による3億ユーロ）と大幅に増額された[21]。

　また、2004年9月から2005年7月にかけて、公的機関による研究成果の民間移転を促進する「国立研究庁（Agence nationale de la recherche　以下ANR）」、中小企業の国際化や技術革新を支援する「中小企業支援機構（以下OSEO）」、中長期かつ大規模な研究開発への支援を行う「産業イノベーション庁（AII：Agence de l'innovation industrielle）」、中小企業の研究開発を奨励する新しい法人格であ

る「革新的新興企業（JEI：jeune enterprise innovante）」等、「競争力クラスター」の振興政策を直接的・間接的に補完する体制が整えられた。

地理的分布をみると、認定された「競争力クラスター」はフランス全土に広がるが、パリを擁するイル＝ド＝フランス（Île-de-France）（7件）はもとより、中堅規模の都市が存在する地域圏において多くが認定された。たとえば、ローヌ＝アルプ（Rhône-Alpes）（16件）、プロヴァンス＝アルプ＝コート・ダジュール（Provence-Alpes-Côte d'Azur）（8件）、ラングドック＝ルシヨン（Languedoc-Roussillon）（7件）、ノール＝パ・ド・カレー（Nord-Pas-de-Calais）（6件）、ペイ・ド・ラ・ロワール（Pays de la Loire）（6件）、リムーザン（Limousin）（6件）、ミディ＝ピレネー（Midi-Pyrénées）（6件）である。

分野的には、特に「世界的クラスター」において、医療やIT関連といった戦略的産業、あるいはハイテク産業のクラスターが多く、「国内型クラスター」では、農産物や食品加工、機械や繊維といった伝統産業のクラスターが多い。また、製造業やサービス業といった伝統的な産業分野の枠組みに囚われない社会問題の解決を目的としたクラスター（たとえば輸送や環境、セキュリティー対策、都市環境の整備等）も少なからず認定されている[22]。これらは、個別企業や特定の技術分野のみでは解決不可能な社会問題に向けて地域の多様な主体を動員するものであり、後の持続可能性への取り組みを先取りしたモデルとして注目される。

Ⅶ．第1フェーズの外部評価

以上の第1フェーズについては、フランス政府の依頼に基づいて政策評価が行われた。外部機関として評価作業を委託されたのは、ボストン・コンサルティング・グループ（Boston Consulting Group　以下BCG）とCMインターナショナル（CM International）のコンソーシアムであり、この最終報告書は2008年6月18日付で公表されている。

当該評価は、互いに関連する2つの側面、すなわち、これまで国が進めてきた政策の妥当性（政策の首尾一貫性や効率性の分析）と、認定を受けたクラスターにおける活動状況という側面に焦点を当てるものであった。すなわち、この評価は、政策の有効性と問題性を明らかにして、その結果を今後の政策展開に反映させること、ならびに、認定されたクラスターにおける活動状況を把握し、必要

図表8-2　第1フェーズの評価項目

政策評価	集積活動の評価
適性および一貫性	
施策内容	1. 戦略
3類型および地理的範囲の適切性	2. 域内の変化
研究開発やイノベーションに関連する他施策との関係	3. 推進構造と管理構造
持続的発展の考慮	4. 中小企業の参加と起業状況
実施体制の評価	5. 研究開発計画の進捗状況
施策内容(計画選考過程の適切性、資金支援の方法)	6. 企業、研究機関、教育機関によるシナジー
国および地域レベルの施策内容	7. 地域への密着度と連携効果
集積活動の評価システムおよびフォロー体制	8. ビジネスの拡大および国際的展開の可能性
初期効果の評価	9. 人材開発および教育活動の内容
集積構造	10. 計画推進体制
地域の魅力向上への寄与度	11. 持続的発展の考慮
関連主体間のシナジー	

出所：DIACT (2008), p. 17を一部加筆・修正。

に応じて改善勧告や認定取り消しを行うことを視野に入れたものであった。

　政策評価にあたっては、他国の政策や施策、および各クラスターの代表者や、国、地域圏、地方自治体といった政策実施機関へのインタビュー資料等が参照された。また、クラスターの活動状況は、2005年7月から2007年10月を対象として図表8-2にある11の項目に従って分析された。紙幅の関係もあり、以下では集積活動の評価のなかで明らかにされた参加主体数、連携活動、研究開発計画、運営体制、計画作成や戦略の実施体制、中小企業動員の各状況に絞ってその内容を確認しておく。

　まず参加主体は、2005年の認定以降、確実に増加していた。具体的に2005から2006年では19％、2006から2007年では30％の増加であった。参加主体のうちをみると、最も多くを占めるのが企業であり68％（6442主体）、次いで研究・

教育機関16％（1461主体）、その他の組織や機関（地域の協同組合や職業別組合等）は15％であった。新規に参加した主体としては、中小企業が多くを占め、2007年では新規参加主体の7割近くを占めた。

次にクラスター間の連携について、衣料、航空、エネルギーといった領域では、類似性が高い研究開発テーマを持つクラスター同士が連携をはかろうとする動きがみられ、活動が広域化しているケースもみられる。また、各クラスターと地域に存在する支援主体、たとえば、地域経済開発担当当局や地域のイノベーション推進機関、インキュベーター等との関係構築も総じて進んでいることが確認された。しかしながら、課題として、研究機関や高等教育機関の連携はまだ不十分であるであることが明らかとなった[23]。

研究開発活動の動向について、2005年以降「競争力クラスター」に関連して国の認定を受けた研究開発計画数は約3700件に上り、さらに各クラスターは、「省庁間統合基金（FUI）」以外にも地方自治体やOSEO、ANRなどが提供する多様な公的資金を利用していた。また、認定された研究開発計画のうち、クラスターの自己資金によって運営されるものの割合は、2005年の67％から2007年の71％へと上昇していた（71クラスター全体で42億5000万ユーロ）。

しかしながら、課題として、こうした資金調達先の多様化にもかかわらず、クラスター内で行われる研究開発に占める欧州資金の割合は低く（2007年で1％程度）、ベンチャー・キャピタルやビジネス・エンジェルといった民間主体との関係構築も遅れていることが確認されている[24]。

次に管理運営面では、クラスターの意思決定に関わる体制はある程度整っていた。しかしながら、戦略推進や運営に向けた体制は、多くのクラスターにおいてまだ未整備であった。典型的な運営構造は、理事会、事務局、評議会（comité de labellisation）の3つで構成されており、このうち、理事会の代表者の多くは民間企業に属していることが多いが、実質的な戦略推進を行っているというよりは、情報収集や法的側面の処理を主な業務としていた。また、上記3組織の役割分担が明確でないことが懸念材料として指摘されている。

次に、戦略および計画の推進状況について、参加主体が協力して計画を立案し推進するための環境は概ね整えられていた。クラスター内で提案される計画の評価や選定ついては、専門性の程度や実施プロセスの厳格性の面で差異はあるものの、ほとんどのクラスターがその信頼性を担保するための何らかの仕組

みを導入していた。たとえば、計画の評価基準情報を全体で共有しているのは71クラスター中68件であり、さらにそのうち3分の2は計画評価のためのガイドラインを有していた。また、計画の評価に際して、専門家や学識者を利用している例も約半数（38件）であった。

　しかしながら、報告書では課題として、クラスター内で作成される戦略がしばしば一般的な内容を示すにとどまり、具体的な活動に結びついていないことを指摘している。たとえば、戦略の推進や実行にあたりロードマップの作成とそれに基づいた活動の調整を行っているクラスターは17件であった。加えて、クラスターを資金獲得のための単なる窓口と捉える企業が少なからず存在することから、それらへの対応も課題であるという[25]。

　最後に、中小企業の動員について、少なくとも方針という側面でみれば、多くのクラスターが中小企業の要求や期待に応えることを目標にしており、実際に中小企業参加を促すための取り組み（たとえば大企業との交流機会の提供、中小企業が取り組む研究開発のリスト作成等）が多くあることが確認された。また、クラスター運営を担う上層組織に中小企業の代表者が参加するケースも少なからずみられた。

　ただし、さらなる中小企業の参加促進のうえでは、主に資金面、地域に存在する伝統的な組織との関係、および中小企業者の主体性に関連する課題があるという。評価に際して行われた調査では「競争力クラスター」のために用意された公的資金はまだ十分に中小企業に行き届いておらず、伝統的な職業組合等が新たな連携関係の構築に際して障害になっているケースもみられた。また、日常業務や経営業務に追われているといった理由で、クラスター運営組織での主要なポストに就くことを躊躇する中小企業者も少なくなかった。以上の状況から、具体的課題として、多様な資金提供主体と中小企業を結びつける仕組みの構築、中小企業者が持つニーズの掘り起こし、中小企業と大企業との連携の促進等が指摘されている。

　以上を踏まえたコンソーシアムの最終的な結論としては、雇用面での効果はまだ明らかではないものの、「競争力クラスター」はフランスにおいて地域の多様な主体からなる連携関係の構築に貢献し、イノベーションに向けた取り組みを刺激していることから、公的資金の投入も含め引き続き政策を継続するに足るというものであった[26]。

　この報告を受けて政府は、2008年6月26日に政策の継続、すなわち2009年か

ら2012年を対象とする第2フェーズを発表した。第2フェーズの開始にあたっては、「競争力クラスター」が目標を達成しているグループ（39件）、一部の目標を達成しているグループ（19件）、抜本的な改善が必要なグループ（13件）に分けられ、改善が必要とされたグループについては2009年末までの猶予をもって、認定取り消しを視野に入れるとされた。

Ⅷ. おわりに

　以上、本章ではフランスのクラスター政策の源流と位置づけられる政策や「競争力クラスター」政策に先立つ議論、および第1フェーズの内容とその評価を中心に考察した。最後に、ここで確認されたポイントを整理しておく。

　第一に、「競争力クラスター」政策の源流は、国土整備開発の責任を負う政府機関が90年代後半に展開した「地域生産システム」の振興政策に求められることを確認した。そして、ここからクラスター政策は、もともと地域開発や地方分権、また雇用対策や中小企業政策の文脈において理解されるものであることが明らかとなった。この地域開発、雇用対策、中小企業政策としての位置づけは、第2フェーズ以降の政策展開においても重視されることになる。

　第二に、フランスにおけるクラスター政策の背景には、EU統合の深化およびグローバル化の進展という状況があったことも確認された。特に「リスボン戦略」以降は、イノベーション、研究開発という観点から地域の多様な主体が連携することによる効果が一層重要視され、「競争力クラスター」政策は、単に産業政策という域を超えて戦後フランスが築いてきた広い意味での社会構造を変革するための重要な政策ツールと見なされるようになっていることも確認された。「競争力クラスター」を巡る議論の射程は、その後政策フェーズが進むにつれて一層拡大していくことになる。

　第三に、理論モデルでいえば、「地域生産システム」から「競争力クラスター」への移行のなかで、前章で扱った中小製造業の連携に焦点を当てる「第三のイタリア」モデルからイノベーションや新企業の誕生、およびそれを可能にする多様な関連主体の連携を中心に捉えるポーター・モデルへの変化が確認された。ただし、「競争力クラスター」では当初より、競争よりもむしろ協調や連携といった側面が重視されてきたことには留意する必要があり、これは同じく前章

で示したソルベルらの指摘と合致するものである。

　以上の第1フェーズで確認された事柄のその後の経緯については、次章以降の考察のなかで明らかにしたい。

注────────────

1) 政策当局によれば「競争力クラスター」は次のように定義されている。「一定の地理的空間において、革新的な性質を持つ共通プロジェクトのもとにシナジーを発揮する企業、教育機関、官民の研究機関が結びついたもの。この連携関係は、市場や技術、科学分野を中心に構成されるものであり、競争力と国際的な知名度の獲得のためにクリティカルマスの達成を目指す必要がある」(Nicolas, J. et Daniel D.(2005), p. 64)。なお、今日ではフランスのクラスター政策について、わが国でも少なからずの論考がみられるようになったが、"pôle de compétitivité" の訳語については必ずしも統一されていない(たとえば、「競争力の極」、「競争力拠点」、「競争力中核拠点」等)。筆者は、2009年当時の拙著において原語との整合性から「競争力の集積地」の訳語を用いたが、その後フランスにおけるクラスター政策の知名度も上がり英語で紹介されることも多くなった。英語表記では "competitiveness clusters" が最も多く用いられ、近年では英語版の公的資料もこれを用いている。このため本書では「競争力クラスター」の訳語で統一する。
2) 第1フェーズの認定過程とその内容については、山口隆之(2009)、167-188頁。
3) 「成長・競争力・雇用のための国民協定」 https://www.economie.gouv.fr/files/files/directions_services/dae/Pacte_competitivite.pdf (閲覧日 2025年1月10日)
4) 国家戦略として、情報技術の進展とともに有望視される市場に対応すべく9つの優先領域(新資源、持続可能な都市、未来の輸送、未来の医療、データ経済、スマート・デバイス、サイバー・セキュリティー、スマートな食品、未来の医療)とソリューションを示したもの。
5) DATAR(2002), p. 5.
6) DATAR(2002), p. 6
7) 以下、「地域生産システム」の歴史的背景とその内容については、山口隆之(2009)、144-149頁を参照。
8) なお、計画作成については、各地方に存在する技術センターや地域経済開発局、「商工会議所」や「手工業会議所」など地方の多様な公的機関や公的組織が取りまとめの窓口となった。また、集積の立ち上げや運営に必要な資金は欧州、国、地域圏、県、市町村連合、各種会議所等の多段階レベルで調達された。
9) 山口隆之(2009)、145-166頁。
10) Guillaume,R. (2008).
11) Nicolas, J. et Daniel D. (2005), pp. 63-66, 山口隆之(2009)、167-170頁。なお、その後「競争力クラスター」政策の運営は、政府組織の再編とともに2014年に「国土整備地方開発局」から「地域間平等政策総局(CGAT：Commissariat général à l'égalité des territoires)」へ移管され、さらに2020

年からは「地域結束庁（ANCT：Agence nationale de la cohésion des territoires)」が担っている。
12) 「欧州小企業憲章（European Charter for Small Enterprises)」 https://europa.rs/upload/documents/key_documents/EU% 20SME% 20charter_en.pdf（閲覧2024年9月23日）
13) 中小企業政策における包括的な枠組みであり、加盟国は協力して中小企業の発展を促進するための行動（ビジネス環境の整備、金融へのアクセス、技術開発、官民パートナーシップやネットワークの形成等）をとることを約束した。
14) 2000年3月の欧州理事会で採択されたEUの長期戦略。アメリカの競争力を意識して2010年までに競争力のある知識基盤社会を実現することが目的とされた。「リスボン戦略」の詳細については、田中友義（2005）、三井逸友（2007）が詳しい。
15) 以下、ベファ・レポートの内容については、Beffa, J. L. (2005), pp. 13-60, 山口隆之（2009）、196-200頁を参照。
16) これについて、ベファ・レポートでは、大型国家プロジェクトの運営原則を捨て、公的機関から生み出される研究成果と民間資源の結合によるイノベーションを目指す「産業イノベーションのための動員計画（PMII：Programmes mobilisateurs pour l'innovation industrielle)」を提示し、その運営を担う政府内組織として「産業イノベーション」の設置提案を行っている。
17) 以下は、Blanc, C. (2004)、山口隆之（2009）、174-175頁参照。
18) 以下は、DATAR(2004), pp. 113-127参照。
19) 「競争力クラスター」の政策開始前後の経緯については、山口隆之（2009）、175-179頁を参照。
20) 「預金供託公庫（CDC：Caisse des depot et conseignants)」「国立研究開発公社（ANVAR：Agence national pour la valorization de la recherche)」「中小企業開発銀行（BDPME：Banque de dévelopment des petite et moyennes enterprise)」「中小企業融資保証会社（SOFARIS：Société française pour l'assurance du capital-risque des petites et moyennes entreprises)」等。
21) Nicolas, J. et Daniel D. (2005), pp. 75-78.
22) 山口隆之（2008）はこれらを「ソリューション型」としている。
23) DIACT(2008), pp. 8-22.
24) DIACT(2008), pp. 28-39.
25) DIACT(2008), pp. 41-59.
26) DIACT(2008), pp. 22-24, pp. 65-67.

参考文献

Beffa, J. L. (2005), *Pour une nouvelle politique industrielle*, La Documentation française ［水上萬里夫・平尾光司訳（2007）「フランスの新たなイノベーション政策に向けて『専修大学都市政策研究センター論文集』第3号、119-166頁］.

Benko, G. (1992), "Espace industriel logique de localisation et développement régional," *Sciences de la Société*, n° 66-67, pp. 129-147.

Blanc, C. (2004), *Pour un écosystème de la croissance: rapport au Premier ministre*. https://www.vie-publique.fr/files/rapport/pdf/044000181.pdf（閲覧2025年1月10日）

Cooke P. (1992), "Regional innovation systems: Competitive regulation in the new Europe,"

Geoforum, Vol. 23, No. 3, pp. 365-382.
Darmon D. et Jacquet, N. (2005), *Les pôles de compétitivité: le modèle français*, La Documentation française.
DATAR(2001), *Réseaux d'entreprises et territoires: Regards sur les systèmes productifs locaux*, La Documentation française.
DATAR(2002), *Les systèmes productifs locaux*, La Documentation française.
DATAR(2004), *La France, puissance industrielle: une nouvelle politique industrielle par les territoires: réseaux d'entreprises, vallées technologiques, pôles de compétitivité*, La Documentation française.
DIACT(2008), *L'evaluation des pôles de compétitivité: bilan de la 1e phase 2005-2008*, La Documentation française.
Ganne, B. (1989), "PME et districts industriels: quelques réflexions critiques à propos «du modèle italien»," *Revue Internationale PME*, Vol. 2, No. 2-3, pp. 273-285.
Guillaume, R. (2008), "Des systèmes productifs locaux aux pôles de compétitivité: approches conceptuelles et figures territoriales du développement," *Géographie Économie Société*, Vol. 10 No. 3, pp. 295-309.
Krugman, P. (1991), *Geography and Trade*, Leuven, Belgium and Cambridge, Mass., Leuven University Press and The MIT Press [北村行伸・高橋亘・妹尾美起訳 (1994)『脱「国境」の経済学——産業立地と貿易の新理論』東洋経済新報社].
Maruani, M., Reynaud, E., et Romani, CI., (1989), *La flexibilité en Italie: débats sur l'emploi*, Syros Alternatives.
Merlin, P. (2007), *L'aménagement du territoire en France*, La Documentation française.
Nicolas, J. et Daniel D. (2005), *Les Pôles de Compétitivité: Le Modéle Française*, La Documentation française.
Piore, M. and Sabel, C(1984), *The Second Industrial Divide*, Basic Books [山之内靖・永易浩一・石田あつみ訳 (1993)『第二の産業分水嶺』筑摩書房].
Porter, M. E. (1998), *On Competition*, Harvard Business School Press, 1998 [竹内弘高訳 (1999)『競争戦略論Ⅱ』ダイヤモンド社].
Saxenian, A. *Regional Advantage: Culture and Competition in Silicon Valley and Route 128*, Harvard University Press, 1994. [大前研一訳 (1995)『現代の二都物語：なぜシリコンバレーは復活し、ボストン・ルート128は沈んだか』講談社].
田中友義 (2005)「EUリスボン戦略はなぜ変更を迫られたのか——ひらく米国との成長・雇用格差」『季刊 国際貿易と投資』第60号、95-106頁。
野原博淳・平尾光司 (2007)「フランス技術革新制度の進展とベッファ報告の意味——伝統的政策手段への回帰？」『専修大学都市政策研究センター論文集』第3号、111-117頁。
萩原愛一 (2006)「最近のフランスの産業政策——イノベーション強化の取組み」『レファレンス』第56巻第6号、84-98頁。
三井逸友 (2007)「21世紀のEU中小企業政策の意味するもの」『中小企業季報』第141号、10-21頁。
山口隆之 (2008)「産業クラスター政策における既存中小企業の位置付け——フランスの事例に学ぶ」『商工金融』第58巻第11号、37-38頁。
山口隆之 (2009)『中小企業の理論と政策——フランスにみる潮流と課題』森山書店。
山崎榮一 (2006)『フランスの憲法改正と地方分権——ジロンダンの復権』日本評論社。

第9章

第2フェーズの展開と評価

I. はじめに

　前章では、クラスター政策の源流としての「地域生産システム」政策の背景と内容、「競争力クラスター」政策が実施されるまでの過程と議論、そして政策第1フェーズにおける「競争力クラスター」の活動状況とその評価について考察した。一連の考察を通じて、フランスにおけるクラスター政策の背景には、地域活性化、地方分権、雇用対策、中小企業支援という狙いが存在すること、またグローバル化の進展やEU統合の深化による影響があること、理論的にはイノベーション重視のポーター・モデルへの接近がみられること等が明らかとなった。

　第1フェーズの特徴は、「競争力クラスター」の認定に際して計画重視の評価がなされたこと、およびそれ以降の政策展開や支援に必要な基礎的環境が整えられたことにある。政策的狙いとしては、地域の発展を目指した多様な主体の連携体制の構築と各クラスターにおける運営構造の確立があった。

　以上を踏まえて、本章の目的は最初の政策更新がなされた前後、すなわち第2フェーズへの移行期を中心に、「競争力クラスター」政策がいかに評価され議論されていたのかを明らかにし、その後の方向性を確認することである。なお、以下では、政策への実質的影響に鑑みて、ある程度政策当局に近い公的な評価や議論に考察を限定する。具体的には、「経済社会評議会 (Conseil économique et social)」の提言、および上院 (Sénat) に設置されたワーキング・グループによる報告書の内容につき考察を深めたい。

以下でまず、第1フェーズを引き継ぐ第2フェーズの特徴を概観し、「経済社会評議会」が政府に示した提言の内容を確認する。続いて、上院ワーキング・グループの意見および提言を考察し、こうした議論と並行して進められた第2フェーズの評価内容を確認する。これらの考察を踏まえて、最後に第2フェーズ前後の「競争力クラスター」をめぐる議論の特徴とその方向性を整理したい。

II. 第1フェーズの評価と第2フェーズの特徴[1]

すでに前章で示したように、第1フェーズ（2005年から2008年）の効果検証と実体把握については、CMインターナショナルとボストン・コンサルティング・グループが報告書を作成している。そして、当該報告書が政府に提出されて間もなく、2008年6月には2009年から2012年までを対象とする政策の継続が告知された。なお、この第2フェーズでは、上記報告書の調査で抜本的な改善が必要とされたグループのうち6件が最終的に認定を取り消され、代わって新たに6件が追加認定された。

第2フェーズで力点が置かれたのは、戦略的ロードマップと技術的ロードマップに基づいた「パフォーマンス契約（contrats de performance）」の厳格な運用、「イノベーション・プラットフォーム（plates-formes d'innovation）」の支援、そして「企業のイノベーションと成長のためのエコシステム（écosystème d'innovation et de croissance des entreprises）」の開発である。

「パフォーマンス契約」とは、「競争力クラスター」の戦略的運営のための仕組みである。3年から5年を見据えて、各クラスターと地方自治体そして国の三者が、戦略的ロードマップと技術的ロードマップに合意し契約を結ぶ。その狙いは、技術的、経済的、商業的な環境を考慮したうえで、各クラスターが自主的に行動計画を作成し、その進捗状況についての説明責任を負うというものである。各クラスターは、行動計画に示される戦略目標の達成を約束し、これと引き換えに国と地方自治体がモニタリングを伴う複数年の財政支援を約束する。また、この「パフォーマンス契約」はのちに考察する報告書でも指摘されるように、単年度予算による活動の制約を回避しながら、参加主体の責任を明確化し、

併せて国と地方自治体の関与領域を明確化するための仕組みでもある。

次に「イノベーション・プラットフォーム」とは、実験や試験、あるいは試作品の製作といった際に必要となる設備機器を共有するための仕組みである。第1フェーズで用意された公的資金であるFUIは、研究開発計画の立ち上げやその活動を対象とするものであったが、第2フェーズでは上記に加え、クラスター内でオープンに利用可能なコミュニティ・サービスの企画にも適用されることになった[2]。この背景には、「企業のイノベーションと成長のためのエコシステム」という考え方がある。

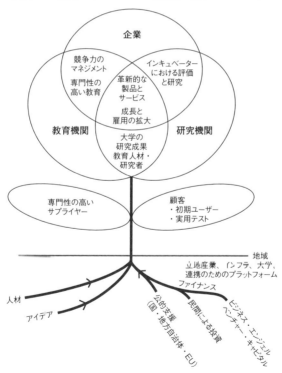

図表9-1　企業のイノベーションと成長のためのエコシステム

※元資料はHP更新のため現在公開されていないが、Erdyn, BearingPoint et Technopolis (2012a), p. 11に掲載。
出所：https://competitivite.gouv.fr/ をもとに筆者が作成。

ここで「企業のイノベーションと成長のためのエコシステム」とは、図表9-1にみられるように、企業、研究機関、教育機関を中心とする連携関係であり、いわば企業成長やイノベーションを促すための地域的かつ制度的な環境である[3]。第2フェーズでは、こうしたエコシステムがもたらすシナジー効果を高めるため、特に中小企業の参加促進、民間資金の動員、今後人材に求められる技能やスキルの予測が重点課題とされた。

III. 「経済社会評議会」の見解

1. 評価の概要

先の第1フェーズの評価報告書発表とほぼ時期を同じくして、経済や社会問題に関する計画や法案について政府に意見答申を行う「経済社会評議会」[4]は、「競争力クラスター」の政策効果に関する意見書を政府に提出した。「競争力クラスター：パフォーマンスと地域ダイナミズムの融合（*Les poles de compétitivité: faire converger performance et dynamique territoriale*）」と題された当該報告書[5]は、アンドレ・マルコン（Marcon, A.）を代表とするワーキング・グループが作成した資料をベースとしたものである。ここでは、「競争力クラスター」の実績や将来的に予測される効果、そして次なる政策段階に向けての課題や具体的提案が示されている。

まず「競争力クラスター」政策については、複数の観点から積極的評価が与えられている。第一に注目されるのは、いわゆるラベリング効果であるという。すなわち、各クラスターやそれが立地する地域は、「競争力クラスター」という公的な認定を受けることで、そのアイデンティティやブランド力を強化し、国内のみならず国際的な知名度を高める道を得たといえる。

次に評価されるのは、「競争力クラスター」の概念が普及することによって、長年フランス社会が不得意としてきた連携やパートナーシップ[6]の必要性と有効性が広く理解されるようになってきたことである。実際に当該政策の開始以降、企業、研究機関、教育機関を主体とした多様な連携が生まれており、これが地域レベルでのインフラ（たとえば、ビジネス向けの不動産や共用設備、インキュベーターや情報ネットワーク等）開発や企業成長を生む環境整備を後押ししている。

さらに「経済社会評議会」は、「競争力クラスター」がもたらす雇用効果にも言及している。当時の時点ではまだ十分に顕在化していないとしつつも、各クラスターの運営体制を構築する過程や共同研究開発の活性化によって雇用増が見込めるだけでなく、イノベーションに向けた取り組みのなかでは高度な技能やスキルが必要となることから、地域雇用の質的改善も期待できるという[7]。

2. 政策の方向性と課題

　以上のように、総論として「競争力クラスター」およびその振興政策を高く評価したうえで、「経済社会評議会」は今後の望ましい政策の方向性を示している。その要点は次の通りである。
- 「競争力クラスター」の支援と評価には長期的視点が必要である。
- 各クラスターの特性（研究活動領域、企業構成（中小企業比率）、クラスター活動開始からの年月等）に応じた支援を行う必要がある。
- 地域レベルの支援体制を維持する必要がある。
- クリティカルマスの確保、国際的知名度向上といった効率性の観点から、補完性を考慮しつつ「競争力クラスター」同士の連携を促す必要がある。
- 今後成長が見込まれる新たな分野、特に「持続可能な開発（développement durable）」分野においてクラスターを認定する余地を残す必要がある[8]。

　こうした基本的方向性を確認したうえで、政策当局が具体的に取り組むべき課題として示されるのは以下の項目である。
　― 雇用効果の適切な測定
　　　クラスターが雇用面にもたらす効果は直接的なものばかりではなく、間接的あるいは誘発的なものもあるため、多角的かつ長期的観点から雇用効果を評価する必要がある。
　― 支援の偏りと地域格差の是正
　　　「競争力クラスター」のために用意された公的資金（特にFUI）は、少数の「世界的クラスター」に集中している。支援の偏りが地域間格差につながらないよう配慮する必要がある。
　― 教育機関の参加促進
　　　主要な参加主体のうち、特に教育機関の参加が進んでいない。

― 中小企業の参加促進

　クラスター内で認定される共同研究開発計画の多くは大企業が主導しているために、自社情報の漏洩への懸念から参加を控える中小企業が多い。

― 地方自治体の積極的関与

　「競争力クラスター」の振興は地域イメージの向上につながることから、地方自治体の積極的関与が不可欠である。「競争力クラスター」同士の連携においても、仲介役としての役割が地方自治体に求められる。

― クラスター間格差への配慮

　上記のようにFUIをはじめとする公的資金の利用が特定の「競争力クラスター」に集中しているために、クラスター間の格差（予算規模、管理構造、共同研究計画の実施状況）が大きい。

― 資金調達手続きの簡素化

　現状では、FUIを代表とする公的資金の交付に約半年から18か月程度必要であり、これは特に機動的な資金を必要としている中小企業のニーズに合っていない[9]。

3. 提言[10]

　上記政策に対する評価と政策の方向性および課題を確認したのち、「経済社会協議会」は政府に対して4つの項目につき具体的提案を行っている。以下、政策目標と類型の位置づけ、クラスター精神の醸成、クラスターの管理運営体制、中小企業の資金調達環境の順でその内容を確認する。

① 政策目標と類型の位置づけ

　「競争力クラスター」政策の本来の目的は、特定技術や産業分野での国際競争力の向上であるべきであるが、実際には当該政策が地域開発にも寄与するという観点に基づいて、その認定範囲は先端科学分野から伝統産業に至るまで幅広い。

　しかしながら、卓越したクラスターを生み出すことと、地域の振興はある意味矛盾する側面がある。なぜなら、国際的競争力の発揮を視野に入れ拡大を志向するクラスターは、一般に地域への執着は希薄になりがちであり、他方で地域密着型のクラスターは、当該地域に閉じ籠もりがちだからである。このため、

国際競争力の強化という本来の目標を再確認し、この実現に向けて政策を調整する必要がある。具体的には既存の3類型に対応する支援の目的を次のように再設定することを提案する。

 a.「世界的クラスター」
  イノベーション能力の発揮や国際的評価を受けるに十分な活動規模に達していることから、支援の中心とすべきクラスター。優先的政策対象として十分かつ適切な資源を投入し、その地位の維持・向上をはかる。
 b.「世界的クラスター候補」
  イノベーションを生むエコシステム形成に必要な構成主体と、それらの連携、および戦略的目標を有するが、まだ十分なクリティカルマスに達していないクラスター。「世界的クラスター」への移行を促す支援をすべき対象。
 c.「国内型クラスター」
  地域発展や地域経済との密接な関係を特徴とするクラスター。最終目標である国際競争力の発揮に向けて、地理的優位性が生かせる分野やニッチ市場への特化を促す支援を行い、併せてクリティカルマス獲得のために他のクラスターとの連携や合併を促すべき対象[11]。

② **クラスター精神 (l'esprit cluster) の醸成**

「競争力クラスター」では、単に関連主体が限られた地理的範囲に立地しているだけではなく、これら主体間に協力関係や連携があることが何より重要である。こうした、いわばクラスター精神あるいはクラスター的風土ともいうべき協力関係や連携が生み出す利益への関心とそれへの取り組みが、イメージ向上につながり、さらなる企業や意欲的人材を惹きつける。クラスター精神の定着に向けて必要なのは、次の手段や配慮である。

まず連携関係や協力関係を構築するには、現実問題としてある程度の時間が必要である。このため、国が認定する「競争力クラスター」以外に地域に存在しているクラスター[12]に注目し、これを連携関係や協力関係を学び経験する場として活用することが考えられる。

次に、クラスター形成の鍵を握る企業、なかでも中小企業の理解と意識改革が必要である。まずは、地域の中小企業が持つノウハウや技能をリストアップする必要がある。そして、知的財産や情報漏洩の懸念から参加を控える中小企

業が多いという現状に対しては、競争関係にある企業同士が互いの利益を求めて協力すること (coopetition) の重要性を教示し指導することも必要である。

3つ目に必要なのは、クラスターの戦略やイノベーション戦略を地域で共有することである。この鍵を握るのは、まだ十分な参加がみられない教育機関や研究機関である。具体的には、地域の研究機関と大学の連携による技術プラットフォームの開発や、企業と教育機関の連携による人材開発プログラム等が考えられる[13]。

そして最後に、「競争力クラスター」政策における地方自治体の権限を強化する必要がある。地方分権の流れもあり、フランスでは経済開発の主たる権限と責任は地域圏 (région) に委ねられているが、地域開発における実質的な国と地域圏の役割分担を規定する「国─地域圏計画契約 (CPER: contrats de plan État-région)」において「競争力クラスター」が十分に考慮されていない。

また、2004年9月のCIADTにおいて、「競争力クラスター」における「雇用・職能予測管理 (GPEC: gestion prévisionnelle des emplois, des effectifs et des compétences)」[14]の重要性が指摘されたこともあり、この側面で地方自治体が果たす役割は大きい。本来「雇用・職能予測管理」は事業所に課せられるものではあるが、地方自治体が関与することで、地域レベルで今後必要となる人材や技能を予測し、対応することが可能となる。加えて、地域に存在している既存の「地域生産システム」もクラスター精神の普及に寄与することから、これらを支援するのも地方自治体の重要な役割である。

③ クラスター管理運営体制の改善

「競争力クラスター」の運営責任は、本来企業をはじめとする経済活動主体にあるべきであるが、その際に留意しなければならないのは中小企業の参加度である。また、連携や参加主体間の調整を行う際の複雑性を回避するためには、ファシリテーターやモデレーターの活用が重要である。

④ 中小企業の資金調達環境の改善

政策ツールのうち、最も重要なのは資金調達に関わるそれであり、なかでも中小企業の資金調達環境の改善が必要である。中小企業の参加は「競争力クラスター」発展の鍵であるが、現状において共同研究計画の中心は大企業である。

この状況を改善するために政策当局が対応すべき事柄は、以下の通りである。

まず、中小企業の参加を促す資金の用意である。たとえば、共同研究開発計画への公的資金提供に際して、中小企業の参加度を要件とすることが考えられる。また中小企業の参加について追加的なインセンティブを用意することも考えられる。

次に、「競争力クラスター」向けの公的資金ついては、比較的長期の研究開発を対象としていることに加えて、採択から交付までの時間が長いため、中小企業のニーズに合っていない。また、特に研究開発型の中小企業には、まだ十分に活用されていない民間資金や欧州資金へのアクセスを促す必要がある[15]。さらにこうした資金の量的確保に加えて、資金調達制度それ自体の複雑性も課題である[16]。

IV. 上院ワーキング・グループの報告書

これはフランス上院における常任委員会の1つである「経済・持続可能な開発・地域開発委員会(Commission de l'économie, du développement durable et de l'aménagement du territoire)」が、「競争力クラスター」の貢献度や改善状況の把握を目的として設置したワーキング・グループが作成したものである。当該報告書は2009年10月14日付で政府に提出されている[17]。以下では、「競争力クラスター」の政策効果と評価、雇用創出効果と認定数に関する見解、今後の政策に向けた提言に分けてその内容を考察する。

1. 政策効果と評価[18]

まず「競争力クラスター」の政策効果と評価に際しては、第1フェーズを対象にした外部評価、および上記「経済社会評議会」による評価の要点をまとめ、これらの内容を政府関係部局の責任者や主要なクラスターへのインタビューによって確認するという手法をとっている。このことからもわかるように、ワーキング・グループ設置の目的は、先行する議論の要点を踏まえたうえで、それらの正当性を確認し、政策改善の余地や今後の課題を発見することにあった。

ワーキング・グループは、先行する評価の要点を整理したうえで、特に参加主

体の動向、研究開発強化に向けた人的資源や資金の動員、地方自治体の関与の3側面を中心に独自の検証を行っている。

クラスターの参加主体数について、先行する評価によると、2005年から2006年の間に人数ベースで119％の水準となり、2006年から2007年の伸びは30％、事業所は2006年と2007年の比較で35％近く増加しているとされる[19]。こうした参加主体の増加傾向は、ワーキング・グループが行った関係機関への調査でも確認され、クラスターへのヒアリング調査では参加主体を今後も増やすべく、非常に高い目標値を設定しているケースも確認されたという。

次に共同研究開発も「競争力クラスター」によって活性化していることが確認された。ワーキング・グループが行ったヒアリング調査によって、非常に多様な共同研究開発計画が存在すること、参加主体はこれらの多くが「競争力クラスター」なくしては実現できなかったと見なしていること、参加主体の意欲が非常に高いことが確認された。また「競争力クラスター」において、研究開発計画に関与した研究者とエンジニア数は2007年時点で約2万3000人であり、この内訳は公的研究機関と民間企業でほぼ均衡していることから、官民問わず研究開発活動にも正の影響を与えているとしている。

次にワーキング・グループが収集した証言やデータからは、政府内で地方自治体の権限を強化することへの期待が大きいことが確認された。たとえば、地域計画担当大臣からは、インキュベーターへの関与、関連主体が連携するためのプラットフォーム構築、不動産の提供、地域マーケティングといったように、地方自治体や地方当局が「競争力クラスター」の発展やエコシステムの形成に果たす役割が大きいとの証言があった。また、「経済社会評議会」も、インフラ整備や施設の提供にとどまらず、共同研究開発計画の資金調達やクラスターの管理運営への関与に至るまで、地方自治体の役割が大きいとの見解を示していた。なお、ワーキング・グループは、こうした地方自治体の多様な貢献のなかでも特に公的資金を補完する地方自治体の役割を評価している[20]。

2. 雇用創出効果と認定数に関する見解[21]

以上のように、積極的評価の妥当性を確認したのち、ワーキング・グループは「競争力クラスター」について政策開始当初から存在する議論、特に雇用創出効

果に関する議論と、認定数が多すぎるという指摘に対して独自の見解を示している。これらについては、その後政策フェーズが進むなかでも議論が重ねられたこともあり、いわば「競争力クラスター」に対する典型的な期待を反映しているといえる。

まず、「競争力クラスター」の雇用創出効果については、有効性を示すデータが散見されるものの、それらは期待の域を超えるものではなく、評価は時期尚早とする。これは先の「経済社会評議会」の見解に沿ったものであるが、ワーキング・グループは2010年に雇用および事業創出に関する何らかの指標を設定し、2005年から2010年の評価を行うことを推奨している。また、雇用への影響を定量的に明らかにすることに加えて、「競争力クラスター」に参加する主体のモチベーションを定性的側面から分析し、クラスターの魅力分析に役立てるべきとの見解も併せて示している。

次に、認定数が過多であり、公的資金の投入効果が希薄化するのではないかとの批判については、次の理由を示して問題がないとしている。まず、**図表9-2**にみられるように、「競争力クラスター」の3類型（「世界的クラスター」、「世界的クラスター候補」、「国内型クラスター」）のうち、「世界的クラスター」にはFUIのおよそ5割が投入されている。そして、今一つの主要な公的資金であるANRについても、その5割程度が10のクラスターに集中している。このことから、少なくとも資金面については、過度な分散や支援効果の希薄化はみられない。

続いて、同分野で複数の「競争力クラスター」が認定されている（たとえば再生可能エネルギー分野や光学分野）との批判については、完全に活動内容が競合しているクラスターはないこと、むしろ研究開発テーマやターゲットとする市場の部分的重複は、クラスター連携の可能性を高めるとして肯定的な立場をとっ

図表9-2　2007年計画におけるFUI資金の集中

	世界的クラスター	世界的クラスター候補	国内型クラスター
クラスター数	7	10	54
FUI全体に占める割合	50%	23%	27%

出所：Groupe de travail sur les pôles de compétitivité constitué par la commission de l'économie, du développement durable et de l'aménagement du territoire du Sénat (2009), p. 27をもとに筆者が加筆・修正。

ている。また、地域独自の資源を掘り起こすという「競争力クラスター」の機能に着目するならば、地域内に複数のクラスターが立地し、分野を超えた連携が進むことは、地域開発の視点からむしろ望ましいとする。

3. 政策推進上の課題[22]

今後の政策課題としては、まず教育機関の参加促進が挙げられる。「競争力クラスター」が想定するのは、企業、研究機関、教育機関を主たるプレイヤーとするエコシステムの形成であるが、このうち教育機関の関与はまだ限定的であり、特に高等教育機関の参加を促す必要があるという。

次に、中小企業の参加もまだ不十分であるとされる。参加中小企業は増加しているが、人数ベースでみるとまだ十分とはいえず、公的資金であるFUIの恩恵を受けている割合もまだ2割程度である。先の第1フェーズの評価でも明らかにされたように、多くの場合、共同研究計画を主導しているのは大企業であり、比較的規模の大きなクラスターほど中小企業の参加は進んでいない。ワーキング・グループは、中小企業の参加が進まない背景には、人的資源の不足や、時間やコスト上の問題があるとしながらも、国としては、特に資金調達手続きの簡素化に注力する必要があるとする。欧州、国、地方自治体といった各段階で異なる制度や手続きを見直し、中小企業の視点に立った透明性の高い資金調達環境が必要だとする。

最後に、地方自治体による関与の幅を広げることも課題とされる。ワーキング・グループが行ったインタビュー調査でも、地方自治体が「競争力クラスター」の活動に一層積極的に関与すべきという意見が多かった。地域圏のなかには国が認定する「競争力クラスター」とは別に、地域独自のクラスター支援を行っているケースがあり[23]、こうした動きは地方分権の推進上歓迎すべきであるという。そして今後は「競争力クラスター」との重複や補完性を考慮するためにも、地方自治体の役割が重要になるとしている。

4. 今後の政策指針[24]

上記課題を確認したうえでワーキング・グループが提示するのは、公的資金

による継続的支援、トップダウン論理の導入、国際化の推進、欧州戦略との整合性確保という今後の政策指針である。

　まず公的資金について、公的資金による支援効果は依然として高いため、縮小することなく継続するべきとする。また、「競争力クラスター」は政策の当初から計画の公募という形態をとったことからも明らかなように、ボトムアップの政策スタンスを尊重してきたが、国家戦略上重要な分野（たとえば環境、ナノテクノロジー、ICT分野等）においては、フランスが世界的リーダーとなるべく追加認定を行うなど、トップダウンの論理も必要であるとする。

　次に、国際化の推進については、具体的な戦略や優先課題を設定しているクラスターはほとんどないことを問題とし、国が欧州圏外をも視野に入れた国際化推進支援施策を講ずる必要があるとする。そして、欧州戦略との整合性という側面では、「リスボン戦略」の下でクラスターの推進が行われていることに着目し、欧州戦略の文脈における「競争力クラスター」の位置づけを明確にする必要性を指摘する。また、特に中小企業の参加促進という観点からは、たとえば、EUレベルで用意される「競争力・イノベーション・フレームワーク・プログラム（CIP：Competitiveness and Innovation Framework Programme）」や、成長性の高い研究開発志向の中小企業連携を支援する「Eurostars プログラム（Eurostars Progmramme）」の利用も視野に入れるべきとの見解を示している。

V. 第2フェーズの政策評価

1. 評価と課題

　2009年から2012年を対象とする第2フェーズの中間期である2010年5月に開催された「国土整備関係省連絡会議（CIADT：Comité interministériel d'aménagement et de développement du territoire）」では、「競争力クラスター」の政策評価を行うため、公的支援の有効性分析や各クラスターの活動実態の把握が必要であると指摘された。

　これを受けて行われたのが第2フェーズの評価であり、そのための調査および報告書の作成は、エルディン・ベアリングポイントとテクノポリスのコンソーシアム（Erdyn, Bearing Point et Technopolis）に委託された[25]。ここでは、政策

ツールや支援体制の有効性、そして各クラスターの目標達成度を調査することに加えて、企業をはじめとする参加主体の視点からの有効性が確認された。

まず評価では「競争力クラスター」政策が、科学技術およびイノベーション政策、産業政策、そして地域開発政策という3つの政策の交差点に位置づけられることを確認し、その国家戦略上の重要性を確認している。特にフランスでは、2005年以降、科学技術とイノベーション振興に関連して様々な施策がとられており[26]、「競争力クラスター」への期待が以前にも増して高まっているという。また、「競争力クラスター」は、諸外国への視認性を高める効果があり、地域の魅力を発信する地域マーケティングのうえでも効果が高いとされる[27]。

以上のように、当該評価では「競争力クラスター」に対し総合的に積極的な評価をしたうえで、いくつかの課題を示している。その要点は以下の通りである。

- 研究開発やイノベーション活動成果を市場開拓につなげるという、いわば下流を見据えた活動はまだ十分に進んでいない。
- 国家戦略上重要とされる技術領域と「競争力クラスター」で行われる研究開発テーマに整合性がない。また、これには、政策開始当初に設定された「競争力クラスター」の3分類(「世界的クラスター(pôles mondiaux)」、「世界的クラスター候補(pôles à vocation mondiale)」、「国内型クラスター(pôles nationaux)」)がネックとなっている。
- 教育・研究領域における政策と「競争力クラスター」の整合性を確保するために省庁間連携を一層強化し、政策運営面における地方自治体の関与も強化する必要がある。
- 第2フェーズの目標として掲げられた「イノベーションと成長のためのエコシステム」[28]の形成に、「競争力クラスター」が果たす役割を明確化する必要がある。
- 「競争力クラスター」に投入される公的資金として最も大きいFUIに対する省庁間の貢献度格差が大きい。また、同資金の採択プロセスにおける地方自治体の関与をさらに強化する必要がある。
- 各クラスターは自己資金での運営にシフトしてきているが、公的資金への依存度はまだ高く、財務体質の改善が必要である[29]。

2. 今後に向けた提言[30]

　第2フェーズの評価では、上記の課題を踏まえて最終的に今後の指針を示している。この要点は主に6項目である。

(1) 政策の継続

　「競争力クラスター」は当初の目的に沿って大きな成果を発揮しているが、現時点ではまだクリティカルマスに達していないクラスターがあること、当該政策によりEU基金や予算へのアクセス機会が増えることから、政策の継続が望ましい。

(2) 政策的位置づけのさらなる明確化

　「競争力クラスター」と既存教育・研究ネットワークとの連携強化、既存3類型の見直し（後述）、省庁間連携の強化、政策運営における国と地方自治体の役割の明確化が必要である。

(3) 市場を見据えた支援への転換

　クラスター内で行われる研究開発活動やイノベーション活動が、具体的にいかなる市場開拓や拡大につながるのかを明確にし、これをクラスター評価の軸に加えるべきである。また、現在は製品開発や研究活動といった上流に集中している公的支援を、ビジネス化や市場投入の準備といった下流部門へも拡充する必要がある。

(4) FUIによる支援の見直し

　FUIについて、現状では中小企業が中心となるような比較的小規模な共同研究開計画へは十分に配分されていない。また、申請から採択までの期間が長過ぎること、採択過程における国と地方自治体の権限関係が不透明であること、技術的側面の計画に用途が限定されていることが問題である[31]。

(5) 財務基盤の強化（新たな財源確保）

　現状においてクラスター運営は公的資金に大きく依存している。今後は、クラスター参加費の引き上げ、競争原理に基づく有料サービスの開発（プレミアム会費に限定したサービスの開発等）、新規スポンサーの開拓、地域レベルで資金をプールする仕組みの開発等が推奨される。

(6) 3類型の見直し

　現状の3類型（「世界的クラスター」、「世界的クラスター候補」、「国内型クラスター」）を「国際型競争力クラスター（pôles de compétitivité internationaux）」と「イノベーション型競争力クラスター（pôles de compétitivité et d'innovation）」の2つに再編する。そして、国家戦略と関連性が高いクラスターは国主導の政策管理体制下に置き、それ以外については、地方自治体が政策管理上の責任を負うことが望ましい[32]。

Ⅵ. おわりに

　以上、フランスの政策クラスターである「競争力クラスター」が、いかなる議論を重ねて現在に至るのかを確認すべく、政策の第1フェーズから第2フェーズに至る期間における「経済社会評議会」の提言、および上院に設置されたワーキング・グループの見解、そして政府の委託により行われた第2フェーズの評価内容を中心に考察してきた。最後に、ここで確認された要点を整理する。

　まず、「経済社会評議会」とワーキング・グループの報告書は、いずれも「競争力クラスター」が中長期にもたらす効果に着目し、政策の継続を推奨するものであるが、両者で主張を異にする部分もみられた。

　両者は、クラスターの3類型に対する見解において相違がある。クラスター類型の位置づけとそれらの関係性について、「経済社会評議会」では「競争クラスター」の最終的な目標が、国家戦略上重要な分野における国際競争力の発揮にあるとしたうえで、政策開始当初から示されてきた3類型を発展段階的に捉えている。すなわち、これら類型のうち最も発展したクラスターは「世界的クラスター」であり、その他の類型は当該地位に昇格させるべく支援を行う対象であると見なしている。これに対してワーキング・グループでは、あえて類型間の関係性や階層性には言及していない。そして認定された「競争力クラスター」の数に対する見解についても、両者のそれはややトーンを異にしている。上述のように「競争力クラスター」の階層性を認める「経済社会理事会」は、認定数の多さを問題とし、ある程度規模の大きいクラスターへの統合を主張するのに対して、ワーキング・グループは、数の多さそれ自体は問題ではなく、相乗効果の観点からクラスター同士の連携や調整をはかるべきという立場にあった。

以上の点で両者の主張には見解の相違があるが、共通点も多くみられた。第一に、中小企業重視の立場がある。前章で確認したように、「競争力クラスター」の具体的な政策枠組み決定に際しては、従来から地域に存在していた中小製造業を中心とする連携を活用しながら、地域開発や雇用拡大、ひいては地域間格差の是正につなげることが目標とされたが、こうした中小企業優先の考えは2つの報告書でも確認された。
　次に、2つ目の共通点は、欧州戦略との関係性を問題にしていることである。資金獲得の面からEUレベルで用意される各種プログラムや施策と「競争力クラスター」政策の整合性が問われているのはすでにみた通りであるが、この指摘は、その後「競争力クラスター」政策が欧州レベルのイノベーション政策、中小企業政策、地域政策、結束政策等と本格的に歩調を合わせていくことを予見させるものである。
　第三に、「競争力クラスター」の運営や推進における地方自治体の役割を強調していることも共通している。すでにみたように、地方自治体は資金調達面のみならず、地域ベースのエコシステムの形成のうえで重要な役割を果たすとされる。この点、地域開発という側面で「競争力クラスター」が果たす役割もまた再確認されているといえよう。
　最後に、政府の委託により行われた第2フェーズの評価では、「競争力クラスター」政策の射程が広域に及ぶことが確認されていたのが注目される。すなわち、それは科学技術およびイノベーション政策、産業政策、そして地域開発政策という3政策の交差点に位置するものとされていた。このいわば「競争力クラスター」政策の射程の広さの指摘は、その後、当該政策の意義が国家戦略との関わりにおいて行われていく土台を形成したといえる。

注—————————————————————

1) 以下の内容は、山口隆之（2010）、山口隆之（2011）および「競争力クラスター」政府公式 HP https://competitivite.gouv.fr/（閲覧 2021 年 4 月 6 日）による。
2) 「競争力のクラスター」公式 HP によると、2021 年 4 月末現在で 34 の「イノベーション・プラットフォーム」が採択されていた。なお、評価報告書によれば、第 2 フェーズでは FUI 予算 6 億ユーロのうち「イノベーション・プラットフォーム」へ 1 億 500 万ユーロが割り当てられ、残る 4 億 9500 万ユーロが共同研究開発計画に割り当てられた (Erdyn, BearingPoint et Technopolis(2012a), p. 10)。
3) 今日 "エコシステム (écosystème：英語表記 ecosystem)" という言葉は、一般にイノベーションの促進やベンチャー・ビジネスやスタートアップの育成・成長に不可欠な地域環境や制度環境、あるいは企業を中心とする共同環境を意味するものとして欧州関連の報告書でも使用されている。フランスにおいては、第 8 章で考察したクリスチャン・ブラン (Blanc, C.) による報告書のタイトルにも使用されているが、その後は特にドイツの企業環境との対比のなかでエコシステムの重要性が指摘されるようになった。たとえば、フランスの企業環境の脆弱性を指摘するコーラー (Kohler, D.) らは、ドイツのエコシステムの構成要素として以下の 5 つを指摘している。①教育機関、研究機関、イノベーション支援機関、②企業ガバナンスに係る制度や産業全体に関わる制度と機関、③財務や経営支援に係る制度や機関、④調査研究機関や利益代表団体、⑤企業 (Kohler, D. et Weisz, J. - D. (2012), pp. 63-72)。また、その後は本書の第 2 章で取り上げたフレンチテックの推進においてもこの概念がよく用いられている。
4) 「経済社会評議会」は、2008 年 7 月に「経済社会環境評議会 (CESE：Conseil économique, social et environnemental)」に改称している。
5) 本報告は、2008 年 7 月 9 日に「経済社会評議会」で採択されたものである。その構成は、第 I 部がアンドレ・マルコン氏を代表とするワーキング・グループの報告書の内容を受けた「経済社会評議会」としての見解、第 II 部が 9 つの側面（類型の妥当性、企業、研究開発、ガバナンス、ファイナンス、教育・訓練、国際化、地域との関わり、地方自治体の関わり）に焦点を当てた上記ワーキング・グループの報告書という構成になっている。以下では、両者の内容が不可分であることに鑑みて、これらをまとめて「経済社会評議会」の報告書として扱っている。
6) フランス社会の歴史や社会構造と広義の連携やパートナーシップの関係については、山口隆之 (2009), 205-208 頁を参照されたい。
7) Conseil économique et social(2008), pp. 6-8(I).
8) Conseil économique et social(2008), pp. 11-13(I), pp. 11-73(II).
9) Conseil économique et social(2008), pp. 8-11(I), pp. 13-72(II).
10) Conseil économique et social(2008), pp. 13-27(I).
11) 「経済社会評議会」では、「競争力のクラスター」のなかには十分な能力を備えておらず、認定が時期尚早であったクラスターもあると指摘している。明示的に認定数の削減を肯定していないものの、数は多すぎるというのが当該報告書の基調である。
12) この候補としては「地域生産システム (SPL：système productif local)」や「卓越クラスター (pôles d'excellence)」と呼ばれる地域レベルのクラスターが挙げられている。前者については、本書の第 8 章および山口隆之 (2009), 139-166 頁を参照されたい。また、後者については一般に、世界的な競争力を持つ分野において研究者や教育者が専門分野の垣根を越えて共同する地理的空間とされている (Blanc, C. (2004), p. 26)。
13) 実践に基づく「競争力のクラスター」のベスト・プラクティス共有については、「企業総局」による「『競争力のクラスター』に関する管理実践ガイド (CM International et ARCessor

(2008)」や「フランス地域協会（ARF：Association des Régions de France）」が立ち上げた「競争力のクラスター観測所（Observatoire des pôles de compétitivité）」が有用なものとして紹介されている。
14）「雇用・職能予測管理（GPEC）」とは、企業（従業員300人以上）に経済・社会・技術・財政状況等から雇用への影響を予測することを義務づけるものであり、3年ごとに労使交渉の対象とされる。必要となる人材を先取りして予防的に管理することで雇用の急激な変化を避け、併せて短期・中期的に労働者の仕事やスキルへの適応を可能にするという狙いがある。
15）ここでは民間資金の活用を促す方法として、たとえば、クラスター関係者と民間投資家による定期的な会合の開催、地域ベンチャー・キャピタルの強化、地域金融持株会社の設立などが提案されている。また、欧州レベルでは、「欧州委員会」と「欧州投資銀行」が立ち上げた「欧州中小零細企業向け共同基金（JEREMIE：Joint European Resources for Micro to Medium Enterprises）に関連した補助金の活用、「欧州地域開発基金（ERDF：European Regional Development Fund）」の周知といった具体策が示されている。
16）これについては、地域レベルのワン・ストップ相談窓口の設置や既存相談窓口のネットワーク化等が提案されている。
17）ワーキング・グループの取りまとめ役となったのは、ミシェル・フーエル（Houel, M.）議員とマルク・ドーニ（Daunis, M.）議員である。ワーキング・グループの設置承認は2009年2月18日であり、すでに第2フェーズ開始直後であるが、報告書の分析および提案は第1フェーズの内容を踏まえたものである。
18）Groupe de travail sur les pôles de compétitivité constitué par la commission de l'économie, du développement durable et de l'aménagement du territoire du Sénat(2009), pp. 11-32.
19）DIACT(2008), pp. 21-22, DGCIS(2009).
20）ワーキング・グループは関係当局へのヒアリングにより、第1フェーズにおいて国と地方自治体の資金提供割合は、2対1であったとの証言を得ている。これは、「競争力・産業・サービス総局」のデータによっても裏づけられる。すなわち、2007年のデータでは、FUI下で採択された研究開発プロジェクトに対して、FUIが2億3900万ユーロ、地方自治体が1億2500万ユーロの資金を提供している。
21）Groupe de travail sur les pôles de compétitivité constitué par la commission de l'économie, du développement durable et de l'aménagement du territoire du Sénat(2009), pp. 19-32.
22）Groupe de travail sur les pôles de compétitivité constitué par la commission de l'économie, du développement durable et de l'aménagement du territoire du Sénat(2009), pp. 33-52.
23）ここでは、こうした地方のイニシアチブによるクラスター政策の先進事例として、"PRIDES"を紹介している。これは2006年に開始されたプロヴァンス＝アルプ＝コート・ダジュール（Provence-Alpes-Côte d'Azur）地域圏で進められる地域経済開発プログラムであり、PR度の高い分野で企業ネットワークを形成することによる地域の魅力を向上や、中小企業の重点支援を狙ったものである。
24）Groupe de travail sur les pôles de compétitivité constitué par la commission de l'économie, du développement durable et de l'aménagement du territoire du Sénat(2009), pp. 53-68.
25）当該調査は2011年12月から2012年4月の期間を対象としたものであり、各クラスター構成主体へのオンラインアンケート5500件以上、1500名以上の関係者へのインタビュー、地方自治体や公的機関（省庁、企業、研究機関）へのインタビュー150件以上に基づくデータや資料をもとに報告書が作成された（Erdyn, BearingPoint et Technopolis（2012a), p. 14）。
26）代表的なものとして、2006年に公的研究機関が産業界と連携し研究開発を促進することを

目的とした「カルノー研究所 (Carnot Institutes)」のネットワーク形成、同年の「研究・高等教育拠点 (PRES：Pôle de recherche et d'enseignement supérieur)」の設立、2010年より開始された革新的で有望な投資に対して官民が共同出資する仕組みである「未来投資計画 (PIA：Programme d'investissements d'avenir)」など。

27) Erdyn, BearingPoint et Technopolis(2012a), pp. 155-156.
28) 政策の第2フェーズの特徴および「企業のイノベーションと成長のためのエコシステム」については、山口隆之(2022a)、123-127頁が詳しい。
29) Erdyn, BearingPoint et Technopolis(2012b), pp. 16-18.
30) 以下の提言項目(1)〜(6)については、Erdyn, BearingPoint et Technopolis(2012b), pp. 19-23 および Erdyn, BearingPoint et Technopolis(2012a), pp. 155-167 を参照。
31) このほかにも当該評価では、FUIが特に共同研究計画向けの資金として利用者から一定の評価を得ているとしたうえで、まず当該予算が2008年から2011年の間に大幅に削減（2億5600万ユーロから1億4900万ユーロへ58％減）されたことは問題であるとする。
32) 当該評価では、国と地方自治体の役割や責任関係が曖昧で、かつ関係が複雑過ぎることを問題視している。フランスでは、何らかの政策運営に法的性格やガバナンスを異にする複数の公的組織が関与する場合、これら主体間で役割分担や責任を事前かつ完全に明確化するというよりは、むしろ調整していくという方法（フランスでしばしば契約化(contractualisation)と呼ばれる慣行）が取られてきた。このため「競争力クラスター」政策の運営における国と地方自治体の役割分担や権限関係もまた複雑で、結果的に非効率な運営が行われてきたという。そこで外部評価では先の2類型化を前提としたうえで、「競争力クラスター」の政策運営における国と地方自治体の役割分担につき3案（「現状維持案(scénario continuité)」、「最大レベルの分業案(scénario de differentiation maximale)」、「折衷案(scénario central)」）を提示し、このうち「折衷案」を推奨している。これら3案の詳細については、山口(2022b)を参照されたい。

参考文献

Beffa, J. L. (2005), *Pour une nouvelle politique industrielle*, La Documentation Français［水上萬里夫・平尾光司訳 (2007)「フランスの新たなイノベーション政策に向けて」『専修大学都市政策研究センター論文集』第3号、119-166頁］.

Blanc, C. (2004), *Pour un écosystème de la croissance: rapport au Premier ministre.* https://www.vie-publique.fr/files/rapport/pdf/044000181.pdf（閲覧2024年9月8日）

Boston Consulting Group et CM International(2008), *L'évaluation des pôles de compétitivité 2005-2008*, La Documentation française.

Conseil économique et social(2008), *Les pôles de compétitivité: faire converger performance et dynamique territoriale*, Avis sur le rapport présenté par M. André Marcon, rapporteur au nom de la section des économies régionales et de l'aménagement du territoire.

CM International et ARCessor(2008), *Recueil des bonnes pratiques de gouvernance pour les pôles de compétitivité.*

Chabault, D. et Véronique P. (2010), "Pôles de Compétitivité version 2.0: Les enjeux stratégiques et managériaux de la "clusterisation" des dynamiques compétitives," *L'Etat des Entreprises 2011*, La Découverte, pp. 28-39.

Direction Générale de la Compétitivité, de l'Industrie et des Services (DGCIS), Institut National de la Statistique et des Études Économiques(INSEE), Délégation Interministérielle à l'Aménagement et à la Compétitivité des Territoires(DIACT)(2008), *Tableau de bord des pôles de compétitivité, Edition 2008*.

Délégation interministérielle à l'aménagement et à la compétitivité des territoires (DIACT) (2008), *L'évaluation des pôles de compétitivité 2005-2008*, La Documentation française.

Direction Générale de la Compétitivité, de l'Industrie et des Services (DGCIS)(2009), *Le 4 pages*, n° 3, mai 2009.

European Commission(2008), "Towards World-class clusters in the European Union: Implementing the broad-based innovation Strategy," COM (2008) 652 final/2.

European Commission(2008), "Commission staff working document-Annex to the Communication from the Commission to the Council, the European Parliament, the European Economic and Social Committee and the Committee of the Regions ― The concept of clusters and cluster policies and their role for competitiveness and innovation: Main statistical results and lessons learned," COM (2008) 652 final.

Erdyn, BearingPoint et Technopolis(2012a), *Étude portant sur l'évaluation des pôles de compétitivité: rapport global*.
　　https://www.vie-publique.fr/files/rapport/pdf/124000305.pdf（閲覧 2024 年 9 月 23 日）

Erdyn, BearingPoint et Technopolis(2012b), *Étude portant sur l'évaluation des pôles de compétitivité: synthèse*.
　　https://temis.documentation.developpement-durable.gouv.fr/docs/Temis/0076/Temis-0076403/20312_Synthese.pdf（閲覧 2024 年 9 月 23 日）

Groupe de travail sur les pôles de compétitivité constitué par la commission de l'économie, du développement durable et de l'aménagement du territoire du Sénat (2009), "Les pôles de compétitivité: bilan et perspectives d'une politique industrielle et d'aménagement du territoire," *Rapport d'information*, n° 40 (2009-2010).

Kohler, D. et Weisz, J. - D. (2012), *Pour un nouveau regard sur le Mittelstand*, La Documentation française.

Nicolas,J. et Daniel D. (2005), *Les Pôles de Compétitivité: Le Modéle Français*, La Documentation française.

Porter, M. E. (1990), *The Competitive Advantage of Nations*, Free Press［土岐坤・中辻萬治・小野寺武夫・戸成富美子訳（1992）『国の競争優位（上・下）』ダイヤモンド社］.

Porter, M. E. (1998), *On Competition*, Harvard Business School Press, 1998［竹内弘高訳（1999）『競争戦略論Ⅱ』ダイヤモンド社］.

科学技術振興機構 研究開発戦略センター（2014）「科学技術・イノベーション動向報告 ―― EU 編（2013 年度版）」
　　https://www.jst.go.jp/crds/pdf/2013/OR/CRDS-FY2013-OR-04.pdf（閲覧 2024 年 9 月 23 日）

高橋賢（2015a）「フランスにおける産業クラスター政策における現状と課題」『横浜経営研究』第 36 巻第 2 号、101-115 頁。

高橋賢（2015b）「フランスにおける産業クラスター政策の現状」『会計検査院平成26年度海外行政実態調査報告書』。
田中友義（2017）「フランス産業クラスター政策のパフォーマンス——競争力拠点政策の展開と評価を検証する」『季刊 国際貿易と投資』第107号、75-93頁。
三井逸友（2010）「EU中小企業政策の展開と意義——『欧州小企業憲章』と『SBA小企業議定書』」『商工金融』第60巻第8号、15-35頁。
山口隆之（2007）「フランスにおける産業クラスター政策の源流——『地域生産システム』の振興政策と中小企業」『商学論究』第55巻第1号、55-83頁。
山口隆之（2009）『中小企業の理論と政策——フランスにみる潮流と課題』（第8章、第9章）森山書店。
山口隆之（2010）「フランス産業クラスター政策と中小企業——第三者評価の内容を中心として」『中小企業季報』第154号、12-20頁。
山口隆之（2011）「産業クラスター政策と地域活動の課題——フランスの事例をもとに」『関西学院大学産研論集』第38号、51-59頁。
山口隆之（2014）「模範としてのミッテルシュタント——近年フランスにおける中堅企業論を中心として」『商学論究』第61巻第4号、205-233頁。
山口隆之（2022a）「フランスのクラスター政策を巡る議論——政策の第2フェーズ前後を中心に」『商学論究』第69巻第3・4号、121-150頁。
山口隆之（2022b）「フランスにおけるクラスター政策と評価——政策第2フェーズの評価以降を中心に」『商学論究』第70巻第1・2号、23-54頁。

第 10 章

第3フェーズ以降の展開

I. はじめに

　前章では、第1フェーズを引き継ぐ第2フェーズの特徴を確認したのちに、「経済社会評議会」による提言、および上院ワーキング・グループによる提言内容を考察し、これら議論と並行して進められた第2フェーズの評価内容を確認した。
　以上を通じて明らかとなったのは、「競争力クラスター」が従来のイノベーション政策、中小企業政策、地域政策の交差点に位置し、欧州戦略と国内諸政策や施策を結びつける結束点となっていたという事実であった。また、政策管理面での地方自治体の権限強化の必要性が主張される等、「競争力クラスター」を巡る議論の射程が広がりをみせていることも確認された。
　以上を踏まえて本章では、第3フェーズ以降の政策とその背景にある議論に焦点を当てる。まず先の第2フェーズの評価を受けて開始された第3フェーズの特徴やそれに影響を与えた国家戦略の内容を考察したうえで、第4フェーズの政策に影響を与えた「経済社会環境評議会（CESE：Conseil économique, social et environnemental）」による提言内容および、第5フェーズの内容をEUの動向とともに考察する。これらを踏まえて、本書第二部の考察全体を通じて明らかとなったクラスター政策の特徴とそのインプリケーションを明らかにしたい。

II. 第3フェーズの開始とその背景

　第2フェーズの外部評価を経て、フランス政府は2013年9月に「競争力クラスター」政策の継続を発表した。この第3フェーズ開始の背景として重要なのは、フランス政府が発表した「成長・競争力・雇用のための国民協定（Pacte national pour la croissance, la compétitivité et l'emploi　以下「国民協定」）」である。

　第2フェーズが終了に近づいた2012年11月、フランス政府はルイ・ガロワ（Gallois, L.）によるフランス産業強化のための提案[1]を受けて「国民協定」を発表し、経済競争力強化に向けた8つの重点目標とそれを実現するための35項目の行動計画を示した。

　「国民協定」では、冒頭でフランス経済の現状について次のように説明する。フランス経済の状況はこの10年間で急激に悪化した。特に製造業（建設業を除く）の地位低下は顕著であり、付加価値に占める製造業割合は、2000年から2011年の間に18％から12.5％へ低下し、これは周辺国のイタリア（18.5％）、ドイツ（26％）と比べても落ち込みが大きい（ユーロ圏では15位）。フランスは、産業用ロボットの導入でイタリア、ドイツに大きく後れをとっており、製造業の雇用も10年間で75万人失われた。また、貿易収支（エネルギーを除く）は、2002年の170億ユーロの黒字から2011年には250億ユーロの赤字へ転落した。この原因は、フランスの生産コストの高さ、およびフランス企業における研究開発・イノベーション活動の遅れにある。

　以上の現状認識のもとに「国民協定」では、経済力強化に向けた以下8つの重点目標を掲げている。すなわち、①企業の競争力強化と雇用促進のための税制改革、②中小企業を対象とした効率的でローカルな資金調達環境の構築、③研究開発・イノベーション活動の促進と市場開拓、④企業内外における対話と理解を通じた協力的生産体制（produire ensemble）の確立、⑤企業の海外進出促進とフランスの魅力強化、⑥若年層と既存従業員の教育・訓練、⑦行政手続きの簡素化と課税ルールの安定化、⑧企業ニーズに沿った公共サービスの改善である。

　「競争力クラスター」は、ここで特に③の目標を達成するための重要政策ツールとして位置づけられ、今後の政策展開上の方向性が確認されている。これは、研究開発やイノベーション活動によって生み出されるサービスや製品がもたら

す具体的成果を見据えた支援の強化、国家戦略上重要な国際的規模のクラスターと地域開発に貢献するクラスターの差別的取り扱い、政策運営における地方自治体の権限強化、教育機関や研究機関の一層の動員というものであった[2]。

こうした国の危機感と期待のなかで2013年1月に発表されたのが、2013年から2018年を対象とする「競争力クラスター」政策の第3フェーズである[3]。これは、上述の「国民協定」に沿って「競争力クラスター」を研究開発・イノベーションの促進と雇用拡大に向けて積極的に動員することを前提としていた。第3フェーズの特徴はまず、第2フェーズの外部評価や「国民協定」でも指摘されたように共同研究開発という上流活動に加えて、具体的な市場を見据えた下流での成果を重視していることである。すなわち、「競争力クラスター」には、共同研究開発の成果を革新的な製品やサービスに変換し市場に投入する「未来の製品工場（usines à produits d'avenir）」としての期待が寄せられた。このため公募に際しては、クラスターで行っている共同研究開発活動が、具体的にいかなる市場を切り拓き、その程度がどのようなものかについて、詳細な説明が求められるようになった。

さらに第3フェーズの今一つの特徴として、先の「国民協定」でも確認された中小企業支援との関係性が一層強調されたことが挙げられる。中小企業支援については、「競争力クラスター」の枠組みのなかで特に4分野、すなわち、①民間資金へのアクセス促進、②海外進出支援、③経営指導、④競争優位につながる技能やスキルの予測が重点項目とされ、こうした支援の実現に向けて国と地方自治体が協力することも確認された。

そして運営面の特徴として、地方自治体の権限を強化する具体策が示されたことも特徴である。これについては、政策開始当初から「競争力クラスター」の政策運営を行ってきた「省庁間作業部会（GTI：Groupe de travail interministériel）」が「運営委員会（COPIL：comité de pilotage）」と「技術委員会（COTECH：comité technique）」[4]に再編された。これらは地域圏連合や地域圏代表を構成メンバーとして含むものであり、いわば政策運営の上流において地方自治体の権限が制度的に保障されることになった。

III. 第4フェーズに先立った議論

　上記枠組みにおいて展開された第3フェーズについては、先の第1フェーズおよび第2フェーズとは異なり、大規模な外部評価が行われることはなかった。しかしながら、第3フェーズ終了前の2017年10月に政府の諮問機関として強い影響力を持つ「経済社会環境評議会」が「競争力クラスター」政策のあり方に関する報告書を提出している[5]。報告書のタイトルは「『競争力クラスター』にいかなる政策が必要か("Quelle politique pour les pôles de compétitivité?")」というものであり、「競争力クラスター」が研究開発やイノベーションを促進し雇用に貢献するとしたうえで、国内の政策動向に配慮しながら以下12項目におよぶ政策上の課題を提示している[6]。後にみるように、その内容からは「競争力クラスター」を国家戦略推進の重要ツールとして位置づけ、国内各領域の既存政策や施策を統合するツールとして活用するという方向性が確認される。

(1) クラスターの特徴および活動範囲の明確化

　政策当初に設定された「競争力クラスター」の3類型の有効性については、すでに各方面から懐疑的な声が上がっている。たとえば「フランス会計院（Cour des comptes）」は、国として戦略的な産業に資源を集中させるには、これまでのようにすべての「競争力クラスター」を平等に扱うのは好ましくなく、その特性に応じて差別的に扱うべきとの立場を示している。こうしたことから類型の見直しが必要となるが、その際には卓越性の論理および可視性の向上を評価軸として、少なくとも国が中心になって支援するクラスターと地域が中心となって支援するそれとを区別すべきである。

(2) クラスター間連携および組織化の推進

　政府内では、今後特に農業や環境部門に関連したクラスター連携の必要性が議論されている。その際何よりも重要なのは、中小企業への配慮である。現実問題として、大企業との関係構築の過程で不利な立場になることを警戒するがために、クラスター活動への参加を躊躇している中小企業が少なからず存在する。特に中小企業の懸念であるノウハウや情報の漏洩については、知的財産権の取り扱いや情報共有についてのルールを明確化するといった措置の必要がある。
　また、クラスター連携に際して生じる様々なトラブル（たとえば共同研究計画

における意見対立や、資源確保や管理上の理由よる研究開発活動と製品開発活動の地理的分離といった問題）を事前に回避するためにも、研究開発テーマや地域ごとに関係者をまとめるプラットフォームを用意する必要がある。

(3) 統一的評価指標の開発

　「競争力クラスター」は、その目的、規模、運営手段、活動範囲や内容のいずれにおいても多様であり、かつ支援に際しては複数の公的機関が多段階レベルで関与している。このため、政策目標の達成度や経済活動への影響を統一的に把握することが困難となっている。また、これまで「競争力クラスター」の評価は、外部機関によって行われたものもあれば、各クラスターや構成主体が独自に行っているものもある。このように、公的支援構造の複雑性、評価項目や評価主体の多さ、そして評価軸の不統一性が「競争力クラスター」の客観的分析と評価を困難にしている。そこで、クラスター活動の成果測定には長期の時間が必要なこと、他方で公的資金投入の妥当性を検証するには比較的短期的な評価も重要なことを踏まえたうえで、長期的指標と短期的指標を組み合わせた統一的な評価指標を用いる必要がある[7]。

(4) 是正勧告と認定の取り消し

　当初の目標に未達の際には、改善のための猶予期間を設けたうえで「競争力クラスター」の認定を取り消すべきである。「国家イノベーション政策評価委員会（CNEPI：Commission nationale d'évaluation des politiques d'innovation）」の指摘にもあるように、「競争力クラスター」に参加する企業にとって資金調達面における国のラベリング（labellisation）効果は大きい。すなわち、「競争力クラスター」という国のお墨付きは、公的支援という後ろ盾があることを対外的にアピールするうえで効果的であり、もって民間資金へのアクセスをも容易にする。このことが今後政策サイドとして慎重かつ厳格な評価を行わなければならない理由である[8]。

(5) 中小企業の参加促進

　国民経済において高い比重を占める中小企業の参加はまだ不十分である。特にクラスターの運営組織や共同研究開発への参加が進んでいない。現状少数ではあるが、中小企業の代表者がクラスター運営組織の重要なポストに就くよう積極的な取り組みを行っている例があり、政策当局としては、こうした先進事例の情報収集や普及に努める必要がある。また、中小企業参加促進の鍵は、長期

的かつ公正な利益配分の保障にかかっている。このためサプライチェーンの各段階において中小企業に不利が生じていないかをチェックする必要がある。特に知的財産に関わる利益配分は、多くの参加主体にとって関心が高いことから、中立性と客観性を持つ管理体制の構築が望まれる。

(6) オープンな運営体制と情報交換の推進

一般にみられるクラスターの運営体制は、総会、理事会、委員会や事務局、分科会といったものであるが、先進的な取り組みとして共同研究計画や戦略の立案に外部の研究機関や大学関係者、あるいは市民団体代表等を積極的に動員している例がある。これは研究開発活動やイノベーションのうえで起こりうるリスクを予測するうえで有効な手段といえる。「競争力クラスター」による前向きなモニタリング機能の強化や能力開発を後押しすべく、NPO、労働組合、社会科学領域の専門家、研究機関や他クラスターの代表者といった多様な人々からなる委員会やワーキング・グループの設置を推奨する。

(7) 公的支援の継続、および選択と集中

「競争力クラスター」に向けられる公的資金は年々削減される傾向にある。依然として各クラスターの管理運営や活動費に占める比重が高いことに鑑みれば、予算の削減には慎重になるべきである。特に運営資金は会費やクラスターに供されるサービスから得られる収入で一部賄われるが、国や地方自治体への依存度はまだ高い。また、国に認定された各クラスターの共同研究計画については、公的資金であるFUIの利用率も高い。

公的資金の水準を維持したうえで政府が行うべきは、厳格な計画の選定および諸手続きの簡素化、そして国家戦略上優先する分野に向けた資金の傾斜配分である。特に後者についてフランスはエネルギーや生態系の変革を目指し、2015年には省庁間戦略「持続可能な発展に向けた生態系変革のための国家戦略（SNTEDD：stratégie nationale de transition écologique vers un développement durable 2015-2020）」を採択しており、「競争力クラスター」への支援はこの動きと歩調を合わせる必要がある。加えて、今後は各クラスターの活動レベルにおいても国の戦略との整合性をチェックする仕組みが必要である。

(8) 市場までを見据えた運営と支援

政策当初の目的、すなわち、クラスター内における共同研究計画の立ち上げという目的は、ほぼ達成されている。これを受けて政策の第3フェーズでは、具

体的な製品やサービスを生み出し、市場を切り拓くことがクラスターに期待されている[9]。今後の政策運営においては、共同研究計画という上流から、市場までを見通したフォローアップ体制が求められる。

(9) リスク予測と対策

研究開発やイノベーション活動には、必ずリスクが伴う。企業は、様々な活動に内在するリスクの予防に敏感であるにしても、実際には知識の高度化が進み技術を取り巻く環境変化が大きくなるなかで、製品化や市場投入後に起こりうる重大かつ不可逆的なリスクをすべて予測することは困難である。そこで、すでに示したように、オープンなクラスター運営体制の構築が1つの有効な手段となる。これは、新たな研究課題の掘り起こしにも有効といえる。

(10) 中小企業の情報化推進

国は、優先すべき産業や技術領域を示した「新産業フランス（NFI：nouvelle France industrielle）」戦略推進の一環として省庁横断的な「未来の産業（industrie du futur）」と題した企業の情報化推進プログラム展開している[10]。

しかしながら、企業のなかでも特に中小企業の情報化は進んでおらず、この点では他の欧州諸国にも後れをとっている。「競争力クラスター」における中小企業の情報化を推進する1つの策として、たとえばクラスターの立ち上げや参加に意欲を持つ中小企業に対して、情報化の進捗に関する自己診断書の作成を求めるといったことが考えられる。また、研究開発やイノベーション活動に積極的な中小企業の情報化を推進すべく、特別な金融支援策を講ずることも有効である。

(11) 国家戦略との整合性確保

すでにみたように、2013年に示された国家戦略「新産業フランス」では、今後情報技術の進展とともに有望視される市場に対応すべく、9つの優先領域とソリューション（新資源、持続可能な都市、未来の輸送、未来の医療、データ経済、スマート・デバイス、デジタル・セキュリティ、スマートな食品、環境に配慮した移動手段）が示された。そして、これら領域ごとに国、関連企業、従業員代表で構成される「戦略的セクター委員会（CSF：Comité stratégique de filière）」が設置された。「競争力クラスター」を国家戦略に動員するうえでは、当該委員会と「競争力クラスター」の関係構築が不可避である。

(12) 専門的技能の予測と能力開発

雇用の持続的安定をはかるうえで、将来的に需要が見込まれる人材やスキル

を予測し、教育訓練を行うことは欠かせない。「競争力クラスター」の研究開発やイノベーション活動は、将来必要な技能やスキルの発掘を可能にするが、次に必要となるのはそれを前提とした人材開発である。したがって、まだ参加が不十分な教育機関の積極的動員が不可欠である。

Ⅳ. 第4フェーズから第5フェーズへ

　2018年6月21日、第3フェーズの終了に合わせて2019年から2022年を対象とした政策の継続が発表された。当該第4フェーズの公募は2018年7月27日に開始され、国と地域圏議会の代表からなる選考委員会により、56件（うち48件は4年間の認定、8件については条件付きで最長4年間の認定）が認定された。

　第4フェーズで柱とされた方向性は、主に次の4つである。まずEUの動向を見据えた活動である。具体的には研究とイノベーションのためのEU政策プログラムである「ホライズン2020 (Horizon 2020)」の枠組みにおいて募集される研究開発計画とクラスター内で行う共同研究計画の整合性重視である。次に国家戦略上優先すべき課題のために設置された既述の「戦略的セクター委員会」との連携強化、そして第三に、共同研究計画に向けられる公的資金の調達手続き簡素化、そして最後に具体的な成果に基づいた国家予算の配分である[11]。

　以上の第4フェーズの活動と政策効果については、「経済・金融・産業・デジタル主権省（Ministère français de l'économie, des finances et de la souveraineté industrielle et numérique）」下にある「企業総局 (DGE：Direction générale des entreprises　以下DGE)」が検証を行い、この評価結果をもって第5フェーズの方向性を決定するために行われた調査では、総じてクラスター参加主体の満足度が高く、特にクラスターがネットワーク形成や公的資金へのアクセス、そして共同計画推進のサポート面で評価されていることも明らかとなった。

　そして何より重要なのは、「競争力クラスター」への参加が中小企業の経営改善や業績向上に良い影響を与えていたことである。「企業総局」の試算によれば、中小企業の研究開発支出について利用された公的支援の約3倍（公的資金1ユーロあたり2.8ユーロ）のレバレッジ効果が確認され、売り上げについてはクラスターへの参加によって平均36％増加していた（情報通信では45％増、製造業では28％増）。さらに雇用効果はフルタイム従業員換算で24％増加しており、公的

資金7000ユーロ以下で1人の新規雇用が生み出されたことになる。これに加えてクラスターに参加する事によって輸出も20%程度（金額ベース）増加することが確認された[12]。

これらの結果は、いずれも「競争力クラスター」に対する公的支援の継続を正当化するものであったことから、政府は第4フェーズの終了を前にした2022年8月1日に第5フェーズの公募を開始し、4年間にわたり毎年900万ユーロの予算を用意すると発表した。この2023年から2026年を対象とする第5フェーズの目標は主に3つである。第一に、地域の優先課題に沿って、エコシステムを形成する主体間の協力関係と連携を強化すること。第二に、欧州レベルで活動するクラスターを通じて中小企業に市場開拓とネットワーク形成の機会を開くこと。第三に、「競争力クラスター」を「フランス2030」計画および地域のイノベーション政策の中心に据え、グリーンとデジタルへの移行、レジリエンスの確立に貢献する革新的企業を支援することである。

以上から読み取れるのは、地域、中小企業、国家戦略およびEU戦略の重視である。特にEU戦略との関係においては、「ホライズン2020」を引き継ぐ「ホライズン・ヨーロッパ（Horizon Europe）」や「結束政策（cohesion policy）」基金における「欧州地域開発基金（ERDF：European Regional Development Fund）」との関係性が重視されることとなった。

こうした第5フェーズの狙いは、募集要領の選考基準により具体的に反映されている。まず要件としては、第4フェーズの活動についての活動報告書（更新の場合）、エコシステムの推進計画、管理的要素を備えたビジネスモデルの提出といった基本的事柄に加えて、EU政策や施策の活用とそのためのロードマップの作成、および「フランス2030（France 2030）」[13]や地域の戦略的優先課題に関する活動を行うことが加えられた。

また、具体的な評価基準（2019年から2022年の活動を対象）として、参加主体の増加が150以上、参加主体を増やすために行った取り組みの具体的成果、民間からの資金調達率50%以上、欧州資金の獲得額、関連した欧州計画の数といった数値基準が用いられた。以上の基準に基づき認定されたのが、図表10-1、図表10-2に示すクラスターである[14]。これらは「認定4年」、「認定2年」、「認定1年」、「2年間の期限付き新規クラスター」に分類された。

図表10-1　第5フェーズで認定された「競争力クラスター」

認定4年間	
Aerospace Valley（航空宇宙）	Minalogic（デジタル）
Agri SOI（農業）	Nextmove（モビリティ）
ALPHA-RLH（光学・レーザー）	Nuclear Valley（核開発・国防）
Aquimer（水産物）	Optitec（光学・イメージング）
Atlanpole（バイオ医薬品）	PMT（マイクロ技術）
Biothérapies（ヘルスケア）	Pôle Avenia（地下土開発）
Axelera（化学・環境）	Pôle européen de la céramique（セラミック）
Bioeconomy for change（バイオ）	Pôle Mer Bretagne Atlantique（海上セキュリティ・輸送）
BioValley France（バイオ）	Pôle Mer Méditerranée（海洋技術）
Cap Digital（デジタル・エコロジー）	Pôle Véhicule du Futur（モビリティ）
Capénergies（交通システム）	Polymeris（素材）
CARA（輸送）	Qualitropic（素材）
CIMES（加工・製造技術・ロボティクス）	S2E2（エネルギー）
Clubster NSL（ヘルスケア）	SAFE（航空宇宙・国防）
Cosmetic Valley（化粧品）	SCS（マイクロエレクトロニクス、デジタルセキュリティ）
EMC2（製造技術）	Systematic（ディープテック）
Eurobiomed（医療技術）	Techtera（繊維）
Finance Innovation（金融）	Tenerrdis（エネルギー）
Hippolia（馬産業）	TES（デジタル）
iD4CAR（モビリティ）	Valorial（食品）
Images & Réseaux（デジタル技術）	Végépolys（農業）
Innov'Alliance（農業）	Nuclear Valley（民生用原子力・国防）
i-Trans（ロジスティクス）	Vitagora（農業・食品）
LyonBiopôle（バイオ）	Xylofutur（森林・木材・化学品）
Medicen（医療）	
認定4年間	認定2年間
ASTech Paris Region（航空宇宙）	Derbi（エネルギー）
EuraMaterials（素材加工）	Materalia（素材・環境）
Fibres-Energivie（建築素材）	
Team²（新資源・リサイクル）	
新規認定（期限2年）（2クラスター）	
ENTER（デジタル）	
Infr@2050（インフラ建設）	

※（　）で示す分野は代表的なもの
出所：https://www.entreprises.gouv.fr/fr/actualites/industrie/poles-de-competitivite/labellisation-de-55-poles-de-competitivite-pour-la-phase-v-2023-2026 をもとに筆者作成。

資金7000ユーロ以下で1人の新規雇用が生み出されたことになる。これに加えてクラスターに参加する事によって輸出も20％程度（金額ベース）増加することが確認された[12]。

これらの結果は、いずれも「競争力クラスター」に対する公的支援の継続を正当化するものであったことから、政府は第4フェーズの終了を前にした2022年8月1日に第5フェーズの公募を開始し、4年間にわたり毎年900万ユーロの予算を用意すると発表した。この2023年から2026年を対象とする第5フェーズの目標は主に3つである。第一に、地域の優先課題に沿って、エコシステムを形成する主体間の協力関係と連携を強化すること。第二に、欧州レベルで活動するクラスターを通じて中小企業に市場開拓とネットワーク形成の機会を開くこと。第三に、「競争力クラスター」を「フランス2030」計画および地域のイノベーション政策の中心に据え、グリーンとデジタルへの移行、レジリエンスの確立に貢献する革新的企業を支援することである。

以上から読み取れるのは、地域、中小企業、国家戦略およびEU戦略の重視である。特にEU戦略との関係においては、「ホライズン2020」を引き継ぐ「ホライズン・ヨーロッパ（Horizon Europe）」や「結束政策（cohesion policy）」基金における「欧州地域開発基金（ERDF：European Regional Development Fund）」との関係性が重視されることとなった。

こうした第5フェーズの狙いは、募集要領の選考基準により具体的に反映されている。まず要件としては、第4フェーズの活動についての活動報告書（更新の場合）、エコシステムの推進計画、管理的要素を備えたビジネスモデルの提出といった基本的事柄に加えて、EU政策や施策の活用とそのためのロードマップの作成、および「フランス2030（France 2030）」[13]や地域の戦略的優先課題に関する活動を行うことが加えられた。

また、具体的な評価基準（2019年から2022年の活動を対象）として、参加主体の増加が150以上、参加主体を増やすために行った取り組みの具体的成果、民間からの資金調達率50％以上、欧州資金の獲得額、関連した欧州計画の数といった数値基準が用いられた。以上の基準に基づき認定されたのが、図表10-1、図表10-2に示すクラスターである[14]。これらは「認定4年」、「認定2年」、「認定1年」、「2年間の期限付き新規クラスター」に分類された。

図表10-1　第5フェーズで認定された「競争力クラスター」

認定4年間	
Aerospace Valley（航空宇宙）	Minalogic（デジタル）
Agri SOI（農業）	Nextmove（モビリティ）
ALPHA-RLH（光学・レーザー）	Nuclear Valley（核開発・国防）
Aquimer（水産物）	Optitec（光学・イメージング）
Atlanpole（バイオ医薬品）	PMT（マイクロ技術）
Biothérapies（ヘルスケア）	Pôle Avenia（地下土開発）
Axelera（化学・環境）	Pôle européen de la céramique（セラミック）
Bioeconomy for change（バイオ）	Pôle Mer Bretagne Atlantique（海上セキュリティ・輸送）
BioValley France（バイオ）	Pôle Mer Méditerranée（海洋技術）
Cap Digital（デジタル・エコロジー）	Pôle Véhicule du Futur（モビリティ）
Capénergies（交通システム）	Polymeris（素材）
CARA（輸送）	Qualitropic（素材）
CIMES（加工・製造技術・ロボティクス）	S2E2（エネルギー）
Clubster NSL（ヘルスケア）	SAFE（航空宇宙・国防）
Cosmetic Valley（化粧品）	SCS（マイクロエレクトロニクス、デジタルセキュリティ）
EMC2（製造技術）	Systematic（ディープテック）
Eurobiomed（医療技術）	Techtera（繊維）
Finance Innovation（金融）	Tenerrdis（エネルギー）
Hippolia（馬産業）	TES（デジタル）
iD4CAR（モビリティ）	Valorial（食品）
Images & Réseaux（デジタル技術）	Végépolys（農業）
Innov'Alliance（農業）	Nuclear Valley（民生用原子力・国防）
i-Trans（ロジスティクス）	Vitagora（農業・食品）
LyonBiopôle（バイオ）	Xylofutur（森林・木材・化学品）
Medicen（医療）	
認定4年間	認定2年間
ASTech Paris Region（航空宇宙）	Derbi（エネルギー）
EuraMaterials（素材加工）	Materalia（素材・環境）
Fibres-Energivie（建築素材）	
Team²（新資源・リサイクル）	
新規認定（期限2年）（2クラスター）	
ENTER（デジタル）	
Infr@2050（インフラ建設）	

※（　）で示す分野は代表的なもの
出所：https://www.entreprises.gouv.fr/fr/actualites/industrie/poles-de-competitivite/labellisation-de-55-poles-de-competitivite-pour-la-phase-v-2023-2026 をもとに筆者作成。

図表10-2 第5フェーズで認定された「競争力クラスター」の地理的分布

出所：https://cartotheque.anct.gouv.fr/media/record/eyJpIjoiZGVmYXVsdCIsIm0iOm51bGwsImQiOjEsInIiOjMzMzN9/（2025年1月19日閲覧）

V. おわりに

　以上、第3フェーズ以降の「競争力クラスター」政策を巡る議論や政策内容を考察した。第1フェーズから第2フェーズがクラスターの立ち上げとその運営構造の構築、および共同研究計画の確実な実行に重点を置いていたのに対して、第3フェーズ以降ではクラスター活動によって生み出される実質的な成果、より具体的には、クラスターが生み出す製品やサービスの市場性が問われるようになった。いわば第3フェーズ以降は、準備と助走の期間を経た後の本格的なクラスター活動期として位置づけられる。

　そしてこうした政策スタンスの変化と並行して、特に第4フェーズ以降に重視されていたのが欧州戦略との連動性であった。本章の考察を通じて明らかとなったのは、欧州戦略から国家戦略へ、そして「競争力クラスター」政策へという影響の流れである。ここで、「競争力クラスター」には、従来個別領域とされてきた国内諸政策（科学技術やイノベーション政策、産業政策、教育政策、地域開発や中小企業政策等）を結びつける結束点としての役割が期待されていた。このように、およそ20年の歳月を経て「競争力クラスター」は、EU戦略とフランスの国家戦略、およびこれに関連するフランス国内の政策や施策を連結するキーツールと位置づけられるようになった。

　わが国とは制度環境や社会構造、また歴史を大きく異にするが、フランスの事例から読み取るべき事柄も多かったように思われる。そこで最後に、第1フェーズから第5フェーズまでの考察を通じて明らかとなったインプリケーションを示しておく。

　まず政策デザインにおけるボトムアップの重視が注目される。われわれは欧州戦略への統合という大きな流れを確認したが、「競争力クラスター」の政策運営それ自体は単純なトップダウンではないことが注目される。すでにみたように「競争力クラスター」政策はその源流である「地域生産システム」政策当時から計画の公募という方法を採用してきた。これは地域主体の自発性を引き出すことを狙ったものであり、その結果として集積活動の多様性も許容されていた。また、地方分権推進の流れのなかで、近年に近づくほど政策運営における地方自治体の役割も拡大している。昨今わが国では東京一極集中による様々な歪みが指摘され、地域主導の企業支援の必要性が議論されるなかにあって、ここ

でみたようにトップダウンかボトムアップかという二者択一の論理ではなく、いわば両者からなるハイブリッドな手法によって地域主体のイニシアチブを引き出しながら、同時に政策の正当性を担保するうえで重要な国家戦略との連動性を確保するという視点は、示唆に富んでいたように思われる。

　次に、第三者機関による外部評価を用いて政策当局自らが政策の妥当性の検証と課題の抽出を行うとともに、改善点への対応策は次の政策フェーズに反映させてきたことも注目されよう。周知のように、わが国でも近年、政策評価制度は導入されているが、目標値の達成度や事業の妥当性の判断に力点が置かれている感は否めない。フランスの事例は、当初より政策の進化モデルを想定し、政策を育てるという視点を持つことの重要性を示唆している。

　また、最後に第一のインプリケーションに関連して、政策立案から運営までを通じて多様性の重視という軸が貫かれていたことも重要と思われる。われわれは、上述のようにボトムアップな方法が採られていたこと、選定された「競争力クラスター」に多様性があったこと、地域特性への考慮がなされていたこと、今後の運営において多様なステーク・ホルダーの関与が想定されていたこと等、様々な場面で多様性重視のスタンスを確認した。こうした多様性の重視は「多様性のなかの統合」というEUの理念に通じるものであると同時に、異質多元性をその本質とする中小企業の評価にもつながるものといえる。

注

1) Gallois, L. (2012). 一般にガロワ・レポートと呼ばれる当該報告書は、フランス国有鉄道（SNCF）や国営航空会社であるアエロスパシアル社（Aérospatiale）のCEOを務めたルイ・ガロワがフランス政府の依頼を受け産業の競争力強化のための具体的行動指針を示したものである。ここでは近年のフランス産業の低迷の原因として、①産業界と研究機関の連携不足によるイノベーション能力の低さ、②非上場の中小企業や中堅企業に向けた資金の不足、③中規模企業層が薄い産業構造や共通利益に基づく企業間連携の脆弱性、④労使の対話不足による労働市場の硬直化を挙げ、こうしたハンディキャップを克服するため22項目にわたる具体策を提案している。なお、「競争力クラスター」に関しては、上記原因のうち企業間連携や地域連携を進めるうえで重要としながらも、その機能はまだ十分に発揮されていないと指摘している。
2) 「成長・競争力・雇用のための国民協定」 https://www.entreprises.gouv.fr/files/files/directions_services/politique-et-enjeux/simplifications/pacte-national-cce.pdf（閲覧2024年9月6日）。
3) 以下、第3フェーズの特徴や内容については、「競争力のクラスター」 政府公式HP https://competitivite.gouv.fr/（閲覧2021年4月6日）、自治体国際化協会パリ事務所（2021）、9-13頁を参照。
4) これら2つの委員会は、国を代表する各担当省庁、「Bpiフランス」、「預金供託金庫（CDC：Caisse des dépôts et consignations）」、地域圏連合やいくつかの地域圏代表で構成される。
5) なお、「経済社会環境評議会」の前身である「経済社会評議会（Conseil économique et social）」は、第1フェーズに関しても意見書を作成報告している。内容の詳細については、本書第9章を参照されたい。
6) 以下、「経済社会環境評議会」の提言については、Grivot, F. (2017), pp. 6-30 を参照。
7) ここではクラスター活動の成果を測定するに際しては、質的指標もさることながら、定量的指標（たとえば雇用への影響、参加企業への影響、地域への経済波及効果、中小企業の参加度、参加企業の研究開発投資額、特許出願数、実質的に貢献している構成主体の比率等）を用意し、これらを中長期的に分析することを提案している。また、短期的指標として何が妥当かについては国レベルで議論を行う必要があるとし、実際には国に対して「競争力クラスター」を代表する「フランス競争力クラスター協会（AFPC：Association Francaise des pôles de compétitivité)」が中心となり、各省庁や地方自治体と連携して議論を進めることを提案している。
8) 過去には第1フェーズの評価に基づいて、2010年に6クラスターが認定取り消しになったという経緯があるが、フランス会計院は第2フェーズの評価の甘さを問題視している。明らかに目標未達で是正措置に応じない際には認定取り消しを厳格に行うこと、およびこうした評価の厳格化と並行してクラスター間における活動の重複を避けるために、補完性を考慮したうえでクラスターをグループ化あるいは統合することも視野に入れるべきとする。
9) これに関し、上院の報告書では、フランス政府が進める高等教育や研究への投資プログラムの枠組みのなかで設立された「技術移転促進機関（SATT：Sociétés d'accélération du transfert de technologies)」と「競争力クラスター」を結びつけることの重要性が指摘されている。Adnot, P., (2017).
10) 「新産業フランス」は2013年9月12日に発表された国家計画であり、フランスが国家戦略として優先すべき産業や技術領域を示したものである。これは、①成長市場もしくは世界経済のなかで高い成長が見込まれる市場、②フランスが得意とする技術を基盤とする分野、③フランスの有力企業が高い地位にあるか、高い地位を維持することができる学術的、技術的、経済的、産業的なエコシステムの存在、という3基準に基づいて選ばれた。2015年5月19日には計画の第2フェーズが発表され、優先すべき9つの領域や新産業ソリューション（新しい資源、

持続可能な都市、明日の輸送、未来の医療、データ経済、スマート・デバイス、デジタル・セキュリティ、スマートな食品、環境に配慮した移動手段）およびこれらに対応した「戦略的セクター委員会（CSF：Comités stratégiques de filière）」が設けられることになった（「フランス政府」HP https://www.vie-publique.fr（閲覧 2021 年 12 月 1 日）および「未来の産業」パンフレット https://www.economie.gouv.fr/files/files/PDF/industrie-du-futur_dp.pdf（閲覧 2021 年 12 月 1 日）より）。
11) 以上の第 4 フェーズの内容については、「高等教育研究省（Ministère de l'enseignement supérieur et de la recherche）」HP　https://www.enseignementsup-recherche.gouv.fr（閲覧 2022 年 8 月 7 日）参照。
12) Deschamps, V., et. al（2023）．なお、こうした「競争力クラスター」の効果については、過去のフェーズについてもいくつかの分析や試算が行われており、総じてフェーズを重ねるごとに効果が顕在化してきた。詳細については、以下の諸文献を参照されたい。
Autant-Bernard, C. et al（2018）、Bellégo, C., et. al（2020）、Ben Hassine, H. et Mathieu C.（2017）．
13)「フランス 2030」については、本書第 2 章および奥山裕之（2023）、Gouvernement（2022）を参照されたい。
14) Gouvernement（2023）．

参考文献

Adnot, P.（2017）, *SÉNAT rapport d'information fait au nom de la commission des finances sur les sociétés d'accélération du transfert de technologies（SATT）*, n° 683.
https://www.senat.fr/rap/r16-683/r16-6831.pdf（閲覧 2022 年 9 月 12 日）
Autant-Bernard, C., EuroLIO, Technopolis,（2018）, *Impacts économiques et territoriaux des pôles de compétitivité selon les territoires*, France Stratégie.
https://www.strategie.gouv.fr/sites/strategie.gouv.fr/files/atoms/files/eurolio_technopolis_resume_rapport_poles_competitivite.pdf（閲覧 2024 年 9 月 23 日）
Beffa, J. L.（2005）, *Pour une nouvelle politique industrielle*, La Documentation Française［水上萬里夫・平尾光司訳（2007）「フランスの新たなイノベーション政策に向けて」『専修大学都市政策研究センター論文集』第 3 号、119-166 頁］．
Bellégo, C., Bénatia, D., Christophe, K., Dortet-Bernadet, V.,（2020）, *Évaluation économétrique des aides aux projets collaboratifs de R&D（2005-2019）*: Rapport Final, DGE.
https://www.info.gouv.fr/upload/media/organization/0001/01/sites_default_files_contenu_piece-jointe_2021_01_annexe_1-_rapport_econometrique_brique_rd_2020.pdf（閲覧 2025 年 1 月 10 日）
Ben Hassine H. et Mathieu C.（2017）, "Évaluation de la politique des pôles de compétitivité: la fin d'une malédiction?", *Document de travail*, n° 2017-03, France Stratégie.
Blanc, C.（2004）, *Pour un écosystème de la croissance: rapport au Premier ministre*.
https://www.vie-publique.fr/files/rapport/pdf/044000181.pdf（閲覧 2024 年 8 月 28 日）

Boston Consulting Group et CM International(2008), *L'évaluation des pôles de compétitivité 2005-2008*, La Documentation française.

Conseil économique et social(2008), *Les pôles de compétitivité: faire converger performance et dynamique territoriale, Avis sur le rapport présenté par M. André Marcon, rapporteur au nom de la section des économies régionales et de l'aménagement du territoire*.
https://www.lecese.fr/sites/default/files/pdf/Avis/2008/2008_24_andre_marcon.pdf
（閲覧 2024 年 9 月 20 日）

CM International et ARCessor(2008), *Recueil des bonnes pratiques de gouvernance pour les pôles de compétitivité*.
https://www.intelliterwal.net/Documents/2008-02_Warrant-Francoise_Bonnes-pratiques-gouvernance-poles.pdf（閲覧 2024 年 8 月 28 日）

Direction générale de la compétitivité, de l'industrie et des services(DGCIS)(2009), *Le 4 pages*, n° 3, mai 2009.

Délégation interministérielle à l'aménagement et à la compétitivité des territoires(DIACT) (2008), *L'évaluation des pôles de compétitivité 2005-2008*, La Documentation française.

Deschamps, V., Dortet-Bernadet, V., Khiati, A. et Guillet, X. (2023), "Les pôles de compétitivité: état des lieux à la fin de la phase 4," *Les thémas de la DGE* n° 9), DGE.

European Commission(2008), "Towards World-class clusters in the European Union: Implementing the broad-based innovation Strategy," COM (2008) 652 final/2.

European Commission(2010), "An Integrated Industrial Policy for the Globalisation Era: Putting Competitiveness and Sustainability at Centre Stage," COM (2010) 614 final.

European Commissio(2021), "Updating the 2020 New Industrial Strategy: Building a stronger Single Market for Europe's recovery," COM (2021) 350 final.

European Commission, Directorate-General for Enterprise and Industry (2008), *The Concept of Clusters and Cluster Policies and their Role for Competitiveness and Innovation: Main Statistical Results and Lessons Learned*(Europe INNOVA/PRO INNO Europe Paper, No. 9), Publications Office of the European Union.

European Commission, Directorate-General for Internal Market, Industry, Entrepreneurship and SMEs, Izsak, K., Meier zu Köcker, G., Ketels, C. et al. (2016), *Smart Guide to Cluster Policy*, Publications Office of the European Union.
https://www.cluster-analysis.org/downloads/smart-guide-to-cluster-policy（閲覧 2024 年 9 月 18 日）

Erdyn, BearingPoint et Technopolis(2012a), *Étude portant sur l'évaluation des pôles de compétitivité: rapport global*.
https://www.vie-publique.fr/files/rapport/pdf/124000305.pdf（閲覧 2024 年 9 月 23 日）

Erdyn, BearingPoint et Technopolis(2012b), *Étude portant sur l'évaluation des pôles de compétitivité: synthèse*.
http://temis.documentation.developpementdurable.gouv.fr/docs/Temis/0076/Temis-0076403/20312_Synthese.pdf（閲覧 2021 年 12 月 10 日）

Gallois, L. (2012), *Pacte pour la compétitivite de l'industrie Française*, La Documentation française.

Gouvernement(2022), *France 2030: one year of action to live better, produce better and understand better*.

https://investinfrance.fr/wp-content/uploads/2022/12/France-2030-Press-Kit-November-2022.pdf（閲覧 2024 年 8 月 23 日）

Gouvernement（2023）, *Annonce de la phase V des pôles de compétitivité*（Dossier de presse715）.
https://xylofutur.fr/wp-content/uploads/2024/06/DP-Lancement-phase-V-poles-competitivite.pdf（閲覧 2025 年 1 月 10 日）

Grivot, F.（2017）, *Quelle politique pour les pôles de compétitivité?*, La Documentation française.

Groupe de travail sur les pôles de compétitivité constitué par la commission de l'économie, du développement durable et de l'aménagement du territoire du Sénat（2009）, "Les pôles de compétitivité: bilan et perspectives d'une politique industrielle et d'aménagement du territoire," *Rapport d'information* n° 40（2009-2010）de MM. Michel Houel et Marc Daunis.
https://www.senat.fr/rap/r09-040/r09-0401.pdf（閲覧 2021 年 12 月 10 日）

Kohler, D. et Weisz, J.-D.（2012）, *Pour un nouveau regard sur le Mittelstand*, La Documentation française.

Nicolas, J. et Daniel D.（2005）, *Les Pôles de Compétitivité: Le Modéle Français*, La Documentation française.

Porter, M. E.（1990）, *The Competitive Advantage of Nations*, Free Press［土岐坤・中辻萬治・小野寺武夫・戸成富美子訳（1992）『国の競争優位（上・下）』ダイヤモンド社］.

Porter, M. E.（1998）, *On Competition*, Harvard Business School Press［竹内弘高訳（1999）『競争戦略論II』ダイヤモンド社］.

The High Level Advisory Group on Clusters, chaired by Senator Pierre Laffitte（2007）, *The European Cluster Memorandum*.
https://irp-cdn.multiscreensite.com/bcb8bbe3/files/uploaded/doc_3720.pdf（閲覧 2024 年 9 月 18 日）

奥山裕之（2023）「『フランス 2030』——長期産業計画の概要と展望」『レファレンス（国立国会図書館）』第 869 号、1-20 頁。

科学技術振興機構 研究開発戦略センター（2014）「科学技術・イノベーション動向報告——EU 編（2013 年度版）」
https://www.jst.go.jp/crds/pdf/2013/OR/CRDS-FY2013-OR-04.pdf（閲覧 2021 年 12 月 10 日）

自治体国際化協会パリ事務所（2021）「フランスにおけるスタートアップ支援政策——地方におけるエコシステムの形成」『Clair Report』No. 513。

杉山章（2015）「産業クラスターによる都市経済発展モデルの考察——フランス：リヨン産業クラスターの事例から」『立教ビジネスデザイン研究』第 12 巻、45-58 頁。

三井逸友（2010）「EU 中小企業政策の展開と意義——『欧州小企業憲章』と『SBA 小企業議定書』」『商工金融』第 60 巻第 8 号、15-35 頁。

山口隆之（2009）『中小企業の理論と政策——フランスにみる潮流と課題』（第 8 章、第 9 章）森山書店。

山口隆之（2010）「フランス産業クラスター政策と中小企業——第三者評価の内容を中心として」『中小企業季報』第 154 号、12-20 頁。

山口隆之（2011）「産業クラスター政策と地域活動の課題——フランスの事例をもとに」『関西学院大学産研論集』第 38 号、51-59 頁。

山口隆之（2022）「フランスのクラスター政策を巡る議論——政策の第 2 フェーズ前後を中心に」『商学論究』第 69 巻第 3・4 号、121-150 頁。

終 章

中小企業の新たな評価と研究に向けて

　フランスの事例から読み取るべき知見については、各章においていくつかを指摘したが、厳密にいえばフランスとわが国とでは歴史や制度環境が相当異なるため、政策論として各論を掘り下げるには限界がある。そこで最後に、本書の考察全体を通じて得られたインプリケーション、なかでも中小企業の評価や本質を考えるうえで重要と思われる事柄を整理して終章としたい。まず、本書の考察のなかで明らかとなった中小企業の役割や政策上の期待を抽出し、これらの基底をなす中小企業の評価軸を指摘する。

　本書の考察において明らかとなった中小企業への期待と役割は、次の4点に集約されよう。第一に、雇用創出主体としての役割である。中小企業の雇用創出や雇用維持力への着目は、欧州の中小企業政策の歴史スタートでもあった。特に戦後のフランスでは、雇用問題が各政権の主たる課題であったこともあり、この側面における期待が大きい。これは本書の第一部で考察した自己雇用主制度の成り立ち、第二部でみた中堅企業への期待、第三部におけるクラスター政策における諸議論といったように、考察全体を通じて確認された。

　次に、中小企業に期待されてきた役割の2つ目として、地域活性化、地方分権の推進主体としての役割が挙げられる。フランスでは、歴史的に政治機能や経済機能のパリ一極集中という状況が形成された。このため、当初は地域間格差是正という観点から地域中小企業の活躍が期待された。また、その後はグロー

バル化の一層の進展のなかで各地域圏の国際競争力強化という観点から、そしてより近年では、COVID-19による健康危機やロシアの侵攻に伴う地政学的な危機の影響により、短いバリューチェーンの重要性が見直されたこともあって、地域社会や地域経済の活性化に果たす中小企業の役割が再評価されている。なお、地域主体の連携によるエコ・システムの形成という課題は、EUが結束政策の観点から推奨しているスマート・スペシャライゼーションにも通じるものであった。

そして、中小企業に期待されてきた役割の3つ目として、革新の担い手としてのそれがある。この視点は、特にEU統合の深化、特に2000年代の「リスボン戦略」以降により顕著となった。当初はニュー・エコノミーに支えられるアメリカ経済に触発されるなかで中小企業のイノベーション能力が問われたが、より近年ではグリーン、デジタル、そしてレジリエントな社会の実現という目的に向けた社会変革の議論に関連して、中小企業の革新力が期待されている。

そして、最後に文化や歴史の担い手としての役割である。すでにみたように、フランスでは、戦後において小規模性を特徴とする産業構造が問題視され、混合経済やディリジスム、すなわち国主導の大規模かつ計画的な企業国有化や重要産業における資本の集約化が行われた。こうした歴史的経緯のなかにあって中小企業は、個人主義や地域文化、あるいは小規模性を好むフランス的国民性を象徴するものであったといえる。特に第一部の考察からは、地域との密着性やコミュニティーへの貢献、そして顔の見える人間関係を通じた文化や歴史の継承といった、手工業や工芸品産業の価値が再評価されつつあることが確認され、それとともに、こうした小規模企業の特性が、国外へ向けた文化の発信という戦略としても重視されつつあること、また、EUでも今後持続可能な社会の実現に向けて必要となる労働者の技能や労働生活の質的向上を目指すうえで、伝統や歴史を背負う企業の価値が再評価されていることが確認された。

それでは、以上の中小企業の役割やそれへの期待に通底する価値観、あるいは中小企業観とはいかなるものなのであろうか。まず一連の考察を経て明らかになったのは、多様性という評価軸である。第一部では人間サイズの生活や個性を象徴する手工業や工芸品が評価されていたことを確認し、第二部でも中堅企業の評価において企業家による意思決定の影響が重んじられていた。また第三部のクラスター政策の考察では、「競争力クラスター」の選定に際して地域の

関連主体による自発的かつ内発的な計画を募集するというボトムアップな方法が採られ、選定された「競争力クラスター」の態様も非常に多様性に富んだものであった。さらに、今後は地域圏に「競争力クラスター」の運営権が移転されていく動向も確認された。このように個性発揮への寛容を前提とした多様性重視という視点は、画一的基準による効率性を追求する方向とは対照的であり、「異質多元性」を特徴とする中小企業の評価につながるものと思われる。

次にわれわれは、中小企業を経済活動主体としてだけでなく、より広い社会的機能を有するものとして評価する視点も確認できた。第一部で考察した手工業や工芸品産業の評価の背景にあったのは、個性の重視、地域コミュニティーの形成、文化や技術の継承、職業生活の質向上、教育、訓練、生涯教育の重要性といった広義の社会的な役割に対する理解であった。また、起業支援についても、それが失業者や労働者の権利保護という社会政策上の課題や自由権と密接不可分なものとして扱われていたことを確認した。第二部の中堅企業論においても中堅企業の評価軸として、人間サイズであることや地域発展との密接不可分性が存在し、さらに第三部のクラスター政策の背景には、EUの分断につながりかねない経済、社会、地域の格差を是正し、雇用創出や経済成長のみならず、持続可能な発展や生活の質向上等を目的とする結束政策の存在があることを確認した。以上は、中小企業が生存権、教育を受ける権利、勤労の権利といった、いわゆる社会権との関係のなかで評価されてきた証左である。

それでは、以上の多様性と社会性あるいは社会権という評価軸は、従来の中小企業研究や今後の中小企業研究、あるいは政策に対していかなる修正や課題を突きつけるのであろうか。この理論的探究は今後の中小企業研究のスタートであると同時にゴールでもあると思われる。

初 出 一 覧

　本書は著者これまでに発表した論文に加筆・修正・削除を施し、さらに書下ろしを加えたものである。本書の各章と既発表論文の関係は次の通りである。

第3章　フランスの個人事業主制度改革とその評価
　　　　山口隆之（2024）「フランスの個人事業主制度改革とその評価――自己雇用主制度を中心として」『商学論究』第71巻第4号、47-66頁。

第4章　中堅企業の法制化と議論
　　　　山口隆之（2012）「中堅企業の現状と政策期待――フランス中堅企業論の展開」『商学論究』第60巻第1・2号、127-144頁。山口隆之（2013）「中堅企業の役割と経済発展――近年フランスにおける政策論を中心として」『同志社商学』第64巻第6号、177-194頁。山口隆之（2015）「近年のフランスにおける中堅企業を巡る議論――その特徴とわが国へのインプリケーション」『商工金融』第65巻第2号、4-20頁。

第5章　ドイツ・モデルと中堅企業
　　　　山口隆之（2014）「模範としてのミッテルシュタント――近年フランスにおける中堅企業論を中心として」『商学論究』第61巻第4号、205-233頁。

第6章　中堅企業の類型と支援
　　　　山口隆之（2017）「中堅企業支援の背景とその動向―― Bpi フランスの調査を中心にして」『商学論究』第64巻第3号、295-320頁。

第9章　第2フェーズの展開と評価
　　　　山口隆之（2022）「フランスのクラスター政策を巡る議論――政策の第2フェーズ前後を中心に」『商学論究』第69巻第3・4号、121-150頁。

第10章　第3フェーズ以降の展開
　　　　山口隆之（2022）「フランスにおけるクラスター政策と評価――政策第2フェーズの評価以降を中心に」『商学論究』第70巻第1・2号、23-54頁。

索引

人名索引

エドゥアール・フィリップ　28
エルベ・ノヴェリ　68
カトリーヌ・デュマ　27
ギュスターヴ・サンド　25
ギュスターヴ・ラルメ　25
クリスチャン・ストファエス　103
クリスチャン・ブラン　185
ジャン・ルイ・ベファ　184
シルヴィア・ピネル　27
ピエール・デハイエ　26

事項索引

あ行

アーツ・アンド・クラフツ運動　25
アジェンダ2010　95, 104, 105
アスティエ法　26
アソシアシオン　4, 5
アランソン　25
生きた遺産企業（EPV）　27, 29, 31
生きた遺産企業地域連盟（AREPV）　31
域内市場・産業・起業家精神・中小企業総局
　（DG GROW）　168
イノベーション・プラットフォーム　198, 199
イノベーション法　8, 97
運営委員会（COPIL）　179, 221
エアバス　105
ユール・フランス（社）　185
SNS宣言　43
欧州2020　9, 42, 164, 165, 166
欧州委員会　9, 33, 43, 44, 161, 162, 163, 164, 165,
　166, 167, 168
欧州技能協定　33
欧州クラスター専門家グループ　168, 169
欧州クラスター分析局（ESCA）　164
欧州クラスター・メモランダム　162, 165
欧州クラスター連合（ECA）　162

欧州クラスター観測所　166
欧州クラフト中小企業協会（UEAPME）　18
欧州グリーンディール　42
欧州経済共同体（EEC）　104
欧州社会権の柱　35
欧州小企業議定書（SBA）　42, 155, 165
欧州小企業憲章　183
欧州戦略投資基金（EFSI）　42
欧州地域開発基金（ERDF）　179, 227
欧州投資銀行（EIB）　163
オービュッソン　25
オルド自由主義　117

か 行

革新的新興企業（JEI）　8, 52, 189
起業家活動率　49
企業成長と変革のための行動計画（PACTE）　51
企業総局（DGE）　54, 58, 147, 226
企業手続センター（CFE）　69
企業のイノベーションと成長のためのエコシステム　198, 199, 200
技術委員会（COTECH）　221
偽装下請　74, 79
競争力・イノベーション・フレームワーク・プログラム（CIP）　164, 209
競争力クラスター　8, 176, 177, 178, 179, 180, 181, 182, 183, 184, 186, 187, 188, 191, 192, 193, 197, 198, 200, 201, 202, 203, 204, 205, 206, 207, 208, 209, 210, 211, 212, 213, 219, 220, 221, 222, 223, 224, 225, 226, 227, 228, 229, 230, 238, 239
競争力・産業・サービス総局（DGCIS）　70
国―地域圏計画契約（CPER）　204
クラスター・イニシアチブ　159
クラスター・イニシアチブ・パフォーマンスモデル　159

クラスター政策スマートガイド　167
クラフト的生産体制　157
経済近代化法（LME）　1, 68, 88, 90, 102, 107, 135, 136, 149
経済・財務・産業・デジタル主権省　31
経済・持続可能な開発・地域開発委員会　205
経済社会環境評議会（CESE）　76, 98, 101, 102, 219, 222
経済社会評議会　197, 200, 201, 205, 206, 207, 212, 219
芸術と産業の振興協会（SEAI）　26
結束政策　9, 156, 158, 160, 166, 167, 168, 169, 170, 179, 213, 227, 239
研究とイノベーションのための欧州政策プログラム　178
工芸士と研修生（制度）　24, 30
工芸職のための国家戦略　29
工芸職（部門）　17, 19, 21, 24, 25, 26, 27, 28, 29, 33, 34, 35
工芸の日　24, 27
工芸部門委員会　26
国際経済予測研究センター（CEPII）　98, 103
国土整備関係省連絡会議（CIADT）　177, 182, 188, 209
国土整備地方開発局（DATAR）　7, 180, 181, 182, 184, 186
国内型クラスター　203, 207, 210
国立研究庁（ANR）　188
国立工芸研究所（INMA）　24, 29, 30, 33, 34
国立統計経済研究所（INSEE）　44, 88, 137
国家イノベーション政策評価委員会（CNEPI）　223
国家統計情報審議会（CNIS）　88
ゴブラン　25
コミューン　28
雇用・職能予測管理（GPEC）　204

さ 行

財務総監局（IGF） 74
産業イノベーション庁（AII） 188
産業財産庁（INPI） 69
サンゴバン（社） 25, 184
GEM 調査 46, 47
CM インターナショナル 189, 198
事業承継・起業手当（ARCE） 51
事業創出協会（APCE） 73, 74
自己雇用主制度 8, 23, 44, 45, 60, 67, 68, 69, 70, 71, 72, 73, 74, 75, 76, 77, 78, 79, 80
持続可能な発展に向けた生態系変革のための国家戦略（SNTEDD） 224
社会的市場経済 105, 117, 118
社会保険中央機構（Acoss） 70
社会保障および家族手当保険料徴収連合（Urssaf） 69
社会問題監督局（IGAS） 74
手工業 17, 18, 19, 21, 22, 23, 24, 25, 26, 27, 32, 33, 34, 35, 50, 76, 238
手工業会議所（CMA） 21, 23, 24, 28, 29
手工業憲章 27
手工業、商業、および零細企業に関する法 19
手工業法典 18, 19, 23
小企業を第一に考える 35
商業および手工業の発展および振興に関する法 18
商業会社登記簿（RCS） 69, 73, 78, 79
省庁間作業部会（GTI） 178, 221
省庁間統合基金（FUI） 177
職場復帰手当（ARE） 51
職工 19
新興産業 166
新興成長企業（JEC） 53
新興大学企業（JEU） 53
新産業フランス（NFI） 178, 225
スタートアップ・ヨーロッパ 42
スマートな専門化 166, 167, 170, 178
成長・競争力・雇用のための国民協定 178, 220
成長自由化推進委員会 68
CAP（職業適性証明書） 26
CDC エンタープライズ 136
世界的クラスター 177, 188, 189, 201, 203, 207, 210, 212
世界的クラスター候補 188, 203, 207, 212
全国会社登録簿（RNE） 19
戦略・競争力センター 163
戦略的セクター委員会（CSF） 225
戦略投資ファンド（FSI） 98, 136
総合初期起業活動指数 47
創作の自由、建築および文化遺産に関する法 19

た 行

第三のイタリア 7, 160
ダラルドのデクレ 25, 126
地域委員会 163
地域生産システム（SPL） 8, 97, 176, 180, 181, 182, 184, 187, 193, 197, 230
地方技術教育委員会 26
地方手工業会議所（CMAR） 21, 23, 24
中堅企業国家戦略 147, 148
中堅企業（論） 2, 3, 4, 5, 9, 10, 11, 87, 88, 89, 90, 91, 92, 93, 94, 96, 97, 98, 99, 100, 101, 102, 103, 105, 106, 107, 108, 109, 115, 116, 127, 128, 135, 136, 137, 138, 139, 140, 141, 142, 143, 146, 147, 148, 149, 150, 237, 239
中小企業支援機構（OSEO） 188
中小企業の競争力強化プログラム（COSME） 9, 42
デュトレイユ法 99

は 行

ハウスバンク　124
PACTE 法　45, 51
パフォーマンス契約　177, 179, 198
フラウンホーファー研究機構　121, 122
フランス 2030　179, 227
フランス会計検査院　75
フランス起業家指数　49
フランス計画総庁　182
フランス手工業連合　18
フランス美術アカデミー　25
フランス領土銀行　29
フレンチテック　8, 11, 54, 55, 58, 59, 147
フレンチテック・コミュニティ　55, 56, 57, 59
フレンチテック都市圏　55, 56
フレンチテック・ビザ　55, 59
文化庁　29, 30
Bpi フランス　136, 137, 138, 140, 144, 149
ベファ・レポート　97, 184, 185
ヘルムホルツ研究機構　122
貿易・工芸・観光庁　29
貿易投資庁　29, 54
ボストン・コンサルティング・グループ (BCG)　189, 198
ホライズン 2020　9, 226, 227
ホライズン・ヨーロッパ　227
ボローニャ中小企業政策憲章　183

ま 行

マーストリヒト条約　7
マイクロ企業　2, 3, 4, 5, 67, 90, 94
マックスプランク協会　121, 122
ミッテルシュタント　95, 98, 103, 106, 109, 115, 116, 117, 118, 119, 120, 121, 122, 124, 125, 126, 127, 135, 136, 141, 149
見習い訓練センター (CFA)　24
未来投資計画 (PIA)　9, 46, 54
未来の産業　225
名誉貸付　53

や 行

預金供託公庫 (CDC)　54
Europe INNOVA　161, 162

ら 行

ライプニッツ協会　121, 122
リスボン戦略　9, 42, 97, 155, 157, 161, 163, 164, 183, 184, 185, 209
ル・シャプリエ法　126

著者紹介

山口 隆之（やまぐち・たかゆき）

1969 年 9 月	大阪府に生まれる
1993 月 3 月	同志社大学法学部法律学科卒業
1996 年 3 月	関西学院大学大学院商学研究科博士課程前期課程修了
1999 年 3 月	関西学院大学商学部商学研究科博士課程後期課程単位取得満期退学
1999 年 4 月	関西学院大学商学部専任講師
2003 年 4 月	関西学院大学商学部助教授
2004 年 9 月	フランス国立科学研究所（CNRS 東アジア研究所）客員研究員（2006 年 8 月まで）
2009 年 4 月	関西学院大学商学部教授（現在に至る）
2010 年 9 月	博士（商学）

【主要著書】

『中小企業の理論と政策——フランスに見る潮流と課題』森山書店、2009 年。

著者紹介

山口 隆之（やまぐち・たかゆき）

 1969 年 9 月 大阪府に生まれる
 1993 月 3 月 同志社大学法学部法律学科卒業
 1996 年 3 月 関西学院大学大学院商学研究科博士課程前期課程修了
 1999 年 3 月 関西学院大学商学部商学研究科博士課程後期課程単位取得満期退学
 1999 年 4 月 関西学院大学商学部専任講師
 2003 年 4 月 関西学院大学商学部助教授
 2004 年 9 月 フランス国立科学研究所（CNRS 東アジア研究所）客員研究員（2006 年 8 月まで）
 2009 年 4 月 関西学院大学商学部教授（現在に至る）
 2010 年 9 月 博士（商学）

【主要著書】

『中小企業の理論と政策——フランスに見る潮流と課題』森山書店、2009 年。

関西学院大学研究叢書　第 268 編

フランスの中小企業政策
小規模企業・中堅企業・クラスター

2025 年 3 月 31 日 初版第一刷発行

著　者　　山口隆之

発行者　　田村和彦
発行所　　関西学院大学出版会
所在地　　〒 662 0891
　　　　　兵庫県西宮市上ケ原一番町 1-155
電　話　　0798-53-7002

印　刷　　株式会社クイックス

©2025 Takayuki YAMAGUCHI
Printed in Japan by Kwansei Gakuin University Press
ISBN 978-4-86283-398-3
乱丁・落丁本はお取り替えいたします。
本書の全部または一部を無断で複写・複製することを禁じます。